· 白青山财经系列 ·

典藏版
第1集

民间股神

白青山 著

股林传奇　谁与争锋

深圳出版社

图书在版编目（CIP）数据

民间股神：典藏版．第1集，股林传奇　谁与争锋 /
白青山著 . -- 深圳：深圳出版社，2024.4
ISBN 978-7-5507-3911-6

Ⅰ . ①民… Ⅱ . ①白… Ⅲ . ①股票投资－经验－中国
Ⅳ . ① F832.51

中国国家版本馆 CIP 数据核字 (2023) 第 189650 号

民间股神：典藏版·第1集　股林传奇　谁与争锋
MINJIAN GUSHEN: DIANCANG BAN · DI 1 JI　GULIN CHUANQI　SHUI YU ZHENGFENG

出 品 人	聂雄前
责任编辑	涂玉香
责任校对	聂文兵
责任技编	陈洁霞
封面设计	元明设计

出版发行	深圳出版社
地　　址	深圳市彩田南路海天综合大厦（518033）
网　　址	www.htph.com.cn
订购电话	0755-83460239（邮购、团购）
设计制作	深圳市线艺形象设计有限公司（0755-83460339）
印　　刷	深圳市希望印务有限公司
开　　本	787mm×1092mm　1/16
印　　张	25
字　　数	355千
版　　次	2024年4月第1版
印　　次	2024年4月第1次
定　　价	78.00元

谨以此书 献给那些

在中国证券市场上
奋力搏击的
万千投资者

1	2	
3	4	5

图1：采访施伟（左）

图2：采访冯毅（左）

图3：采访王笑（左）

图4：采访刘鸿（左）

图5：采访杜军（左）

图6：采访马春弟（中）与吴海斌（左）

图7：再访高竹楼（左）

图8：采访邓一伟（右）

图9：股票投资报告会现场

图10：采访邹刚龙

图11：陈维钢（右二）向股友介绍他股市制胜"八法"

难忘那,
23年的流金岁月……

—— 写在《民间股神》(典藏版)出版之际

这是《民间股神》(典藏版)的总序言,也是我发自内心,向热爱《民间股神》的千万读者,吐露我23年来采写"民间股神"系列心路历程的告白书!

当凝聚着万千投资者多年企盼和我23年的艰苦历程,伴随着沪深股市风雨在证券一线采写的《民间股神》(典藏版)由深圳出版社精心编辑并面市时,我驻足南海之滨,面对波涛汹涌的大海,激越的心潮如海浪一般翻滚着,久久不能平静……

23年了,弹指一挥间!

自1999年1月开始采写第一本《民间股神》至今,我在中国证券采访一线整整耕耘了23个春秋。

当年,我从一个脱下"战袍"的新华社军事记者、解放军大校,到如今已近耄耋之年的"老兵",在这条原本陌生、充满荆棘和"硝烟"的征途上,已艰难奋进了23年!

23年的流金岁月啊!

那是一条多么坎坷的路!它充满着无数的艰辛,洒满了我辛劳的汗水,也留下了我终生难忘的记忆——

23年前的1999年年初,我刚脱下"戎装"准备安享军休生活,新华社江苏分社的一位好友见我还"年轻"，想让我发挥余热，便邀请我到新华社主办的《经济早报》（现《现代快报》）当编审。那时，恰逢沪深股票市场最低迷的时刻，熊途漫漫，万千股民伤痕累累。好友邀请我为报纸上的证券专版撰写稿件，以激励投资者，并专门为我开辟一个专栏《走进大户室》，每周写一个专访，报道一位投资高手。为了给迷茫中的股民寻觅到一些股市赚钱制胜的本领，我，一个曾上过前线的战地记者，背负着广大投资者的希望与信任，在中国证券这片新生的沃土上，开始了默默而艰难的耕耘之旅。从那时起，我决意把自己的"夕阳红"岁月全部挥洒在这条艰难的"淘金"路上。

当时，许多采访对象还比较保守，不愿出名，更不愿把自己炒股制胜的"绝招"和"看家本事"公布于众——那可是他们多年来用金钱和智慧换来的宝贵经验啊。

我已记不得多少次碰壁，多少次采访遭拒绝。那种尴尬、难受的滋味，并不亚于保险公司的跑单员上门推销被人拒之门外的境况。有多少次，我真的想打退堂鼓了。但，新兴的证券业对我的吸引力实在太大了。一想到千千万万可敬可爱的投资者在股海搏杀的艰难情景，想到我采写的《民间股神》出版后，他们爱不释手、争相阅读的感人场面，我的内心就禁不住在震颤！我多么想为他们多做点事，若能通过自己的努力，从成功的高手那里多淘到一点"真经"奉献给他们，纵有千难万难，也是我一个老新闻工作者最大的快乐和追求。

就这样，怀揣着这种信念，我一直默默地坚守在中国证券一线进行采访。一年又一年，不论风急浪险，我从未间断。

回首往事，8300多个昼夜，我的一颗心，无时不环绕着沪深股市在跳动。没有星期天，没有节假日，23个中秋佳节，我没有一个是与家人团聚的。为了取得高手的"真经"，我与他们同吃同住同操作，常常一"泡"就是一两个月，有的甚至跟踪数年，艰辛与困苦时时伴随着我。几乎每出一集书，我都累得住一次医院。记得《民间股神》第4集出版首发后，我出国探亲期间，日积月累的疲劳一下子暴发了，让我躺在床上起不来，原定的旅游之行变成了无奈的养病之旅……

"都古稀之人了，这样卖命，图啥？"不少人这样问我。

"中国股民太苦了。为了多给他们送点'经'，我累点，也认了，因为值得！"

基于此，23年来，我迎着困难，足迹踏遍大江南北：从鸭绿江畔到西北黄土高坡，从东海之滨到南疆的金融之都，我竭力寻觅着一个又一个的民间高手，真诚地和他们交朋友，亲眼见证他们博弈股海创造的"奇迹"，分享他们的快乐。同时，我也为我在艰苦采访中能给千万投资者提供更多的操盘技艺而感到欣慰。"民间股神"系列，多次获得"全国优秀畅销书"等奖项，这是千万投资者对我长年付出的一种回报。一位热心的读者在一封感谢信中这样写道："念君辛苦，故为君作诗《可爱青山》一首，望继续为中国股民服务。"

> 民间高手多如是，潜入江湖无处寻。
> 神龙见首不见尾，默默操盘默默赢。
> 幸有青山发宏愿，不忍散户血淋淋。
> 心诚所至群英动，惊天绝技世间闻。

深圳的廖先生在微信上说："白老师，您好！今天一口气读完您的《民间股神之冰海奇迹》至凌晨，真是受益匪浅。书里既有技术分析的高手，又有价值投资少年，更有征战华尔街的中国选手，真的是丰富多彩、精彩纷呈，实在是沪深股市的一本难得的经典之作，特别是对价值投资理念和具体方法的分享，您用生动活泼、深入浅出并附以成功实战图表的形式展示出来，让股民朋友们深切体会到价值投资的魅力，真正给广大股民上了一堂生动的启蒙课，可谓功德无量。我实在佩服白老师深邃的思想，感谢您的辛勤付出！"

成都一位姓王的读者，也曾给我发微信："白老师，您好！前几天刚拜读完您的'股神'系列，也看了您的《股票投资高手100招》。虽然已经时隔多年，但放在今日来说，依然让人受益匪浅。10多年了，市场在变，热点在变，轮回在变，而这些博弈的智慧却从来没有变过。您在书中如同朋友一般讲述，隐含了大道至理。透过书本，我真心能感受到您在落笔写书时的真诚与真心，以及您对市场的一腔热忱和无比眷念。感谢您的书写，记录了这个时代。感谢您的付出，成就了经典。祝您身体健康，万事如意！祝经典永流传！"

…………

千万读者的拥戴，无时不在激励着我。可以说，他们的热爱和呼唤，是支撑我多年坚持前行的唯一动力。2007年《民间股神》第3集出版之后，有不少读者来信说，他们希望我能把已出版的几集书中关于民间高手炒股的绝技提炼精编一下，以方便他们学习应用。但由于紧张的采访一直没有停歇，直到2008年《民间股神》第4集出版后，我趁着赴美探亲的半年时间，才开始做这件事。然而不久，在世界金融风暴中惨烈下跌的股市和无数伤痕累累的投资者的呼唤，再次把我召回了寻找熊市高手的采访一线。这一拖，几年又过去了。我在2013年春节后下决心着手完成自己和读者多年的心愿时，却意外地病了，而且，这一病，似乎"无法回头"了。

3月，本是最美丽的季节，然而，我却在2013年的3月同时被几家医院确诊得了"重症"。短短20天，我3次躺在了手术台上。老伴一直向我隐瞒真相，但我从她脸上无法掩饰的泪痕中，读懂了一切。

人生如梦。没料到前几天还风风火火赴深圳采访的我，这么快就进入了人生的"倒计时"。无影灯下，我眼里噙满泪水：不知能否再醒来？是否能平安逃出死神的魔掌？

多年未了的夙愿——尚未整理完的书稿，成了我当时最大的一桩憾事！

…………

老天似乎明白我的心，也眷顾着我，让我与死神擦肩而过。当重新获得自由后，我似飞出笼的小鸟，又欢快地翱翔在证券一线采访的蓝天里。为了把市场变化新形势下高手们的经验奉献给广大读者，我珍惜生命中的一分一秒，飞深圳，赴上海，下杭州，奔茂名……在搁笔几年之后，先后出版了《民间股神：传奇篇》《民间股神：绝招篇》《民间股神：冠军篇》和《民间股神：短线交易系统》，并于2018年和2020年又相继出版了《寻找中国巴菲特》（"民间股神"系列第8集）和《民间股神之冰海奇迹》（"民间股神"系列第9集）。

与此同时，由于"民间股神"系列前4集近年一直没有再版，几乎处于绝版状态，许多读者无法买到并学习，他们不断打来电话询问，想系统学习民间高手的智慧与操作技艺。为满足读者的要求，深圳出版社与我沟通，希望对已出版的各集内容进行修订，出版一套《民间股神》（典藏版），尽快奉献给广大读者。

10多年过去了，我再次叩响昔日采访过的高手的"家门"，并在重访沟通中，请他们尽量增补一些近年来的新理念、新案例和新技艺，以满足读者多年的殷殷盼望。

如今与读者见面的这套《民间股神》（典藏版），收录了我从23年来采访过的数百位民间高手中，精选出的近60位各路证券英杰的传奇故事。其中有痴迷巴菲特投资理念、业绩创造千倍甚至万倍奇迹的价投成功高手，也有追逐强势股的短线"擒龙"猎手和被众多投资者津津乐道的"涨停王""黑马王"，以及"波段王"等股林各路绝顶"杀手"。书中真实地再现了他们在股海风云中博弈的翔实过程，展现了众英杰一招一式的神奇操盘技艺，其精彩纷呈，令人难忘。

在近两年的修订过程中，作为作者的我，尽力寻访当年的民间高手。尽管如此，由于时间逝去已久，加上通信方式的不断变化，书中高手已无法全部联系到，不能在此次修订时做到对全部高手都增补新的内容，这是让我略感遗憾的一点。另外，也有少数采访过的高手在《民间股神》出版之后，经历了一些变故，遭到了一些挫折。但考虑到他们当年在股市风浪中博弈的"撒手锏"如今依然有效，不少投资者在实战中仍然在应用他们当年独创的一些操盘绝技，为尊重历史，在修订过程中，我们仍将其保留在册，以飨读者。

当你捧读这套《民间股神》（典藏版）图书时，面对众多的证券英杰，许多读者可能会感到有点"目不暇接"。"白老师，您采访了这么多股林高手，究竟哪位的'武艺'最为高强？"23年来，我不知听到多少读者这样问我。我听后，只能笑答："通向成功的方法，各人有各人的秘招绝技。而适合你的，应该说，就是最好的。"

在这里，就涉及一个"我们向高手学什么"以及"如何学习"的问题。其实，这个问题，在之前出版的各集图书的《序言》和《后记》以及多次的"投资报告会"中，我曾不止一次重点提及。

如果说，众多高手都有什么共同特征的话，我认为有4点最为突出：一是他们都有一个正确的投资理念；二是都有一套自己独特的盈利模式；三是都有一种执着追求、永不言败的精神；四是都有一个投资的好心态。

在23年的漫长岁月里，我和书中采访的对象同吃同住同操作，天天"泡"在一起，少则二三十天，多则追访数月甚至长达几年时间。如果问，高手们最让我感动的是什么？我的亲身感受是：不仅是他们在股市博弈中创造的那惊人的"辉煌"，更是他们在任何"势道"中，都表现出的对股市的那份执着追求。尤其是在极其艰难惨烈的逆境中，他们往往以坚强的毅力和韧性，经受着常人无法忍受的考验，甚至在失败面前，他们也从不言败。记得当年《金陵晚报》记者在了解到我采写《民间股神》的历程后，发表了一篇对我的长篇专访，大标题就是《失败造就民间股神》。那正是我的心声。

股市风雨飘摇，险浪滔滔。没有人会一帆风顺，也没有人不曾经历过失败。对于战绩卓著的高手，也是如此。在采访中，他们从不讳忌失败。在他们看来，成功是财富，失败同样是一笔难得的巨大财富！

投资是一辈子的事。也许有的人过去经历了失败才走向了成功；也许有的人走向成功后，会再次遭受挫折。这一点并不奇怪，因为市场是无情的，是无时无刻不在变化的。高手们要做到一劳永逸保持成功，都是一件很难的事，更何况普通投资者了。

关键是面对失败，投资者应持有什么样的态度？我认为，重要的是，

"步子乱了时，要停下来调整好再走！"在投资失利时，应该冷静地审视自己的投资理念是否正确，投资方法是否适合自己和适应时代的潮流。切不可在向高手学习时，抱着急功近利的心态，一门心思想着走捷径，想学个一招半式来实现一夜暴富的幻想。多年来，有不少投资朋友在经历挫折后，向我显露出这种"急切扳回损失"的心态。其实，凡事欲速则不达。如果没有端正好心态，没有正确的投资理念支撑，只图快速致富，只会适得其反。有高手说，投资是一个做人和修炼心性的过程，我们只有付出巨大努力，不断追求，长期修炼，才会一步步走向成功！

…………

一晃，23年过去了。取"经"之途，路遥坎坷，一言难尽。年复一年采访时的一幕幕、一桩桩，如在眼前，那么令我难忘。那是流金的岁月啊！也是无悔的岁月！

"路曼曼其修远兮，吾将上下而求索。"如今，时代在变迁，金融改革在向深度发展，市场也正在走向国际化。未来十年将是中国财富管理行业全面提速、走向成熟的关键阶段；银行、资管、保险、券商、信托、第三方财富管理平台等机构纷纷基于自身资源参与竞争。随着A股市场制度的不断完善及注册制的推广普及，机构参与市场的占比将逐渐加大，对大中小投资者而言，有限的交易经验将面临巨大挑战！以往的绝招和经验，也因市场格局、大数据时代的来临已经或即将面临是否有效的考验！总而言之，投资者要与时俱进，顺势而为，不断探索出适应新形势的投资道路！这里，我真诚希望投资者们顺应时代发展的趋势，多层次、多维度探索，找到属于自己的盈利模式，资产天天收大阳！

在《民间股神》（典藏版）隆重出版之际，我要再次向我书中采访过的民间高手们真诚地说声"谢谢"！是你们无私的奉献和超人的智慧，铸就了《民间股神》的灵魂，也是多年来这套书得以长销的一个重要原因。同时，我要向一直厚爱着我的千万读者表示真诚的感谢！没有你们的鞭策和激励，我走不到今天。在23年的流金岁月里，有你们的企盼，有你们的支持和无尽的关爱！尽管在漫长的日子里我做了一些事，吃了不少苦，但一切都是值得的。由于自己能力和涉猎的范围有限，所采写作品可能不尽完美，会有不少瑕疵和错误，还望广大读者多多指正。

伟大强盛的中国在飞速发展，中国的资本市场正迎来无限的生机。在此，我向《民间股神》的忠实读者和千万投资朋友庄重承诺：我，作为在中国投资界采访一线上耕耘了23年的"老兵"，一定会"老骥伏枥，壮心不已"，把自己的毕生心血，毫不保留地挥洒在中国证券这块沃土上，把更多的精彩献给千万读者，献给股市更加美好的春天！

白青山

2022年12月于深圳

献给股市的春天

——写在本集图书出版之际

2000年的秋天，股市行情火爆，股市里的"能工巧匠"可说是群星璀璨，应出版社之约，我打算写一些股林高手的"暴富"传记，尽量能详细地展示出这些"英豪们"走向成功的历程和他们赚钱的"秘诀"及操盘"绝技"。

可是，就在我的采访开始不久，股市却如那"一江春水向东流"，遁入了长达4年之久的漫漫熊途。

那是一段艰难的日子，是中国7000多万证券投资者用泪水和血汗铺就的岁月。那惨烈的跌势，迅速而无情地改变着在这个市场上博弈的每一个人的命运。

走进证券公司，昔日的繁闹已不存在，触摸到的，是一颗颗冰冷的心。整日是"绿油油的大盘"，满耳是"套声依旧"的哀怨，这让我的采访一下子陷入了最困难的境地。一次又一次地碰钉子，遭拒绝，曾经历枪林弹雨的战地采访都无所惧的我，面对眼前这种伤痕累累的特殊"战场"，真的有点胆怯了。

有几次，我都想封笔打退堂鼓了，但是，热心的读者却一次次地鼓励我坚持下去。记得有一天，湖南长沙市的一位70岁的老投资者给我打来电话，告诉我他非常喜欢看我写的股市英雄的文章，而且几年来，凡见诸报端的，他都细心地一篇不落地剪下来珍存，逐个研究、学习，从中受益颇深。还有一位远在天涯的海南投资者来信告诉我，他在入市后屡遭惨败之际，看到我写的一位高手从失败中崛起的故事，深深感动。他通过我给他"搭桥"，在那位股林高手的亲自指点下，已开始踏上走向成功的坦途……这一个个、一声声真切的呼唤和期待，震撼着我的心：迷茫中的投资者是多么希望我能写出更多的股市英雄故事，让他们借鉴啊！

背负着投资者的这种期望和一个从业30多年的老新闻工作者的责任感，我坚持着日复一日的采访，苦苦地寻觅着弱市中为数不多的股林高手。为了挖掘出更多的"金矿"和高手们的实战"秘诀"，我真诚地和他们交朋友，有时"跟盘作业"达数月之久。

记得我登门去采访一位实战水平很高的机构操盘手，他担心一旦暴露了他的"看家本事"，以后就"不灵"了，连续两年，他都谢绝了我的采访。但我一直没放弃，用真诚打动他，后来和他成了非常要好的忘年交。他会告诉我他何时买什么股票，什么时候卖出，甚至打开账户让我查看他的每笔交易，并无保留地将他多年积累的捕捉黑马的绝技全盘托出。

他对我说："如果我把你当记者看，我不会接受你的采访；而如今我把你当成好朋友，看到你这些年来不计个人得失，为使广大投资者能从高手身上汲取更多的宝贵经验，而不辞劳苦地奔波，和你的无私奉献精神相比，我还有什么保守秘诀的必要呢？"还有的高手面对有人用重金买断他的"秘诀"，他没同意，却愿借我的笔，无私奉献给投资者。

这一切，都令我感动，都在激励着我。我下定决心，即使再难，为了投资者，我也在所不辞。但我毕竟是年届花甲之人，艰苦的采访常常把我"击倒"。2003年冬天的一次采访，为了把一位高手复杂而绝妙的操盘技艺，用最通俗和最简单的语言表达出来，传递给中小投资者，我与那位高手整整探讨了一天一夜。凌晨回到家，我终于累倒了，住进了医院。那位高手捧着鲜花来看我，见我躺在病床上一边挂着水，一边还在写作，他一再表示歉意，连连说"让你受累了"。我说："我要感谢你，也替广大投资者感谢你……"

4年多来，我正是怀着对中国证券事业的追求与企盼，在艰难的"淘金"路上跋涉，采访了一个又一个高手：拥有十大操盘秘诀的"熊猫老板"，在

2002年的弱市中赚了60%的王笑，善捉飙涨黑马的"股市猎鹰"刘鸿、马春弟、吴海斌，股市"规律派"创始人高竹楼，以及"藏"有"独门暗器"的机构操盘手薛枫，还有灵活多变、善赚快钱的邓一伟和"短线王"邹刚龙……他们都是在过去的那段艰难岁月中涌现出来的高手，也是广大投资者喜爱的"股市英雄"。

风雨过后是彩虹。中华大地的第一场雪已经飘落，春天的脚步离我们越来越近了。

沪深股市在走过15年风雨历程之后，随着证券市场改革的深入和逐步规范，以及资本市场的对外开放，正面临着新的机遇和历史性的挑战。

面对生机再现的股市，我无时不为2亿证券投资者呼唤已久的"春天"的到来所激动着。尽管我们可能还要经历曲折，但请相信，在中国经济腾飞的推动背景下，我们将沐浴风雨，和股市一起成长，一并收获，一道崛起！

值此《民间股神》（第1集）面市之际，我不禁感慨万千：我愿把此书作为一份小小的礼物，献给祖国股市的春天，献给2亿在证券投资市场不倦地执着追求的广大投资者。

愿他们梦想成真！愿股市的春天更加明媚！永远，永远……

白青山

2005年初冬于上海 初稿

2022年12月 修订

第1章 "熊猫老板"的十大操盘秘诀
——记职业投资人施伟的操盘绝技与成功之路 /003

一个投资者无论是在牛市还是在熊市，只有抓到上涨的股票才能赚钱。专业投资人施伟制胜的核心，也正是善于捕捉极具飙涨潜力的股票，并把获利做到最大化。而这一切，又都源于他选股、看盘的"十大秘诀"。

第2章 顶尖高手冯毅的九大操盘绝招
——记股林高手冯毅在熊市中创造业绩翻番奇迹的传奇故事 /027

几年熊市，80% 以上的投资人伤痕累累，他何以在 4 年熊市中，创造出资金翻两番的神话？他次次胜利逃顶、做足行情赚大钱的绝技何在？神奇的"逃顶公式"揭开了这一秘密！掌握"六大功能"——爬出股市"地狱之门"有诀窍！

第3章 "熊"气漫漫的2002年，我赚了60%
——记证券投资英杰王笑在弱市中靠智慧赢钱的传奇故事 / 105

当王笑把他操作的资金账户打开给我看时，我不禁一阵惊叹：2002年他的每笔交易，几乎达到了100%的成功。全年的平均收益率高达60%，有的资金账号还翻了倍。奇迹究竟是如何发生的呢？

第4章 机构操盘手透析"黑马"天机
——记机构操盘手薛枫捕捉"黑马"绝技 / 119

在12年的股市搏杀征战中，薛枫始终以擒拿狂涨黑马为第一任务。1999年至2002年，他的资金增长了15.6倍。2003年1月至5月，他的收益超过50%。独特的操作理念和过人的选股方法，使他的利润达到了最大化。

第5章　刘鸿和他的"白金法则"

——记机构操盘手刘鸿制胜股海的成功之钥 / 141

当他近在眼前，你绝不会将他与"凶悍杀手"的称谓联系在一起。然而，多年的股市征战，他正是靠着凶悍的操盘风格，替"庄"行道，创造出一次又一次的辉煌。

第6章 摸准庄家的命门

——记民间高手马春弟在博弈中精准破译主力底牌的绝活 / 165

马春弟的交易很少亏损，即使在弱市中也是这样。取得这惊人成绩的关键在于，他只在市场所有条件都符合他的要求并对主力的意图非常明了，确信时机已到时，才进场交易。

第7章 我是怎样捕捉"黑马"的

——记"黑马王子"杜军凭借六大绝技创造年均收益100%的传奇 / 183

被誉为"黑马王子"的杜军，以自己不懈的努力和独特的悟性，在股海里磨砺出一双火眼金睛。他对上千只股票有过目不忘的本领，甚至一两年前哪一天哪只股票的走势异常，他心中都有一本账。这也是他盘中能及时捕捉到黑马的一个绝活。

第8章　远离谬误

——职业投资经理吴海斌以独特视角透析投资成败与种种误区 / 209

他，尽管没有透露操盘的绝技，也没有讲述什么制胜的秘诀，但他以正确的投资理念和独特的视角"点穴"成与败的根由，足以给人深深的警醒，同样会助你走出失败的"沼泽地"，踏上成功的坦途！

第9章　探寻股市规律之谜

——记股市"规律派"创始人高竹楼探索股市规律的传奇故事 / 225

股市有千条万条法则，按市场规律办，是第一条。多年来，职业投资人高竹楼在探寻股市规律的漫漫征途上，以他不懈的努力和智慧，终于在多年前成为揭示这一规律的第一人，并得到中国证监会有关部门的首肯。

第10章　我炒股就靠"一根线"

——记民间高手聂明晖股海博弈的制胜密码 / 259

简单，实用，是职业投资人聂明晖多年来坚持的一种实战操作方法。他仅仅凭借"一根线"，成功的获利概率即达到85%，令人惊叹。

第11章　邓一伟和他的多变赚钱术

——记民间高手邓一伟稳健盈利的十大操盘绝招 / 273

"多翻石头的人，才能发现宝藏。"在投资交易生涯中，邓一伟以他不懈的努力和热情，钻研和掌握了一套多变的操作技艺，使他在风云变幻的股市中，时时把握战机，终而成就非凡。

第12章 邹刚龙和他的"短线六炒"

整整14年，他从一个"小竹匠"，成长为一个股林短线高手。他以股海的风雨，磨砺了一把"利剑"。他"一周内解决战斗"的风格和他独特的"短线六炒"技巧，使自己在"腥风血雨"的征战中，一直立于不败之地。

第13章 股市"福尔摩斯"与他的"八法"

投资者的心理状态，是股市走势和股价涨跌对他们影响的写照。只有克服大众心理状态（包括自己的），你才能和大众不一样，才能战胜这个市场。

第14章　一个赚"快钱"的人

别人买股票是逢低买入，而他则不同，他是等股票涨"疯"了，才买入。他要的是那种涨疯了的"惯性"，他要赚的就是这种"快钱"！

施 伟：

> 稳健，是制胜的关键！消息，
> 只有来源于'高层'才可相信！

一个投资者无论是在牛市还是在熊市，只有抓到上涨的股票才能赚钱。专业投资人施伟制胜的核心，也正是善于捕捉极具飙涨潜力的股票，并把获利做到最大化。而这一切，又都源于他选股、看盘的"十大秘诀"。

投资简历

个人信息

施伟，男，1959年生，江苏淮安人，高中学历。

入市时间

1996年。

投资风格

稳健型。凡买入股票，必先亲自到上市公司进行详细的调研、走访，掌握第一手资料，确认有价值后，才考虑伺机分期分批吃进。

投资感悟

股海和商海一样，只有知己知彼，才能百战不殆。要想把握股市，必先把握和充实自己。

第1章

△

"熊猫老板"的十大操盘秘诀

——记职业投资人施伟的操盘绝技与成功之路

2003年1月7日。寒风刺骨。

大盘自1月2日创出1311点这一三年半来的新低后，一直在低迷中徘徊不前。

面对眼前这绿莹莹的冰冷世界，股市里，依然是"套声依旧"，哀声一片。然而，当我冒着寒风，来到位于南京太平南路的国泰君安证券，走进311贵宾室时，眼前却出现另一番热气腾腾的景象：

一个40多岁、长得富态十足的中年人，活像一个前沿阵地指挥官，手机、电话并用，通过传呼台和发短信息，给他的全国各地400多名学生，发出一道神秘的"指令"："10.90元左右逢低立马买入600608上海科技！"

半小时忙完，他的额头已渗出细密的汗珠。

2002年12月31日，上海科技临时股东大会发出延长配股决议有效期为一年的消息。他看到这则消息后，判断它会有一波像样的行情。

2003年1月7日，就在大盘在1326点低点徘徊之际，他却果断向他的全国学生发出"进攻"的指令。

果然，他的判断准确无误。大盘跌，上海科技不跌，而是逆势放量上攻。

1月17日，他又发出一道"命令"，让全体学生在14.41元以上逢高派发。

仅仅8个交易日，他的收益达32.2%。

他，就是职业投资人施伟。他操作股票的制胜率之高，并非源于一日之功。

引子：一场无法进行的"报告"……

南京电视台曾录制过一盘光碟，它真实地记录着沪深股市的一个成功故事：职业投资人施伟的成功之路。

2001年6月30日。南京。万人涌向湘财证券，去听施伟的股票操作技巧报告。从1楼到6楼，所有房间和过道，全挤满了人，主讲大厅里4台10匹的大空调，连续超负荷运转也无济于事。未能进会场的人还在不断地涌来，让城西干道交通一时堵塞。最后，武警、"110"出动了，使一场报告无法进行下去……

"这情景，在股市10年，我还是在当年买股票认购证时看到过！"一位证券公司的老总如是说。

人们不禁会问：施伟，一个只有高中文化的职业投资人，为什么会得到千万投资人如此拥戴？

请看事实：

1999年，他在电视台不下20次地从6元开始推荐南京熊猫，让不少人发了"国宝"的财！

2000年，他推荐26只股票，除一只股票没涨外，25只，只只涨幅都在20%～30%；同年5月17日，他力荐B股（当天B股收盘只有42.26点），后来的涨幅更是可观。

2001年，他又力荐海南航空、南山实业，再次证实了他精准的选股眼光。

2001年7月14日，施伟再创全国之"最"：公开在省会的人大会堂签名售票做报告。过去在省会的人大会堂做股评报告尚未听说过，更不用说是签名售票。这实属首例。之前也只听说有影星、歌星签名售唱片，作家签名售书，而从未听说过有签名售票做股评的。对此，施伟的解释是他敢于对这场报告负全责。

这一天，容纳3000多人的大会堂，座无虚席。走道和舞台前，挤得水泄不通。30元一张的票，被"黄牛"炒到了50元，就这也难买到。

在这场报告中，施伟告诫在场的所有投资人做两件事：

"昨天，世界上发生了一件振奋人心的事件：中国申奥成功了！中华民族都在欢呼，12亿人的心里都在笑！但我要告诉大家，下星期一（2001年7月16日）开盘10分钟内，你要把手中所有申奥板块的股票全部抛掉，不管媒体当前如何热火朝天地'吹'！"

他此言一出，3000多名听众大吃一惊！要知道，当时所有专家、股评家、媒体都在推荐申奥板块。申奥成功，这将给中国体育和经济发展带来多么大的机遇呵！

"我要让大家做的第二件事，是尽快'离场休息'。这次报告，是我与大家的'告别'。2001年我不再出现在电视中了，我要外出学习一段时间。"

"最后，大家递条子要我推荐股票，我只讲一只，海立股份，代码是600619。昨天收盘价是16.71元，可以在16.30或16.40元吃进。"

凡是听了这场报告的投资者，收益有三：

一是申奥股票全部卖了最高价。2001年7月16日，中体产业、王府井、北京城建、北京巴士、北京城乡、北京化二、西单商场、北京建材……像是"开会研究"过一样，几乎全部以接近涨停的价格开盘，尔后，又全部是高开低走。只要你打开K线图，无一例外。就拿北方五环来说，当天开盘价是14.30元，盘中最高价是14.60元，收盘就砸到了12.93元，到2002年1月9日，已跌到5.80元的惨不忍睹地步。

二是"离场休息"的，躲过了蛇年下半年股市惨跌带来的严重经济损失。

三是海立股份逆势上涨，到2001年7月26日该股已涨到19.42元，凡买进者，除手续费外，净赚20%，这在大盘暴跌之中，实属难得，更显施伟识

"黑马"的慧眼！

"熊猫老板""股神""选股艺术家"……几年来，千万投资者给予他的一个个"雅号"，表达了人们对他的钦佩和敬重。

但是，更多的人想知道的是，他成功背后的故事，想学习掌握他的操盘技巧，也像他那样走向成功。

有一个机构曾想出30万元的重金买断施伟的"技巧"，被他拒绝了。但他却愿意借我之笔，把他走向成功的故事和多年研究的十大操盘秘诀，无偿地奉献给广大投资者。本文记述的，就是我3年多来对施伟追访的实际过程。

"可靠消息"让他"全军覆没"

> 为挣大钱，弃商入市。短短几个月，账面资金就增加了几十万元，令他喜不自禁。但"可靠消息"很快让他"全军覆没"。

施伟的成长年代，正是"读书无用论"盛行的年代。

他脑子里留下的，没有多少文化知识。从小学到中学，他文化课没上几堂，倒是在"学工""学农""学军"中学会了不少技能。

高中毕业后，施伟被分配到一家大型国营机床厂当工人。从车工到装配工，他什么活都干过。一天到晚，人挺累，但工资少得可怜。后来，他和朋友合伙做开了机械和电器生意。施伟人聪明，又肯吃苦，通过做生意挣了不少钱。

1996年年底的一天，一位朋友跑来对他说："现在股市牛成这样，比做生意来钱快得多，人又轻松，又不用费神。你这么聪明的人何不炒炒股票？"

施伟一听，看看周围一些炒股的朋友都赚了大钱，心动了。他决定先拿点钱到股海投石问路，"小玩玩"。

就在这时，他的一位山东朋友给他传来了一个"内部可靠消息"，使他第一次踏入股市，以16元的价位买进了他入市以后的第一只股票——鲁银投资。两个月后，股价涨到24元，朋友叫他再加码买进。

果然，又过了不到一个月的工夫，股价就上冲到39.50元。卖出后，头一笔交易，他就赚了十几万元，这一下子，激起了他对股市的兴趣。

就在卖出鲁银投资的当天，施伟又接到"可靠消息"，把赚的钱全部买进正准备拉升的国企大盘股马钢股份。仅仅13天时间，他又赚了8万多元。

短短3个月，施伟的账面资金就增加了20来万元。面对胜利，施伟喜不自禁：看来，这炒股挺简单的，只要有消息，赚钱也蛮容易嘛！

然而，接下来的事就不那么顺了。1997年5月，他在上海朋友的力荐下，以14.80元买入了上海永久（600818，现名：中路股份①），可买后仅十几天，这只股票竟下跌到10元。

他着急地打电话问朋友，朋友告诉他，是几个券商不和所致。他只好补仓，后来仅仅打了个平手出局。

不久，他又买进了听说有送配题材的通化东宝。哪知，他买入不久就被套了进去。这一套，就是一年。

更惨的是，1998年5月，刚刚解套的施伟，再次听信朋友传来的"可靠消息"，不假思索地重仓买入了猴王、稀土高科和锦州石化。

没想到，不久，一场百年不遇的水灾，给猴王和稀土高科带来很大影响，而锦州石化也因石油走私的影响，业绩出现滑坡。另外，大盘这时也受洪灾和东南亚经济危机影响，连日暴跌，庄家意图不能实现。施伟买的3只股票，这时已跌得面目全非，惨不忍睹。

---

① 本书中涉及股票的"现名"，均指截至2023年6月30日仍在使用的名称。

远赴上海和深圳学艺

> 要想把握股市，必先把握和充实自己。他踏上了远征的学艺之路，到上海和深圳拜师。

那段日子，大盘天天一片"绿油油"，施伟的脸上再也没有了笑容。

全军覆没！这对刚刚涉足股市不久的施伟来说，是一个多么沉重的打击啊！他的心上像插了一把刀：那"泡汤"的股票，巨额的资金，毕竟是他长期辛劳的积蓄，来之不易呵！

他茶不思，饭不想，整夜整夜地失眠。只要一合上眼，入市两年多的一幕一幕就清晰地呈现在他眼前。他痛苦地回忆着，不断地反思着：股市险恶，瞬息万变，而自己只听"消息"，不看大盘，不懂技术，没有独立思考就盲目跟进，这惨重的教训是多么深刻呀！

"股海和商海一样，只有知己知彼，才能百战不殆。要想把握股市，必先把握和充实自己。"在商海中摸爬过20多年，靠着智慧的头脑，曾创造过无数次商战辉煌的施伟，此刻终于悟出了自己在股海中失败的根源，一种强烈的求知欲涌上心头。

"在工厂里，成年累月地装机器，成千上万的'线'都看得懂，我就不信这'钱龙'上的三条线看不懂！"他不再消沉，走出家门，到处求师。只要听说哪里有炒股的学习班，他就去参加。为了开阔眼界，向证券高手求教，他决意到上海和深圳去拜师。

从1998年夏天到年底，整整6个月，180来个日日夜夜，他不辞辛苦，长途跋涉，足迹踏遍上海、深圳、珠海、广州。黄浦江畔和深圳湾，都留下了他不倦学习的身影。

在上海，他去听著名股评家其实老师的股市讲座，次次不落，风雨无阻，是最用功的学生。常常下课了，大家都散去了，他还缠着老师问自己不懂的地方。在深圳，他想找一些大户取经，可听广东话像听外语，连大户的门都进不去。为此，他想法"买通"守门的保安，让他引见一些大户。

有一次，他听说深圳免税商店附近的一家证券公司炒股高手如云，便去登门拜访，但门卫说啥也不让他进。这时，他发现中午闭市后一些大户常到证券公司的皮鞋摊擦皮鞋，他就天天中午守在那儿，主动和去擦皮鞋的大户聊天，慢慢地和他们熟了，请他们一起喝茶、吃宵夜。

当这些大户得知眼前这位诚恳好学的施先生为学艺不远千里到深圳，都被深深地感动了，便毫不保留地把自己多年操作的实战经验讲给他听，并带他到大户室，在"钱龙"图上帮他分析他一次次操作失败的原因……

ST红光助他恢复元气

> 学艺归来理性投资。当ST红光"只差一把锁就要关门"的时候，他仿佛看到曙光，满仓杀入，大获全胜。

年底，当施伟带着几大本炒股经回到南京再度杀入股市时，他踏实多了，也理智多了。他不再只注重消息面，同时也注重从国家经济的宏观面、基本面和多种技术指标进行综合分析。

1999年春节前的一段时间，他见报上关于ST红光企业亏损面临倒闭、摘牌的大篇报道，心里很不是味。

他一边为企业职工的处境感到难过，同时他认为国家对这种"只差一把锁就要关门"的企业绝不会不管不问。

他再回头看看ST红光的盘中表现，已是长久的无量下跌。他敏锐地感到后面将有一台"重头戏"上演，马上筹措了一大笔资金，满仓介入ST红光。

要过年了。证券公司的老总给大户们拜年时，特意关切地对施伟说："你的红光仓位太重了，它的风险很大，要注意啊！"可他胸有成竹地说："物极必反，曙光就在前面。"也就在这时，他在电视上向广大股民做了推荐。

果然，没多久，ST红光终于闪亮登场，连拉6个涨停，使他大获全胜。接着他又成功地操作了燃气股份，终于恢复了元气。

大战"熊猫"，发"国宝"财

垃圾股中有黄金，解不开的"熊猫"缘。他在电视上20次推荐600775，人们不禁在怀疑：他是在做"熊猫"的庄吗？

如果说ST红光使施伟劫后新生的话，那么，长达近一年的"熊猫"大战，则是他的"成名之作"。

从2000年2月下旬到3月6日，当ST熊猫以连续拉9个涨停板的王者风范"风风火火闯九州"，创下19.04元的历史新高后，众多的投资者对这只从ST家族中蹿出来的大黑马开始刮目相看了。

与此同时，人们也在议论着、风传着：

"听说坐熊猫庄的，就在国泰君安营业部，是一个姓施的老板！"

"我也不知道他叫啥名，反正人家都叫他'熊猫老板'，听说他操作室里有6台电脑，一年多，天天打的都是'熊猫'，你说他不是庄是什么？"

"那个人也真神，去年他在电视上连推两次熊猫，熊猫就从6块涨到了13块，今年又在电视上推，熊猫从8块多又猛涨到19块，听他推荐买熊猫的，都发了'国宝'财了！"

众人的议论并非没有道理。施伟所在的国泰君安证券营业部，是我多年采访的一个"基地"。早在1999年，我就采访过他，并和他交上了朋友。经常出入他的"密室"，也确实看到他满屋都是"熊猫"，似乎他与"熊猫"有种不解的缘。

记得1999年4月，我头一次在电视上看他推荐"熊猫"，曾误以为他像有的与庄家联手的股评人士一样，给股民"药"吃。为摸底，我曾几次"探营"。

出于对我的信任，一天，他当着我的面把他的资金账户打开给我看：呵，全是"熊猫"！有8元多买的，也有9元买的，一页页，"熊猫""爬"满了他的整个账户。同时，他对我说："你看，我账上还有许多钱，我啥也不买，就等到'熊猫'跌下来，我再吃它！"

那么，他为什么对熊猫如此情有独钟？难道他真的是熊猫的庄，或是炒手？为寻答案，我再次"探营"，去刨根问底。

"你第一次在电视台推荐熊猫时，大概是1999年的4月份，那时熊猫才6元，堪称'垃圾股'，你推荐它，是有什么'内部消息'吗？"

"'熊猫'的消息都是公开的。特别是南京的投资者心中都很清楚。我只不过看得比别人早一点、远一点罢了！"

"你在电视上推荐时，没人看好它，你为什么看中它呢？"

这主要是源于施伟炒ST红光受到的启发。记得1999年我采访他时，他对我说过，他是生意场上过来人，朋友多，消息广。过去，他靠各路信息，的确也发了不少财。但几次"失真"，又使他几乎全军覆没。在惨痛的教训中，施伟惊醒了。

此后，他一直靠独立思考进行分析。ST红光当时情况那么糟糕，职工的处境那么难，他办过公司，当过老板，能体谅他们的心境，认为国家对这样的企业不会不管。后来的事实不是证明了这一点吗？

"那么，你推荐'熊猫'时，市场一片看淡，你又是怎么想的呢？"我接着问。

长期以来，"熊猫"这一国内外著名品牌，在人们的心目中都快被抹去了。1998年"熊猫"每股亏损7毛6，令人痛心，这么好的牌子给砸了。但施伟这个人，人家不看好的，他常反着看，希望往往在绝望中产生。当1999年它的中报业绩公布后，他终于看到了"曙光"，看到了"熊猫"打翻身仗的希望。它从亏7毛6，到1999年年中报亏1毛8，亏损额在急剧缩小。这是多么喜人的变化!

后来,施伟专门留意从各种报刊和网上收集"熊猫"的资料,还多次到熊猫集团实地考察,了解到政府部门对"熊猫"很重视,要再度打造这一品牌,让它成为江苏经济的龙头。而且,国家对它实行13亿债转股的大力支持,推出一系列重大重组方案。于是,施伟就断定ST熊猫是2000年的一只大黑马。

事实上,1999年熊猫从6块涨到13块多,那是重组的效应。后来,职工股上市,它不跌反涨,就应该看出有"重头戏"。2000年它从8块多猛涨到19.04元,应该说这正是扭亏为盈的效应。

ST股票中捉黑马

> 黑马一般从两种股票中产生。一种是质地好的白马股,而另一种则是从低价"垃圾股"中产生。ST股票正是后者。

"从过去的ST红光,到ST熊猫,还有你推荐过的ST松辽,都涨幅巨大。你是否在ST中捉黑马有什么绝招?"

"谈不上什么绝招。我多年来观察到,黑马一般从两种股中产生。一种是质地好的白马股,而另一种则是从低价'垃圾股'中产生。ST股票正是后者。"

"那么,从ST股票中捉黑马要害是什么?"

"要害是用发展眼光看问题股。要看到它们的变化,它们的未来。要明白,垃圾股里照样有黄金。不能因为今天它们头上有ST帽子,而对它们不屑一顾。还有的人当大势好时,常常挡不住一些股一天涨几块钱的诱惑,忍受不了ST股票一天最多只涨5个百分点的'折磨',而放弃这些'貌不惊人'的黑马。"

"在1999年的采访中，我还记得你向我推荐过良华实业（600817，现名：宇通重工），说你2000年就炒'熊猫'和它。我就把良华实业打在'钱龙'盘中的自选股上，好长时间见它天天是'绿脸'，在13～14元荡来荡去的，我就没心思看它了，到最后实在受不了了，干脆把它从自选股中取消了。没想到，它2000年就蹿到了52.84元。我想问问你，你当时是怎么看中这只'瘟'在那的黑马的？"

施伟回答："选股时要透过现象看本质。就拿良华实业来说吧。当时它惹下一场官司，使它的股价大幅下挫。它盖了一栋大楼，因欠工程款被告上了法庭，财产遭查封。在一般投资者来看，这个企业盖座楼，连工程款都缴不上，这股还会有什么劲？"

然而，施伟仔细分析这个企业后了解到，它盖这栋楼，要与美国及上海两家公司成立一个新型的合资企业，把主营业从房地产、粮油转向经营电脑和高科技产品，生产和销售软件。这一巨大的变化，才是它的"质"。从这点看，它的股价翻几番就不足为奇了。

"还记得1999年4月中旬，ST郑百文公布即将破产的消息，你却还在电视上推荐它，说句玩笑话，这不是有点'胆大妄为'了吗？"

"当时确有不同的看法。但我有我的道理，我是把它作为短线品种推荐的。"

"你的道理在哪里呢？"

施伟主要是从技术上分析的。因为他当时看到ST郑百文虽然发布面临破产的公告，但它的股价并没有破位。大盘下跌，它反而走得坚挺，并且连续5天在底部放量都在10%以上。

想想看，报纸、电台有关它可能破产的消息一出，散户不敢买，股价又未下行破位，底部连续放量，施伟认为后面可能"有戏"，其重组的可能性很大。后来这一点被证实了。4月12日那天，它又发了一个在施伟看来是"此地无银三百两"的公告。以上种种，让施伟极力推荐它。

越跌越买，从不追高

> "我从不追高，越跌越买，咬定青山不放松。关键是对一个企业心中要有一本'账'"。

从1998年到2001年，施伟在电视上、报纸上推荐过许多股票，准确率达99.9%。除了ST红光、ST熊猫、ST松辽、良华实业、华西村等，他推荐的燃气股份（000793，现名：华闻集团）从8元涨到32.90元；推荐的金果实业（000722，现名：湖南发展）也从7元多涨到36元。推荐的这些股票，他自己也绝大部分都在做。

不过，有人买入了施伟推荐的股票，只赚了些小钱，而他却能成倍地赚，说到底是个信心问题。譬如，熊猫从8元多拉升到19.04元那一波，它历时4个月，真是波澜壮阔。一会儿拉，一会儿砸，许多跟进的投资者大都在11元左右给"震"出来和"洗"出来了，施伟却"咬定青山不放松"。

从K线图上看，那阵子，"熊猫"走势确实一塌糊涂，但在施伟看来，那是庄家做给散户看的。庄家不控盘不会拉升，必须洗去浮筹。而这次拉升"熊猫"的庄，手段相当凶悍，不惜以数个跌停板的代价洗盘。但他奉行的是"从不追高，而是越跌越买"，关键是对一个企业心中要有一本"账"，对它要有信心，才能持股到底，获取大利。

实际上，即使在19.04元抛出后，施伟也并没放弃"熊猫"，而是一直在关注着它。"熊猫"题材很多，它拥有家电、军用、信息、通信、机电仪器等六大支柱业务，生产的环保手机非常抢手。1999年它又进军西部，签订了几亿元的合同，并和爱立信携手共同发展。它在带动南京甚至江苏的经济腾飞中将发挥龙头作用。

所以，施伟对它的前景十分看好。2000年夏天当它调整到15元左右时，他又吃进了不少，一直做到21元，光在"熊猫"身上赚的钱，他已记不清了。他屋里6台电脑上，总也少不了"熊猫"。

当然，除了对一个企业有信心外，施伟认为买股票的时机也很重要。还记得我有几次来采访施伟时，他正在买股票的情景。他虽是个大户，每次进货多，但每次买股票，他都是慎之又慎。买皖维股份（600063，现名：皖维高新）时我也在场，他就挂8块钱，多一分他都不要。买"熊猫"也是这样。

有一次，施伟一直在研究在什么价位接，直到凌晨3点多才睡。如果买不好，买的价高了，套在里面的滋味是不好受的。只有判断准了，敢于在它洗盘的时候买入，才能获得较大的收益。要做到这些很不容易，要下功夫。

施伟对股票几乎到了一种痴迷的程度。除了正常的交易时间外，收市后他还要复盘，做作业，根据行情和大盘走势不断修改自己设定的技术参数，回到家还要继续研究它，有时要到很晚。股市行情这么复杂，赚点钱不容易啊！

2001年2月，经国务院批准，中国证监会决定，B股市场对境内开放。可我听说在此半年前，施伟就在电视中大力推荐B股了。那时B股市场十分惨淡，全国证券业几乎无人谈及它。在电视中施伟突然要大家买B股，当时弄得节目主持人都手足无措，感到"太突然"了。

回忆起这事，施伟记忆犹新。当时是2000年的5月18日，B股市场极其低迷，那天上证B指收盘时才42.26点，当时有许多股票都跌破了净资产值。他以一个投资者的敏锐目光看到了B股的投资机会。他想，中国面临入世，企业要与国际接轨，B股市场的前景是多么远大啊！

当时，他推荐大家买永生B股，主要考虑它盘子小，有资产重组，并有改名题材。那时它的股价才1毛8分，多便宜呵！

施伟推荐永生B股后，它的确成了一只大黑马，天天涨。那些日子，他工作室的热线电话整天响个不停，有一天竟被打"爆"了三次。这些电话都是问"永生B股已涨了一两倍了，要不要抛"。施伟在电视上、报纸上、电话里多次对投资者说，不能抛，什么时候抛都是错的。不要以为涨了一两倍了就收手，涨幅大的还在后头！

到2001年5月30日，施伟在电视中说："过去我让大家买，说什么时候卖都是错误的。今天我要倒过来说，在6月5日前，要把手中的B股全部卖掉，包括永生B股，它会跌得很惨、很惨。"

"事态的发展果真如此吗？"

"是的。2001年6月1日B股收盘已高达241点，永生B股已从0.18美元涨至2美元，若当初买1万股的话，此时卖掉，可净赚18200美元。而到了2002年1月23日，B股已跌至121点，永生B也从2美元跌到了0.70美元，若当时不抛出，损失可就惨重了！"

30万元也不卖的秘诀

看盘有技巧，炒股有学问。"我不要30万元，我愿把我的操盘技术无偿献给广大投资者！"

"你在炒股中是重技术多，还是重基本面，或是消息呢？"

"说实在话，炒股是一门综合技术，缺哪一样都不行。有许多股民认为股市是赚钱的好地方，既轻松，见效又快。但是我却要提醒股民朋友，股市是有风险的，亏钱的多，赚钱的少。所以，炒股心态一定要好，期望值不要过高，这样股票才能做好、做长。

"另外，炒作股票，信息来源很重要。中小散户没有信息来源，就算有也来得比较晚，等到公布消息时，庄家已出货，散户还以为是最佳买点，其实是做反了。在这种情况下，我们就要分析股票的实际情况。炒股是一门技术，也就是说，股民要猜中庄家的心理，才能赚钱。"

"那么，你认为中小散户如何才能猜中庄家的心理并赚钱呢？"

"这是件很不容易的事。其实，就是要认真地看盘和分析图形，因为许多功夫都在内面。"

"听说你有一套方法，有人要花30万元买？"

"是的。我不愿做那笔生意。我是从散户走过来的，我深知散户赚钱的艰难，我想把它献给散户朋友。其实也不算什么秘招，只是我多年来在盘面分析研究上的一些体会而已吧！在这里，我愿谈谈，供大家参考。"

判断大盘当天收阴还是收阳。投资者每天都看大盘，但多数人看不准大盘。大盘到底当天是收阴还是收阳？施伟通过长时间的记录、验证，发现大盘在正常时间内（指当天无突发事件，如利空或利好信息），收阴、收阳是有规律的。他判断的准确率达78.2%。

大盘收阴还是收阳，直接关系到当天的股票买卖。假如大盘收阴，你上午买的股票，到了下午大盘收阴，这只股票可能就收阴，那你当天就亏了，上午买的股票就可能是最高价。尤其是当你想做T+0时，知道大盘当天是收阴还是收阳，更显得重要。大盘收阴，做T+0就做不出来，你今天的损失就更大。

在这里，施伟给大家介绍一个判断大盘收阴、收阳的技巧：

◆假定前一天收盘指数为1000点。第二天开盘后，大盘低开，30分钟后，若大盘指数超过1000点，大盘当天就会收阳。

◆大盘平开，30分钟后，若指数在1000点以上，大盘当天会收阳。

◆大盘高开，30分钟后，若指数在1000点以上，收盘可能带影线。

◆开盘30分钟后，若指数在高开点上，当天大盘也会收阳线。

◆以此类推，若相反，大盘就会收阴。譬如当天上午大盘低开，30分钟后，大盘运行指数低于前一天收盘指数，则当天大盘会收阴。

为什么要看前半小时？主要因为9：30～10：00往往是主力试盘时间。在这段时间，主力通过测试抛压与跟风，从而对当天操作计划进行修正。

当然，判断大盘当日收阴、收阳，还有很多种方法。因为大盘运行规律是极其复杂的，它会受到多种因素的制约。以上几点仅仅是施伟长期观察大盘最常用的方法。

预测当日成交量多少。 成交量的多和少，往往直接关系到大盘的走向和股价涨跌的波动。如果股票在高位放量，就有出货的嫌疑；如果在低位放量，就有庄家进场的可能。关注上午9：25大盘集合竞价的量，是预测当日成交量多少的一个重要方法。

假如当日开盘前的集合竞价的量是5000万手，前一日集合竞价量是7000万手，就知道当日的成交量不如前一日。而这种成交量的变化，对判断大盘和个股的走向以及当日的操作，都有至关重要的作用。

快速捕捉大盘当天异动股的技巧。 异动股就是在一天中异常波动，股价和它的前段时间比，有比较大变化的股票。而能快速捕捉到盘中的异动股票，常常是获利的极好机会。

然而，投资者很少注意盘中这一稍纵即逝的变化，以致丧失许多良机。因为大多数人看"钱龙"，看涨跌幅榜的排名，都习惯看的是"5分钟"。而5分钟，对于观察盘中异动的股票，时间显然太长了，有些异动变化在这5分钟的涨幅榜中是显示不出来的。

而施伟在操盘中习惯把"5分钟"改为"2分钟"。这样做的目的，主要是短线抢盘。特别是开盘的前10分钟，对判断当天主力要拉动的股票，很有作用。

例如2002年3月1日，施伟一开盘就快速捕捉到了青鸟华光这只股票异动，在它快速上涨10分钟后有一个短暂的回荡，便趁机介入，当天就可获利。当然，要捕捉异动股，还必须有备而来，还需要对这只股票的基本面、技术面以及庄家运作的手法等，都有所了解。这样操作起来才不至于盲目。

选涨幅大、跑赢大盘的股票的方法。 多数投资者选股票，都是在K线图上看5日线、10日线、30日线是否多头排列或空头排列等，但施伟看K线有一个技巧，就是30日线一定要走平，同时5日、10日线穿30日线，其间挖的"坑"（通常是庄家的"洗盘坑"）越大，随后这只股票上涨的幅度就越大。

也就是说，在庄家收集筹码结束后，所挖的"洗盘坑"越急越深就越好。一旦30日线走平，5日、10日线上穿30日线，即是最佳买点。

例如湖北兴化（600886，现名：国投电力）于2002年1月23日启动，在1月28日这天，5日线、10日线上穿30日线，挖的"坑"很大，所以它的涨幅就大。（图1.1）

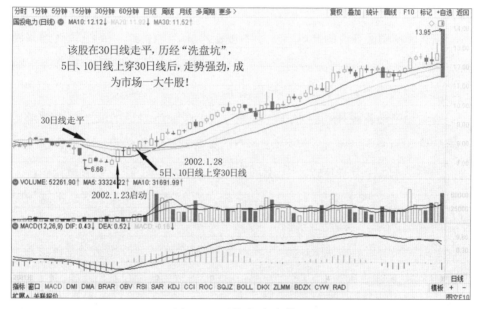

图1.1　国投电力走势图

看布林线买股票。 对布林线指标开口逐渐变小的股票，要特别关注。因为此种形态表明股价的涨跌幅逐渐变小，多空双方力量趋于一致，股价将会选择方向突破。开口越小，突破的力度就越大。施伟的经验是：股票上涨，布林线下跌，发生背离，当时不要买进；等股票下跌，布林线上涨时，就要注意；股票上涨，同时布林线指标上涨，就是买股票的时机。

如湖北兴化，在2001年11月8日最低价为6.88元，随后股价一路上涨，涨到11月29日，最高价为8.58元。其间布林线是一直往下走的。从11月30日开始，到2002年1月11日股价盘整下跌，而布林线指标上涨，密切关注。到1月24日，布林线开始往上走，当5日线、10日线上穿30日线时，即为最佳买点。

再拿南京熊猫来说。1999年11月4日股价开始上涨，布林线一直跌。到2000年1月10日，股价开始下跌，布林线上涨，可关注。到2000年1月26日，5日线穿30日线，布林线往上走，买进（当天收盘价为11.65元），随后该股在3月6日就飙升到19.04元。2005年11月23日扬子石化的走势也如此。股价下跌，布林线上涨，短线可关注。

当天股票卖最高价的技巧。主要看威廉指标。当白线、黄线、红线的最高点为0，看分时图，5分钟钝化，15分钟钝化，30分钟钝化，60分钟更钝化，那你想卖股票就可能卖到当天最高价。

查看手中的股票异动的方法。多数投资者主要看自己的股票是否放量、价格涨跌等。施伟主要是通过每天开盘的集合竞价和它的量比来看它是否异动。如果当日量比突然放大，开盘时卖盘越多，股价不跌，或者微微一跌，到30分钟，卖盘大于买盘，持续时间越长，而股价不跌反而上涨，那这只股票在当天就会有一定幅度的上涨。

还有一种异动，施伟称之为"红包线""机会线"。就是当天股票低开，并用很大手笔往下砸盘，几乎接近前期底部，然后迅速拉起。如南山实业（600219，现名：南山铝业）便是如此。它在2000年10月18日，以14.54元收盘，而第二天竟以13.54元开盘，当天以14.91元（接近最高价14.99元）收盘，抓住这个异动机会，就能捡个"大红包"。（图1.2）

看KDJ买卖股票的技巧。施伟设置的KDJ与众不同。一般KDJ的J值在20以下属弱势，50可以买股票，80以上属强势。这时风险很大，怎样去买卖股票呢？

拿湖北兴化这只股来说。在2002年2月7日，KDJ值都已超过80，在全国股民都看的电脑上，KDJ已出现了3次"死叉"（分别是2002年2月1日第一次，2月6日第二次，2月26日第三次），但它仍然继续往上涨。施伟修订过的KDJ仍处于温和上升的态势，并没有发出卖出信号。因此这时不是卖，而应是买才对。

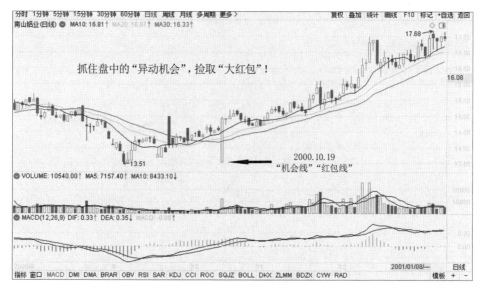

图1.2　南山铝业走势图

关注开户证券公司的"回报栏"。 你所在的证券公司都有一个公开的回报栏，可以知道当天的买卖情况。它能清楚地反映你所在证券公司大多数股民的买卖进出情况。这也是中小散户在没有信息来源的情况下，了解大势的一个方法。

另外，你所在的证券公司还有全国各种股票的龙虎榜。可以通过龙虎榜看资金导向，在某只股票上是加仓还是减仓。像施伟所在的证券公司曾在2000年的5月16日到18日之间，发现北满特钢（600853，现名：龙建股份）有大批的抛单涌出，但量没有放大，同时又有很大的手笔在接，疑有对倒行为，引起他密切关注。随后该股一路上扬。

"三阴不吃一阳"买股票的技巧。 这种"三阴不吃一阳"的图形，多出现在牛市中主力运作的股票。这里举几个例子。南京熊猫于2000年8月16日是根阳线，尔后在17日、18日、21日连续三天都是阴线，且"三阴"没有吃8月16日的阳线，就看涨。在这一天，收盘时你就可以买进去。一路上扬，获利非常快。

原水股份（600649，现名：城投控股）也是这样。2000年7月18日是根

阳线，接着，19日、20日、21日均为阴线，且三阴没有吃阳，当日买进，第二天就获利。（图1.3）

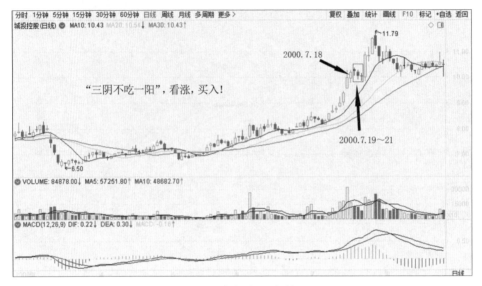

图1.3 城投控股走势图

南方汇通也是如此。2000年6月6日是阳线，随后7日、8日、9日的三阴没有吃掉6日的阳线，当天买入，就能获利。

相反，"三阳不吃一阴"，要坚决卖出。

当然，在实践中操作股票的方法很多，在这里就不一一赘述了。投资者也不必死搬硬套。因为股市是动态变化的，只有随时根据股市的变化和个人的操作习惯，制定对策，才能使自己立于不败之地。

尾声：八赴申城做报告，轰动上海滩

2003年至2004年，施伟应邀曾八次到上海做投资报告，轰动上海滩。2004年1月10日、11日，他在上海工人文化宫（500元一张门票）向投资者仅推荐了两只股票：一只是ST天龙，一只是恒瑞药业。他当时讲，冒进型的，做天龙；稳健型的，做恒瑞。结果，天龙股价短期就翻了番；恒瑞药业也大涨70%以上，中长线买入持有者赚了不少钱，其推荐准确率达100%。

"真诚地感谢你为投资者推荐了那么多好股票。你原来讲的操盘十大秘诀，现在还管用吗？" 2005年11月24日，当我再次见到施伟时问他。

"管用。近期国内股市行情不太好，朋友邀我去越南炒了几个月股，刚回来，我还是用的这套技术，效果很好。"施伟回答。

不过，他也补充道：

"现在'势道'变化很快，影响大盘的变数太多，看盘也要上个台阶才行。像第一条判定大盘当日收阴、收阳的方法，现在单独使用，准确率就低了。为此，他又摸索出了在钱龙软件上能同步看出主力进出的技巧，这对判断大盘走势起到了决定性的作用。

"另外，股票操作是一门综合艺术，就像航天飞机上天是一个非常复杂的综合技术一样，在实战中不能孤立地使用某一项技术，只有融会贯通，灵活应用，效果才会好。"

冯　毅：

"我连续多年持续盈利的最大秘诀，
　　就四个字：重仓大赚！"

几年熊市，80% 以上的投资人伤痕累累，他何以在 4 年熊市
中，创造出资金翻两番的神话？他次次胜利逃顶、做足行情赚
大钱的绝技何在？神奇的"逃顶公式"揭开了这一秘密！掌握
"六大功能"——爬出股市"地狱之门"有诀窍！

投资简历

个人信息

冯毅，1950年生，江苏南通人。

入市时间

1993年11月。

投资风格

始终坚持"重仓大赚"的盈利模式！

投资感悟

做生活中的有心人，用脚板踩出"黑马"来。

第2章

△

顶尖高手冯毅的九大操盘绝招

——记股林高手冯毅在熊市中创造
业绩翻番奇迹的传奇故事

汽车沿着宁通公路向着东海边疾驶。

眼前虽是蓝天、碧水、桃红柳绿的一派美景，但我却无暇去欣赏。急切的心，早已飞向了东海边那被誉为"近代第一城"的江苏南通市。

自2003年到2006年，我已记不清接到过多少次来自南通地区热心读者的电话，也记不得收到过多少封他们发来的邮件，都传递着一个共同的愿望：力邀我写写他们心中拥戴的"股市英雄"冯毅。但因我工作忙，加之路途遥遥，一直未能成行。

然而，热心力邀的电话，仍然没有停，电子邮件和他们亲笔写的信，照样一封接一封地发来。

面对如此强烈的呼唤，我终于待不住了，决定驱车数百公里，赶往南通，对这位受到当地数十万投资者爱戴的民间股林投资高手进行专访。

引子: 路遥遥, 寻找"股市英雄"

手机响个不停。推荐我来进行这次长途采访的管校长和我要采访的"股市英雄"冯毅, 已经等候我多时了。他们不停地问我车到了哪里。

几百公里的行程, 我没有一丝倦意。傍晚6时许, 我终于按电话里约好的"接头"地点, 对上"暗号", 见到了从未谋面的管校长和冯毅。

"这就是我多次在电话里给你讲起的冯老师, 他比我小10多岁, 可是股比我炒得要好不知多少倍!" 70岁的老投资人一边接我的采访包, 一边对我介绍。

"我也是在股市摸爬滚打中吃了不少苦头, 到现在才摸索到了一些窍门!" 冯毅把我装衣物的小箱子放在他的自行车后架上推着, 边走边说, "你看, 这些年, 我这头发都白了不少。炒股, 要炒好, 也真不容易啊!"

他们把我安排在当地的联运宾馆。这里, 离冯毅家和他操盘室都很近。

在欢迎我到来的丰盛的晚宴上, 我们三个"老哥们儿"倾心相谈, 很快就成了无话不说的知己了。从冯毅博学的谈吐和亲身的感悟中, 我意识到, 这次, 我将不枉此行。

重仓大赚: 熊市资金翻两番的背后

> 华尔街曾流传着一句有名的金融格言: 大赚比常赚重要! 冯毅在实战中不仅追求每次操作的成功率, 更追求重仓大赚的获利率。这是他多年来的投资风格, 也是他几年熊市资金翻两番的原因。

冯毅时年56岁, 他在股市博杀的风雨征程中, 已经度过了整整14个年头。他执着, 谦逊, 一步一个脚印, 从不愿出风头。

在和我的交谈中, 他一个劲地说: "我只是一个在股市风浪中逐步走向成熟的职业投资人。比起更多的股市专家、高手，我太普通了。"

然而，南通地区数十万的投资者，却都历数着他前进的脚印，一笔笔地清楚地记录着他那普通而又极不同寻常的辉煌战绩：

2000年，他操作莱钢股份，获利80%；

2001年，他在2245点大跌前夕，在一次又一次的报告会上号召大家全身退出股市，指导众多的投资者逃过了一场股灾；

2002年，在熊市的低迷中，他勇擒黑马股厦新电子，创下了250%的惊人战绩；

2003年，他再战龙头长安汽车，又一次在熊市里创下120%的收益。

2003年10月至2004年3月，他又骑着齐鲁石化这匹快马跑完全程，颇大的收益令人叹服！

…………

一件件、一串串的神奇事儿在眼前发生。这是为什么？

为什么在低迷的市道里，80%以上的投资人伤痕累累，有的甚至血本无归，而他却在默默地创造着一个又一个的神话？甚至在近几年的熊市中，他的资金竟翻了两番！

冯毅神了！他究竟有什么秘诀、高招？一团团的"迷雾"，不仅萦绕在众多的投资者心中，也不时地在我的心头久久弥漫、徘徊。

我决心打开心中的这个"结"。

"冯老师，你能否简单明确地告诉我，你在股市里为什么能持久地赚钱？首要的、核心的秘诀是什么？"在连续几天几夜的采访中，我不止一次地向他发问。

"我不保守，要我说，我连续多年能持续盈利的最大秘诀，就四个字：重仓大赚！"面对我的发问，冯毅中肯地回答道。

"重仓大赚？就这四个字？"

"是的。就四个字。可你别看只有这四个字，那可是我在漫长的坎坷路上，苦苦寻找了多少年才得到的在股市大赢的真谛啊！"冯毅指着他书桌上整齐地摆放着的200多本中外证券图书说，"多年来，我研究过世界上许多高手的成功秘诀，发现他们有一个共同之点，那就是华尔街的一句至理名言：大赚比常赚重要！世界顶尖高手索罗斯也有此论述：当你赚钱的时候，如果是小赚，就等于操作失败；当你亏钱的时候，如果是小亏，就等于操作成功！"

莱钢大捷，点燃重仓大赚的理念烽火

时针指向了凌晨。听着冯毅倾吐着他用多年心血换来的经验，我没有一丝倦意。这时，冯毅打开电脑，调出了莱钢股份的走势图，一下子把我带向了奠定他重仓大赚投资理念的首次战斗。

6年过去了，他仍然抹不掉那难忘的一幕。

那是2000年的3月。莱钢股份的股价从7元涨到了11元多。当时，马钢的股价已翻了倍，他经过比较，考虑到同一板块的比价效应，认为莱钢也能翻一番。这样算下来，莱钢的股价目标位应是14元左右。他心想，若眼下买进，至少还有3块钱的空间。于是，他狠了狠心，重仓杀入。

2000年6月，莱钢果然涨到了15元，已超出了他的既定目标。当时大盘正在牛市途中。冯毅看到该股在15元收出了一个光头缩量的小阳线，心里揣摩着：此股涨势尚未到顶，仍有上升的空间！于是，他没有抛出，而是马上修订自己的操作方案，不仅不卖，反而把账上的余钱全部加码追进。

这是一次大胆的尝试。这种"重仓押注"，也是他平生炒股的第一次，虽然他没有百分百的把握，但十分自信。

当时，联通公司请他在BP机上为投资者推荐股票，他毫不犹豫地推荐了莱钢。许多BP机用户接到信息，都不解地惊呼他"疯了！"

然而，真理掌握在少数人手里的事实，已被历史所证明。他正确的理念和准确的判断，为他和信任他的股友们换来了丰硕的成果。他一直赚足了行情，"发疯"而贪婪地持股到20元左右才抛出。

"这就是我重仓大赚的首次大捷！"冯毅越讲越兴奋，"这次成功的操作，不仅使我获得了80%以上的丰厚利润，更奠定了我以后重仓大赚的投资理念！"

大熊股的大反转：重仓大赚的首选品种

"谁炒股都想大赚，只要能大赚，一准儿也都会去重仓。可是买什么样的股票重仓，才能达到大赚的目的呢？"我越听越兴奋，禁不住打破砂锅问到底。

"这个问题提得很好。假若股票没选好，不仅重仓赚不到钱，还有可能遭受重大损失！"冯毅说，"我的经验是：炒长期卧底的大熊股！它一旦反转，上升空间巨大，给你的利润也最大。因而，要想做到重仓大赚，必须首选那些即将反转的大熊股。这是重仓大赚的重中之重！"

"那么，什么是大熊股？实战中又怎样捕捉到它大反转的起涨点呢？"

冯毅说，大熊股一般有如下特点：

◆ 从高位跌幅巨大，一般都有50%～60%，甚至更多。

◆ 长期卧底，时间在20个月以上，甚至更长。

◆ 成交量极度萎缩，月K线换手率要小，一般不超过15%。

◆ 市场的操作成本逐渐趋向一致，均线黏合走平，股价月波动幅度收窄，在10%。

这类股票若产生大的反转，其特征有三点：

◆ 周K线连续3～4周高低点上移抬高。

◆ 成交量温和、匀称、连续放大。

◆ 周K线、月K线中长均线系统呈现多头排列。

冯毅曾操作过的中房股份（600890，现已退市）就是一个典型的案例。这只股从1997年至2000年，一直处在漫漫熊途之中。2000年1月份，从它的周K线上观察，其价格的高低点连续3～4周甚至更长时间都在上移抬高，同时做到了月K线温和、匀称、连续地放量，一只大熊股的大反转行情就此展开！（图2.1）

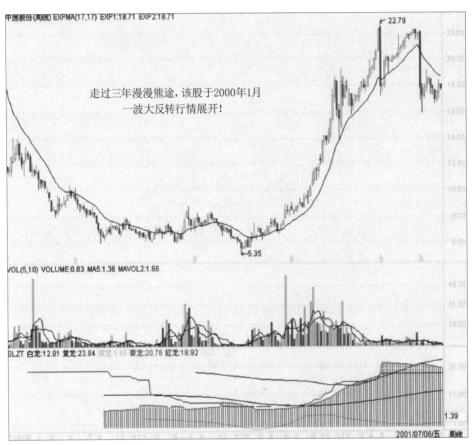

图2.1　中房股份周线走势图

再以当时在沪深盘面上十分耀眼的大牛股东方锅炉（600786，现已退市）来讲。它自2000年创出了12元左右的新高后，一直到2003年不仅从未大涨过，而且表现越来越差，到后来竟还戴上了"ST"！可是从2002年开始，这只沉默已久的大熊股苏醒了，它的周K线连续3～5周高低点都在上移抬高，且成交量温和、连续放大。这时，冯毅设置的月K线均线参数也形成了多头排列。该股一举改变了多年来大熊股的弱势形态，走出了一波标准的大熊股大反转的强势行情，股价从4.90元一路狂飙至28元，令众人刮目相看！（图2.2）

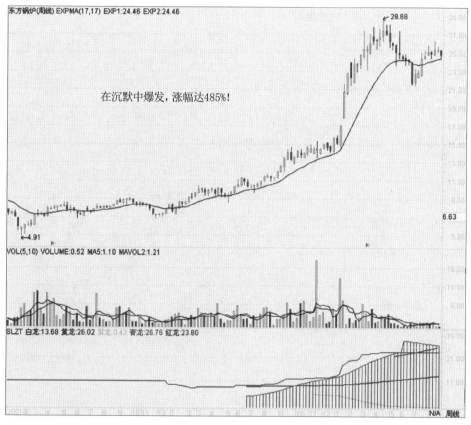

图2.2　东方锅炉周线走势图

从盘面异动反推基本面的改观

冯毅说，在多年的实战中，他发现有这样一种现象：如果一些大熊股在盘面中突然表现出一种异动的走向，就要密切注意，其中极有可能蕴藏着大的行情。这往往是不可错过的难得的投资机会。

2002年1月，那还是股市冰冷的季节。ST厦新（600057，曾用名：G夏新，现名：厦门象屿）这只股价从二三十元一直跌到6元左右的著名大熊股，此时竟冒着"严寒"绽放。其股价开始从6元一路温和上扬到11元左右，一举改变了长期大熊股的下跌趋势。

望着它在盘中的异常表现，冯毅想：只有基本面大改观，才能产生大牛股。这是一条公认的市场规律。厦新一定有"戏"要演！此时，作为一个普通投资人，他虽然无法得知其内情，但从技术面的大趋势的大改观来反推，他判断该股的基本面可能有重大的改变。

他抓住这个"疑点"，对此进行社会调查，得知该公司的主营业务增加了生产手机，这为公司取得了新的利润增长点。为了摸准这一行业的前景，他向在电信部门工作的一位亲戚做了进一步的咨询，了解到全国当时的手机普及率在19%左右，此产品的高收益，至少可以延续2到3年之久。

ST厦新的基本面若真的发生重大改变，当时消息又处在一个不明朗的朦胧状态，该股的涨势，绝不会一时半会儿就停下来。此时介入，是重仓大赚的极佳机会！

于是，他在9.08元左右的价位，全仓吃进了ST厦新这只带有朦胧题材的异动股。尽管该股当时并不被市场看好，但冯毅就是带着"ST凭什么连涨三四个月"的一个硕大问号，以极大的定力和耐心等待市场对它的最后肯定。

ST厦新疯了！它不顾大盘的"世态炎凉"，也不顾市场的冷眼相看，硬是戴着ST的沉重帽子，步履坚定地向上攀登，短短4个月，它从6元涨到11元多，股价几乎翻倍。之后，它温和缩量，稍做回调至9元左右，然后歇足了劲，再度发起冲击，一口气冲高至18元，第二次实现股价翻番。这个结果，正如冯毅所料。

后来，年报公布了，它的每股收益为1.50元，是沪深股市头号低市盈率的绩优股。这时大家才一片哗然，争相看好，而冯毅此时却已在18元落袋为安。（图2.3）

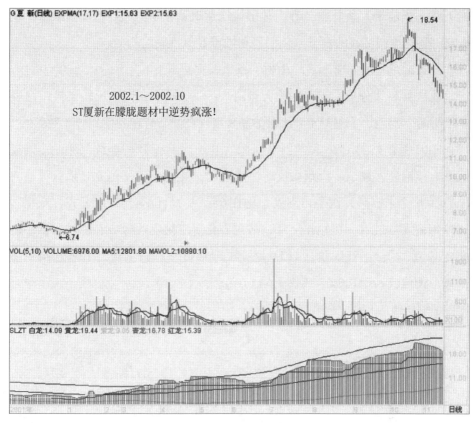

图2.3　G夏新走势图

抄大底，是重仓大赚的首要盈利手段

中国的股市每年或一两年必有一个大底出现，能成功地在底部买入，抄到大底，你必将有巨大的成本优势，也能为重仓大赚奠定良好的基础。

2003年11月份，大盘经过长达两年半的低迷调整，在一派熊气的笼罩之中，沉到了1307点。投资者面对绿油油的大盘，只有怨声，大多驻足而不敢向前。

而股市的机会，往往属于那些富有智慧的先知先觉者。此时，冯毅惊奇地发现，绝大多数个股虽然都创出了历史新低，可这时却有少数股票已经拒绝下跌，提前于大盘上涨启动。他敏锐地意识到，世纪大底已经到来了！在大家都还在无奈沉寂的日子，他已经在忙着寻找抄底的品种。

冯毅通过千挑万选，最终相中了石化板块的领头羊齐鲁石化（600002）。当时他从月K线分析，该股提前大盘两个月收红，大熊股大反转走势，已经非常明朗。那时，当这只重仓大赚的品种展现在他面前时，他是何等兴奋！

2003年11月13日，大盘创出新低后开始启动行情，连续3周的K线高低点上移抬高，确认了大盘大反转已成定局，更加坚定了他此时采取行动的决心。机会来临时，决不可迟疑！他在6元钱的价位满仓杀进了齐鲁石化。2004年的元旦过后，短短几个月，齐鲁石化随着大盘的稳步上扬，股价一路推高。到3月份，其股价达11.80元，接近翻番，冯毅全仓抛出，这次成功抄底，使他获利近100%。（图2.4）

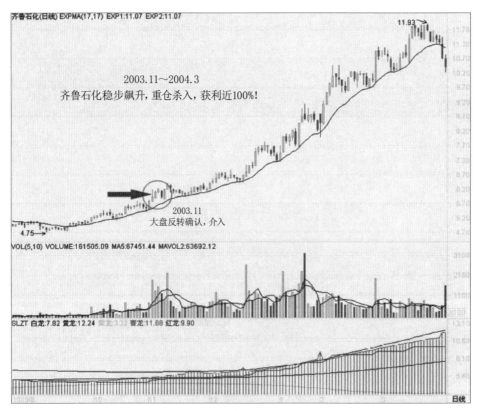

图2.4　齐鲁石化走势图

重仓大赚操作中应注意的几个问题：

◆选择个股建仓时，一定要关注大盘的位置。大盘在中高位，个股的升幅则不会太大，不适合于重仓操作，因为沪深股市的系统风险还较大。

◆个股必须是前期的大熊股。其调整的时间和空间必须巨大。

◆该股基本面上几乎没有利好消息，有时反而可能会有利空消息。

◆此类品种一般散户很少认同，买进有巨大的心理障碍。

◆周K线、月K线刚启动时，不忙买进。等大趋势明朗化，回调缩量时，才是最佳买进时机。

◆买进后，一般中线持有，绝不做短线，没有50%的升幅，不考虑出局；基本面消息不明朗不出局；大趋势不改变不出局。

◆要有良好的心态配合。需要强大的定力和意志配合。日K线上的微观浅幅波动，可一概不理睬。

◆卖出后再涨，不反身追入。卖出后下跌，也决不抢反弹，可重新去寻找符合以上条件的新品种操作。

"盐田港A" 踏空之后……

> 几年前，踏空盐田港A，"败走麦城"的那一幕，让他永生不忘。因为正是那次失利，使他悟出了价值投资的悄悄到来，更使得他的投资理念发生了重大改变。

每一个高手在他的成功之路上，都曾有过失利的记录，那是他们前进的基石。

对冯毅来说，他永远抹不掉那一块块"基石"对他前进所起到的作用。正是踏空盐田港A的那次失利，使他的投资理念发生了重大改变。

涨势后面有原因

那是2003年1月，冯毅去参加一次股市沙龙。会上，一位上海来的证券分析师极力推荐盐田港A（000088，现名：盐田港）。他认为，此股基本面非常好，属于行业景气度高、快速成长的绩优股。

晚上，冯毅回到家，打开电脑一看，吓了一跳：该股月K线大趋势已从七八块钱涨到了16块钱，股价已翻番。2003年熊市调整中，该股一直在历史最高位缩量横盘。

严格地说，盐田港A不符合他挑选大熊股大反转重仓大赚的技术条件。他犹豫了，在困惑中不敢买进。

结果，后来发生的事使他震惊：盐田港A缩量一路上涨，从2003年1月份的14.32元，一口气涨到28元，股价又翻了一番！（图2.5）

冯毅在盐田港A上彻底踏空了。

原因在哪里呢？

他深深地思考着：从技术面上分析，盐田港A已高处不胜寒，为什么它还能大幅度地上涨呢？看来，纯粹从技术面研究有时也会有所偏颇和肤浅，也许直接切入基本面，做深入研究，就不会被技术面上的强劲走势所吓退。

事后，当他详细剖析了盐田港A那优秀的质地，他才发现盐田港A是一只名副其实的高绩优、高成长股。这时，他也才真正悟出了其持续上扬的根本原因。

他更深切地感到，通过近三年的熊市洗礼，沪深股市正趋向理性投资，盐田港A的高位拔高上涨，也许预示着"价值投资"时代已悄悄来临。

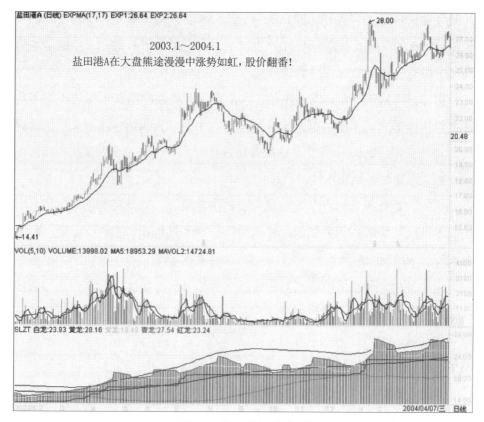

图2.5 盐田港 A 走势图

价值投资选股"三要诀"

什么是价值投资呢? 基本面研究中价值体现在哪几个方面呢? 冯毅认为, 价值投资选股可以从以下三个方面切入:

第一, 看每股收益的稳定性和成长性。 收益越稳定, 成长性越大、越高。他的办法是把研判的个股3 ~ 4年的年报税后利润相加, 再平均, 得出平均值, 然后再与近期每股税后收益做比较, 看是增加了还是减少了, 增减的幅度有多大。

例如, 盐田港 A 2000 年每股税后收益是0.16元, 2002 年是0.64元,

2003 年是 0.94 元，三者相加除以 3，等于 0.58 元。用 0.58 元除以最近的 2003 年年报公布的 0.94 元，等于 0.61。也就是说，它最近的收益比三年的平均值高出了 61%。这显然属于高增长。

第二，再从该行业的成长性考虑。如果每股收益的增长暂时还不能体现高增长性，那么，买股票是买未来，未来的潜在成长或国家政策支持性的成长，也可视为高成长。当然，这需要对行业产品的前途、今后发展需求的方向，去做政策性甚至想象性的研究。

例如，近几年来的汽车、钢铁行业的快速发展，就是与我国的国情需求改变了供求关系有关。再例如，未来的煤、油、气行业和旅游行业等，都是有发展前景的朝阳行业。

由此可再分析盐田港 A，它的主营业务是码头的开发与经营、货物装卸与运输，每项都与国家国民经济发展息息相关，我国国民经济发展近几年正处于快车道，盐田港 A 又处在经济发达的开发区，它的行业的成长性和效益的稳定性，无疑都是最好的。

第三，看大众散户是否高比例持有。因为市场是个博弈的战场，所以选股也要综合考虑。冯毅认为，基本面分析解决的是价值问题，技术面解决的是价值走向，即怎样涨的问题，而市场面分析解决的是操作者的心理动向问题。所以，众人看好的品种，人人都知道的信息，人人都在使用的技术分析，从博弈角度讲，是没有价值的。

回顾 2003 年年初盐田港 A 上涨时，冯毅在各大证券交易所调查，散户几乎很少持有。同样，2004 年齐鲁石化刚启动上涨，散户刚获微利退出者很多，此后该股大举上扬，散户手中寥寥无几。因而，对一只股票进行价值投资时，既要重视它的基本面，也要兼顾它的技术面和市场面。

看到曲线图的背后，走到曲线的前头

一只股票上涨和下跌的因素很多，决定一只股票价格波动的本质原因究竟是什么呢？冯毅说，从理论上认知就一句话：人们的心理变化引起供求关系的改变。那么，什么又是引起供求关系的心理原因呢？他认为，可从两个方面来探求：

第一，从投资角度看有两个因素：

◆ 价值与价格的偏离。
◆ 对未来成长性的价值预期值的改变。

如果股票价格在低于价值之下运行，未来必然是上涨。此时买进，当然就是价值投资。如果价格没有体现它的成长性，或者说人们还没发现它的成长价值，此时买进也是价值投资。

第二，从投机角度看，也有两个因素：

◆ 进场控局者，对流通筹码的控局仓位如何？
◆ 已控筹的筹码，成本如何？此为投机性质的操作条件，在此不详述。

从本质上讲，我们买股票，就是一种投资行为。有没有投资价值，这是我们买股票时首要应考虑的条件。我们通常看到的曲线图，是价格波动的走势图，它的涨和跌，有时并非完全能体现它的投资价值——特别是在高度投机的市场。

采访中，冯毅曾带我参观了他所在证券公司附近的一家当地上市公司——纵横国际（昔日的南通机床）。他边走边介绍道：这个上市公司的股票当年从3元拉升到30元，又从30元跌到3元，两次戴ST，其操作上的投机性，众人皆知。当时，一些人被它狂飙上扬的美丽的曲线图所迷惑，纷纷追进这只大"黑马"，也有不少人劝他买入。可他对这个企业十分了解，看到公司当时的生产不断滑坡，产品滞销，30%的工人下岗，连本公司的大多数职工都不看好自己的股票，便放弃了这只虚涨的股票。

当时，价值投资的观念已经深入人心。例如2004年的核心资产投资品种，基金重仓的品种，社保基金入驻的品种，都是可以挖掘的、价值投资的品种。那么，在此情况下，中小投资者在具体操作上如何把握呢？冯毅认为，第一，先从基本面上分析，是否是有前途的上市公司，其产品生产周期是否处于初创期；第二，考察公司基本面情况，与过去相比是否有较大的改变。

例如，石化行业的龙头股齐鲁石化，冯毅在分析它的时候，发现成品油资源行业一直不景气，从曲线图上也显示出这类股票是无人问津的地道大盘"死亡股"。而当时随着国民经济的飞速发展，它的经济价值和宝贵资源的价值，便充分显露了出来，这也是他买入它的根本理由。当然，从技术面上也体现出大资金入驻的操作迹象。

做生活中的有心人，用脚板踩出"黑马"来

采访中，冯毅给我讲了这样一个真实的故事：

> 几年前，上海一个炒股的电器工程师出差到北京，逛电器商场，发现这么一个奇特的现象：北京只卖本地生产的牡丹牌彩电，很少有上海生产的金星牌彩电。而上海呢，只卖上海本地生产的金星牌彩电，很少卖北京生产的牡丹牌彩电。但是，北京和上海两地却都同时卖长虹牌彩电。这个现象说明，长虹彩电的市场占有率很高，长虹彩电得到市场的一致认可，具有投资价值。

而众人皆知，要进行价值投资，还必须把握两个原则：第一，大势要在长期低迷的时段；第二，价格严重向下偏离价值。而当时正是大势低迷时，长虹年报2元，其质地如此优秀，价格却只有7元左右，长期躺底，且又得到大众的认可，市场占有率很高。

这位聪明的工程师清楚地看到了这一点，便把家里的所有积蓄全部投资到长虹的股票上。当然，大家知道后来他的投资回报是相当丰厚的。这就说明，生活中许多身边的现象，往往折射出很多有价值的投资机会。

冯毅记得有一次他听一个经济学家的报告会，主题是中国的基本建设规模在今后的三五年内将继续呈快速增长趋势。同时，每次他驱车去区县讲课，都会有股民带领他参观众多的开发区。这让他一直在思考一个问题：基本建设规模一天天在扩大，全国有那么多的开发区，那么，建设这些开发区的钢材和水泥必然呈稳定的、持续的增长状态。这必定给这类上市公司带来投资机会。

一次在海门讲课，一个女股民问冯毅"买什么股票好"，他问她："你是想投资还是投机？""投资！"那个女股民答道。旁边有人插话："她老公是建筑工程承包商，有的是充足的投资余钱！"听了这番话，加之有前面的感触，他顺口戏言："你就买刚上市的海螺水泥吧，助你老公一把！"她听了冯毅的话，果真重仓买进了海螺水泥。没多久，这只股便开始大涨。春节期间，这位女股民特意打电话谢他。这又使他意识到，只要多调查，多思考，多推理，身边的投资机会就无所不在。

价值投资照样不可忽视防范风险

"知道了怎样价值投资，掌握了价值投资的要领，难道就可以忽视风险了吗？"我问。

"回答是否定的。"冯毅说，"只要是投资行为，风险任何时候都存在。"

冯毅认为，风险来源于两个方面。

第一，时机问题，或者称"时机技巧艺术"。 俗话说，投资早不如投资得巧。任何事物的运动，都是波浪式前进，螺旋式上升的，波动都是有周期规律的。踏准波动节奏，就要掌握准确的时机。

例如厦新电子和齐鲁石化等，长期低迷时，你过早地介入，不但会使你的资金失去机会成本，而且会使你在投资过程中产生心理压力，降低投资信心，挫伤投资心态。当然，在股票上涨的末期追进，也必遭吃套。南通的上市公司综艺股份当年红极一时，冯毅见到许多投资者在其股价达到60元时，还轻信它要涨到88.48元的传言，贸然抢入，结果输得很惨。

第二，市场是博弈的，博弈的结果是博弈的双方不可能双赢。有一方利用价值投资理念先知先觉进场吸筹，尔后又拉升股价，而在还有投资价值的区域派发给后知后觉甚至是不知不觉的所谓"投资者"。

例如冯毅在2002年买卖的厦新电子，按照市盈率计算，当时它仍然有投资价值，因为它的市盈率是沪深股市最低的。但是，该股从6元涨到18元，月K线技术走势，三顶明显，先知先觉的投资者已获利相当丰厚，任何时候都想以现价扔给后来的投资者。

再说，从基本面分析，手机行业利润平均化倾向严重，普及率正在提高直至饱和，该产品已开始走下坡路。所以，冯毅认为该股尽管市盈率还较低，但已不具备中长期的投资价值，除非它的基本面又有新的大改观。因此，投资者在进行价值投资时，决不可死认一个理，把市盈率的高低作为投资的唯一标准，使自己的投资走向极端，遭受失误。

此外，在防范价值投资风险时，还要特别注意以下三点：

◆一是切忌盲目听消息，要善于识别真假。

◆二是要看准价值投资品种的业绩是虚拟的还是实质性的。

◆三是一定要看参与者的认同程度。即早期发现不被大多数人发现的投资品种，其才真正具有投资价值。反之，就没有投资价值或投资价值不大。

讲到这里，冯毅深有感触地说："我们现在所处的时代是价值投资的新时代。投资者头脑里一定要牢牢地把握这一点，才能在市场上胜出。前年的盐田港A虽然我踏空了，看上去，我错失了一波大赚的机会，但它使我的投资理念又上了一个新的台阶，让我真切地感受到了价值投资的重要。从这个意义上讲，我庆幸这次的踏空！"

买好才是真正的师父

> 对于投资者，特别是曾经深套过，有过重创亏损经历的投资者，他们在抚摸"伤口"时，无不从内心发出由衷的感叹：要买好不吃套，特别是重仓买进，又要尽快脱离自己的成本区，真是太难了。

股市上有句俗语：会买的是徒弟，会卖的才是师父。意思是说，买相对于卖要容易些。这句话单从对买与卖的要求来说，也不无道理。但对老股民，特别是曾经被深套过的股民来说，这真是太难了。

冯毅说："股市上的一切错误的发生，都是从'买'开始的。买好了，就奠定了成功的基础；买好了，就有了巨大的成本优势；有了成本优势，就能稳定好自己的心态。从这一点上说，要买好也确实是太难了。"

"怎样才能找到一个好的买点呢？在操作中，长线、中线甚至是短线的好买点是否有共同的特征呢？"我问。

"我认为是有的。"冯毅回答。

低位买是买好买对的灵魂核心

股市上"低吸高抛"人人都知道，什么是真正的"低"？低买以后能涨上去才是低，要找到这个本质的"低"，就没那么容易了。

冯毅说，通过股市里多年的摸爬滚打，通过无数次"高买低卖"亏损割肉的经历，他终于悟出了这个"低点"，从理论上讲有两点：

第一，调整的末期。股市是以波浪式的上涨或下跌的波动形式运行的，这是永恒的规律。涨久了就要调整，下跌调整时间长了就要反弹。在调整的空间与时间接近尾声时，离上涨之时也就近了。所以，买在调整的末期，应该是买好的首选。那么，怎样才能做到这一点？

要先判断调整的性质，从而推断出调整的级别，不管是大盘还是个股，因为不同级别的调整的空间与时间是不同的。

因为利益因素的调整。它的特点为前期涨幅已高，是已脱离了成本区的部分筹码反手做空所致。如果出于差价利益的回补，必须打到有利可图的低价区域然后回补，所以此调整空间较大（20%～30%），时间也较长，要耐心等待调整末期的到来。

如图2.6中的东方明珠（600637，曾用名：G明珠），主力在运作中将股价从除权后的16元多一直打到10.25元，调整时间达4月之久。

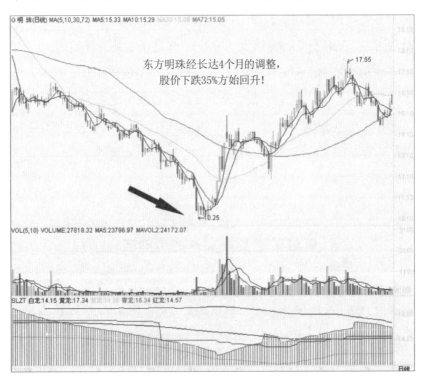

图2.6　G明珠走势图

因为欺骗因素的调整。它的特点是打压同样较凶狠，是以震仓洗筹为目的。但与利益因素不同的是，只要欺骗目的达到，只要散户恐慌盘抛出，就止跌到了调整末期。

如图2.7是广电电子（600602，现名：云赛智联）的周K线，在2003年11月6日其股价被打到7.04元的最低价时，成交量陡然放大，止跌拉升。

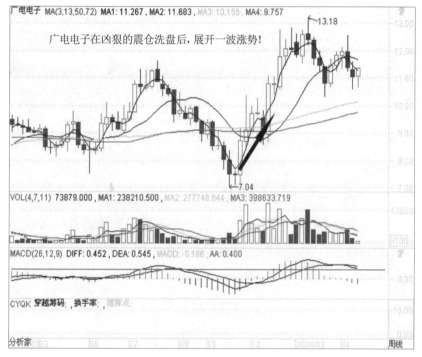

图2.7　广电电子走势图

因为供求因素的获利回吐的调整。它的特点完全是市场的自然行为，所以回调一般是温和的，时间也不长，与大盘的吻合程度也较好，此为盘中加仓买进的信号。

由此看来，判断调整的性质和级别，看清调整末期的特征信号，是判断调整末期是否成立的关键。

第二，上涨的初期。不管大盘还是个股，调整趋于尾声，上涨的初期就显现出来。只有买在上涨的初期，你才有成本优势。同样，上涨也是有不同级别的，股价调整的空间越深、时间越长，对应的上涨级别也就越大、越长。

两亿保证金的启迪

采访中，冯毅谈到在实战中如何把握调整末期的买点时，给我讲了这样一件事：

2003年国庆节前后，他正在南通证券公司讲课，大盘一路绵绵阴跌，熊气弥漫。10月10日，一根大阳反弹，接下来又是阴跌。10月22日，又一根大阳反弹，接下来又是一路阴跌。上证综合指数直逼1300点。成交量萎缩，人气极度低迷。

股市从2001年6月份2245点深调下来，空间已达40%，时间已有28个月之多，冯毅隐隐感到，大盘一步步接近底部了。也就是说，大盘大级别的调整末期来临了。如果此判断成立，那么接下来的必然是一波大级别的上升行情。

那么在大级别的调整末期，大盘会有哪些特征呢？冯毅认为，有以下几个特征：

◆ 调整的空间、时间要到位，个股也是如此。
◆ 成交量要极度萎缩，人气相当低迷。
◆ 形态上已找不到止跌的信号特征。
◆ 此时要拿到广大散户是在做多还是做空的操作仓位的证据。

在前三个条件符合的情况下，第四个条件是必需的，是每一个成功抄大底的投资者必须要做的一次调查工作，调查的第一要点是广大散户手上是钱多还是股票多。

冯毅当时是空仓，仓位是零。同时，他在他培训过的学员当中进行调查（很多是有一定资金量的中大户）。他分别给他们打电话，调查的结果是一句话：大多数深度套牢，有的正在"割肉"。大多数人一致认同大盘必跌破1300点。接着，他到散户大厅的刷卡机上看交易方向，大量散户卖多买少，交易方向是做空。

这时他又得到一个可靠的信息，有个很精明的股民朋友计算出某一个小小的营业部散户账上的保险金累计已达两个亿，大量股民正在地板上"割肉"。

两个亿的金额，说明了这个营业部为数不多的股民手上的仓位正在减少。那么，以点推面，全国的散户呢？筹码到哪儿去了呢？毫无疑问，做空能量已接近枯竭，沪深股市阶段性的底部就在眼前，一轮大级别调整的末期显现出来。两亿元保证金则折射出了一个阶段性大底，一个大级别的调整末期的最佳买点。

如果调整末期的买点能够确定成立，其实第二个买点——"上涨初期的买点"也为期不远。这以后，大盘周K线连续3到4周价格的高低点上移抬高，成交量温和、匀称、连续放大。因为底是涨出来的，正如头是跌出来的一样，没有上涨初期的特征，就不要轻易确认调整的末期出现。

这两个点有时会同在一个区域里出现，既是调整的末期，又是上涨的初期。它们相互印证，交织在一起。当然，不同级别的调整末期与上涨的初期技术特征是不同的，操作的策略也是不同的。

调整末期的买点，一般适宜于大资金买进操作。因为资金量大，没有低位套牢风险，但有踏空风险。

上涨初期的买点，一般适合于中大户和资金量小的广大散户。因为资金量小没有踏空风险，但因为资金有限，会有低位套牢风险——买后还在跌。

因此，个人可根据各自的资金情况、心理承受能力选择各自能接受的买点。

"死叉"也是底

2003年夏天，冯毅看好一只股票，广电电子（600602，现名：云赛智联）。因为它从5月份开始连续3个月温和放量走强，月K线价格的高低点不断上移抬高，一举改变了大熊股的长期下跌趋势，大熊股大反转形态成立。

此时，考察它的基本面可发现它并没有突出的地方，盘子较大，业绩平平，消息面也平静如水。它凭什么能一举改变长期的下跌趋势呢？冯毅从技术面反推它的基本面：十有八九会有我们不知晓的内情！

冯毅开始盯住它。该股从2003年5月份的7元多一路涨到11.63元，改变了大趋势，升幅高达50%之多。这波他只盯没做。8月份，它开始回落下调。他判断，此波是它中级别的调整回落。

"那么，中级别的调整的末期买点有什么技术条件呢？"我问。

冯毅一口气说了几点：

◆ 从周K线上设这样参数的移动平均线：3周、13周、50周、72周。3周代表短期均线，13周代表中期均线，50周、72周代表长期均线。

◆ 既然是中级调整，那么代表中级行情趋势的13周均线必须体现出弯头向下——正像中级行情上涨也必须抬头向上一样。

◆ 周K线连续出阴线和间隔阳线向下。

◆ 向下必须缩量，至少与前期上涨相比是减量的。

◆ 13周均线与前期走平的50周、72周长期均线"死叉"相交，下方为中级调整末期的大底。（图2.8）

◆ "死叉"下面就是底，是中级调整末期的买点，那么上涨初期的买点也就在眼前了。一般在调整末期到上涨初期，都会有一个过渡横盘整理期，只要周K线创上周或前几周横盘的最高价，上涨初期信号即成立。

图2.8 广电电子周线走势图

好买点的共同技术特征

冯毅认为，好买点的共同技术特征有以下几点：

◆ 大级别与中级别的调整末期的买点（包括短期调整末期的买点）都要求有一波相对应的上涨的行情。

◆ 调整的空间与时间一定要充分到位，所谓"末期"，一定要止跌企稳，跌无可跌。

◆ 股市是博弈的，股价下跌、急跌、大跌，才能对博弈的另一方形成攻击（上涨是形不成攻击的，股市不同于期市，期市是双向攻击），逼散户高买后低卖，攻击奏效。所以，中级调整的末期买点一定是先期月K线上已改变了大趋势，并涨幅不大，而中小级趋势形成下挫形态，显然是虚假的，攻击散户低位割肉居多。如果是大趋势空头向下，不能认为是"调整末期"的买点，此为基本面出了问题的"价值回归"式的下跌。"末期"遥遥无期，甚至没有，除非它的基本面会有较大的改观。

◆ 既然抓的是大趋势向上，中小趋势"向下攻击"，攻击的又是人性的弱点，这个调整末期的点位或区域，也一定是被攻击对象最害怕、最恐惧割肉的地方，庄家攻击成功。

◆ 调整末期的买点就是要反其道而行之，所以确定好买点难就难在人性弱点的克服上，而不是技术层面的克服上。

比如，从2003年5月份开始，冯毅看好广电电子。8月和9月，它向下攻击调整时，他在南通各大证券公司讲课时，极力推荐股民买进。冯毅认为，它调整末期的好买点快到了，可以慢慢建仓。该股在11月6日跌停，价位7.04元，他用电话分别通知他的学员，要求"唱着歌儿大量买进"，他自己也果敢大量买进。结果，跌停只封住了60秒左右，奇迹发生了：盘中的跌停被巨大的四位数买单顶开！见跌停被巨量打开，冯毅便又更进一步坚定了持股的信心。结果呢，日后股价上涨到13元多，几乎又翻了一番，再一次实现了重仓大赚。

事后，冯毅进行了调查，在他通知的众多学员当中，只有一个人敢于在跌停中买进，而且只购进了200股。可见，调整末期虽是好买点，但这要克服多大的心理障碍啊！

技术层面调整末期的买点是看得见的形态指标以及止跌信号都是有形的、有限的，也都是静态的东西，只有自我战胜人性的恐惧心态和弱点，才是最难做到的，它是无形的和无限的。

许多老股民感叹：一个好买点难找、难下手，与其说难，还不如说人性的弱点难以战胜。

所以，结论是：真正追求好的买点是技术理念成熟的表现，也是心态平稳、战胜自我的体现。这当然是师父、是高手了。

简单地说，真正好的买点，就是前期已改变了大的下降趋势，上升不久又重新回落，调整时缩量，调整的空间与时间充分，散户正割肉离场，你想下手买进也本能地害怕，还在想再等一个更低位置的时候。这就是调整末期的最佳买点。

神奇的逃顶公式

> 能否卖好，不仅关系到能否顺利逃顶，更是能否保住重仓大赚胜利果实的关键。一个创新而神奇的公式，让他屡战屡胜。

买对了，买好了，还要卖对了，卖好了，才能做到重仓大赚，才能走到"大赚小赔"的良性循环的操作道路上去。

相对买来说，卖好也是很难操作的——特别是对于一个新股民，要想卖到恰到好处，更是难上加难。

屡卖皆错，在"大赔小赚"的怪圈里恶性循环

冯毅是1993年开始学炒股的。他生平第一笔买单，买的是一汽金杯（600609，现名：金杯汽车）。当时大盘正从历史最高点1500点一路下跌，他4元多买进，结果大盘跌到325点时，他手中的一汽金杯最低价只有1.50元。进场的4000多元资金，已缩水60%还多。要知道，这可是他当时家中全部的积蓄呀！

接下来是漫长的深度套牢。到了1994年下半年，大盘大幅反弹，他的金杯汽车仍未解套。一直到1995年年末，他才终于解套出局。谁知他正庆幸解套，该股却一路上涨到7元多。

1996年他买四川长虹，8元多买进，10元多卖出，谁都知道该股后来的最高价是60多元。

1997年买万东医疗，20元买进，跌到最低14元多，后上涨到21元卖出，结果该股不久便涨到27元，10送10以后，又填满权，股价又恢复到27元。

还有，新华股份，7元多买进，9元多抛出，以后该股涨到22元。

…………

从1996年的大牛市到1999年之前，冯毅炒股几乎没有一笔做到卖好的。面对一次次地错卖，他深深地反省：为什么自己屡卖屡涨，一匹匹黑马从手中溜走？为什么自己甚至在大牛市里，还一直在"大赔小赚"的怪圈里打转转呢？股价上涨到底有没有规律？上涨过程中有没有技术层面的特征呢？

这一个接一个的问题，让他困惑、苦恼了好多年。他决心寻找"卖"字上的学问，走出屡买屡跌、屡卖屡涨的怪圈。

分清上涨的性质才是卖好的第一要素

冯毅在研究如何"卖"中，深刻认识到：分清上涨的性质才是卖好的第一要素。他说："大家都知道，沪深股市没有做空机制，买进后只有通过上涨卖掉后才能赚钱。也就是说，不管你什么价位买进，不管是调整的末期还是上涨的初期，都要通过上涨才能完成一个赚钱的全过程。"

"表面上看，同样是上涨，但背后的上涨性质却大不相同，不同性质的上涨，会在上涨的空间、时间、形态上大不相同，分清和掌握这个上涨的动因，逃顶卖出，你就心中有数了。"

第一，底部脱离成本区性质的上涨。大势低迷，许多个股长期在底部区域徘徊，价值与价格偏离。一旦大底筑成，它们便会从底部区域向上拉升，来完成价值回归式的上涨。从投机角度看，庄家在低价位吸筹以后，也有一个脱离自己成本区的上涨要求。这便是脱离成本区式的上涨性质，具体特征为：

◆ 日K线上不一定是多头排列，但股价脱离底部坚定式上涨。

◆ 成交量温和、匀称、连续放大。

◆ 其上涨与大盘有一定的关联度。如果是投机式的，反而与大盘关联不大。

◆ 最关键的是上涨过程中，一般不会大幅或急挫式回落，升幅多则30%。

例如齐鲁石化（600002），从2003年9月份脱离底部，提前于大盘止跌，又提前于大盘启动，温和上涨到6元多，几乎没有深调过。

这波上涨是中小散户买进操作风险相对较小的上涨波，因为它背后的上涨性质决定了它不会深幅回调，是卖出难度最小的上涨波，也是抄大底，重仓大赚的好机会，这种上涨性质的股票每年都有，初春时段最多。

第二，庄家出货性质的上涨。有时觉得股价已涨得较高了，整理以后，又疯狂上涨，一看就知道，庄家正动用资金实力快速拉升，引起散户跟进，从而达到出货的目的。这种上涨性质的特征是：

◆ 股价已在相对高位，一般至少都有60%的升幅。

◆ 日K线、周K线、月K线都呈多头排列，各种图形、指标都做得相当完美漂亮，惹人眼红。

◆ 一根大阳线拔地而起，成交量急剧放大，连续几天都是大阳向上推进，甚至还是光头大阳，有的还有向上跳空缺口。

◆ "上涨初期"一般不深调，是因庄家不愿意挫伤大量散户跟风的积极性。

◆ 只要上涨目标达到（拉升中一般会有30%～50%的升幅），跟风者一多，即马上"变脸"，在高位出现收巨量的大阴线。

例如冠城大通（600067）在2004年春节前的1月15日突然拉升启动，节后又连续不断拉升，仅6个交易日，股价从10元多急速拉升到16元多，涨幅达50%多，就在跟风盘剧增之时，盘面突然"变脸"，将跟进者套牢。

这波上涨是中小散户跟风操作风险较大的上涨波，卖出操作难度也相应加大。因而，散户跟风一定要眼明手快，不能贪，不能恋战，因为这种机会可以说是非常多，每周都有，是短线高手捕猎的好品种。

第三，震仓洗筹或调整结束后的上涨。股价在上涨中，总是波浪式运动，当股价波动到腰部，往往会因获利盘回吐的压力而改变供求的关系，从而出现调整，也有人为打压震仓，清理浮筹的调整。它的主要特征有：

◆ 股价必定有一定的升幅，但又不高，升幅一般在50%以内。

◆ 回落急的是直奔空间目标的，回落温和缓慢的是以时间为主的，但最后都必须是缩量的。

◆ 先期放过量，回调缩量再重新放量上涨为震仓洗筹结束的标志。

◆ 必须考虑先期大底的启动价，来测算未来上涨的空间。

用神奇的逃顶公式测算未来的上升空间

冯毅讲他实战中用于逃顶的测算公式，是向金学伟老师学习并在实践中再次修订和创新的。他向我说：金学伟老师是上海股市理论界的权威，他写的书真是太好了。他在《股票投资18般武艺》中教了我们这样一个公式：

股价最高点 ＝（起涨点的平方根 +2）^{2}

为什么会是这样呢？准确逃顶应该是一个综合研判的过程，需要哪几个要素呢？他想，还是从技术分析的四大要素，即价格、能量、时间、形态上着手研究。

金学伟老师这个公式就是紧紧抓住价格空间来研究的。启动价格越低，未来的绝对升幅越大，反之越小。这符合不同资金量增值的心理习惯。

不过，他读这本书时是2003年大熊市，他用这个公式去检测他在2000年大牛市里所做的莱钢股份：（8元的平方根+2）² = 23.30元，对照已有的升幅，简直是神了。可是，在两年多的熊市中，他困惑了，此公式在大牛市里特灵，而对大熊市中的牛股涨幅做推算时却失准了，股价几乎都达不到此上涨目标价位就向下了。

通过一年多的思考、摸索，他把此公式稍加改动，降了一个档次，也可以叫熊市中牛股涨幅公式。具体是这样计算的：

股价最高点 =（起涨点的平方根+2）×（起涨点的平方根）

例如冠城大通，（起涨点10元的平方根+2）×10的平方根=16.31元，而股价实际涨到16.80元；再例如广电电子，（起涨点7.04元的平方根+2）×7.04的平方根=12.30元，股价涨到12元至13元即为头部。

另外，他还把稍加修改的公式用在大盘上，但不是加2而是加10，例如2002年，（大底1339点的平方根+10）×1339点的平方根=1704点，而当年实到1748点；2003年，（大盘1311点的平方根+10）×1311点的平方根=1672点，大盘当年实到1649点。

利用能量的异常逃顶法

有人说，成交量最不能作假，其实只说对了一半，只有缩量不可能作假，而放大量在一个投机市场中完全可以通过违规手段对倒而获得，冯毅的体会是：

◆成交量大是买多卖也多造成的，（排除对倒因素）说明多空

分歧大，又说明认同度小。

◆股价或者大盘在两极位置上必须认同度小，才有可能变盘，表现为底部成交量大才会涨，头部成交量大才会跌。

◆成交量小是卖少或者买也少造成的，总之是有一方不肯成交，多空分歧小，此时认同度大。

◆股价或大盘在两极位置上不能认同度大，一旦大家高度认同（特别是散户的一致认同没有意义），就会维持原趋势运行。

试想大盘或个股都认同是底部能涨吗？大家认同是头部抛给谁呢？盐田港A的踏空就是因为冯毅认为是头部，但它后来不是在原趋势上又上涨一番吗？

了解这个本质，头部放量滞涨或头部下跌有量都不妙，是凶多吉少的信号。

例如上海梅林（600073，曾用名：G梅林）从2003年的5元多拉到2004年年初的14.10元，在高位放量滞涨，为典型的头部卖点。（图2.9）

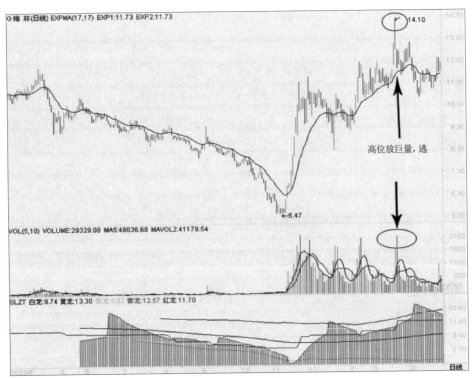

图2.9　G梅林走势图

利用时间的目标逃顶法

时间因素是一种大自然的现象，是人力不可改变的，在现行的技术分析中，冯毅认为是最不可以作假的因素。

当时有一种说法，费氏系数用在日K线上，鲁卡斯系数用在周K线、月K线上。它的规律是这样的：3，4，7，11，…，依次类推。具体而言，一般性的上涨会有3到4周时间，主升浪7周左右时间，特强的11周时间。再举上海梅林为例，该股启动到头部正好4周，上涨11周的有上海石化、长江电力、中国石化等。

利用形态特征逃顶法

说到形态，一定要关注大形态。什么是大形态呢？冯毅认为就是"价格＋时间（长时间）"铸成的，注意这两个因素是最不可以作假的因素，所以大形态的（月K线、季K线）位置、趋势的方向是最能说明问题的。

凡是大牛股逃顶，你把前面四个因素都考虑到，再加上此因素，那你就是地道的综合研判逃顶了，这是逃顶的最高境界。例如厦新电子从6元涨到18元，在高位呈现的是三顶头部形态（从月K线看），长安汽车也是一个巨大的双顶形态。

总而言之，逃顶的好卖点是一个综合研判的过程，就像好买点也是一个综合分析研究基本面、技术面、市场心理面的过程一样，说到底，两者做好都不容易。

逃顶的综合研判，就是要把前面论述的上涨性质搞清楚、上涨的价格空间心中有数、成交量的异动密切关注，时间目标达到、头部形态清晰可见，所有的因素都凸现"共振"，你就可以退出了。

其实，达到最后的熟练程度时，也就是一种感觉了。感觉到了，就是综合因素"刺激"你起作用了。而这种感觉一定是要建立在综合研判、自我学习训练的基础上。投资者一定要有这个综合研判的意识。尽管综合研判是最难做到的，但用它判断，也是最准的。你若想顺利逃顶，必须做到这一点！

爬出股市的"地狱"之门

> 在证券市场上，每一个投资人都渴求成功。他们立志经过不懈努力，期望着能赚大钱。然而，通向成功的过程却充满坎坷和荆棘，犹如"地狱"通道的爬行，最后能胜利爬出的人却是极少数。

被誉为"近代第一城"的南通，人杰地灵，出了不少名人，其中有一位电影表演艺术家赵丹，他出了一本自传，书名很有寓意：《地狱之门》。

"把此书名用在股市中形容想获得成功而走过的心路历程，我看是再贴切和恰当不过了。"冯毅说，"每一个投资人踏入证券市场时，都渴望成功。他们立志在股市上不懈努力，赚大钱。但是，通向成功的过程，却是漫长而坎坷的，犹如那'地狱'通道的爬行，最后能胜利爬出的人却是极少数。"

一不小心掉入股市"地狱"

在多天的采访中，冯毅那种视股市为掘金"天堂"，视炒股为快乐之事的神态，常常溢于言表。但同时，我听到他讲得最多，体味股市人生最为深刻的，是他多年在"地狱"般的股市里，那种艰难的爬行和痛苦的煎熬。

他是带着一脸的欢乐和对未来的美好憧憬，一不小心掉入"地狱"的。

那是多年前。当时大盘正红红火火，创出历史最高点1558点。他置身于人气沸腾、拍手欢呼的场景之中，好不容易才挤进长长的队伍，把2元一张的申购股票的买单递给了柜台里的报单小姐。第二天，他又焦急地去排队等拿交割单。当他得知自己买的1000股金杯汽车成交了，一时间欣喜若狂，心想"我终于买到股票了",却不知自己此时已不小心掉进了股市的"地狱"之中。

惨烈的暴跌,很快击碎了他玫瑰色的梦想。当股市从1558点跌到325点时,他手中的金杯汽车的股价仅为1.55元。何年何时才能解套?他在陷入地狱的同时,也陷入人生的绝望之中。

回忆这段不堪回首的历程,冯毅对我说:"有人说第一次做股票最好是吃套亏钱——只要不亏光,总比第一次赚钱要好。我亲身感受到,这话是有道理的。第一次炒股就赚钱,特别是赚大钱,会觉得炒股赚钱很容易,而放松对风险的防范,多半以后不会有好结果。我的第一笔买进就吃套,而且是深套,一套就是几年。当时我资金有限,情绪低落,解套又无望,那会儿,我只有一个想法:只要把本钱还给我,我铁了心以后再不炒股!"

"漫漫熊市的煎熬,看着女儿一天天长大,需要用钱,那种苦涩的心情,用关在'地狱'里来形容,真是没错!而且,这'地狱'还是我自愿进来的。"

成功蕴藏在"地狱"的煎熬中

冯毅说:"通向成功的'天堂'之路,有三个阶段,而漫长痛苦的炼狱,则是每个投资人必须经历的第一阶段。在这一阶段里,你要忍受不断套牢、亏损、割肉、赚钱又赔钱的反复折腾过程,还要忍受漫长的、孤独的、忘我的学习还没有回报甚至是负回报的结局。这个过程除了困惑还是困惑,心态越做越坏,整日在焦虑和苦恼中度过。

"不少一开始在股市上赚钱的人或者错误认为股市赚钱并不困难的人,这时开始会反省自己,产生了'股市赚钱太难'的感叹。我有位年轻大学生同事,1999年'5·19'行情中他第一次入市炒股,三天就赚了5000多元,他欣喜若狂,飞奔到我身边,叙述他怎样轻松地赚到大钱,并立志怎样加大投入地大干一番。我望着他,无言以对,我们这些深陷'地狱'之苦的老股民看着他，心中的潜台词是：糟了，他掉进'地狱'了，但还不知道！这是一件真实的事情。后来，不出所料，他开始亏钱了。在2003年的大熊市中我又遇到他，他一脸哭丧的表情。他告诉我：深度套牢，亏损累累，一筹莫展。

"无数的事实都证明了一点：这个阶段是最能摧残人的，也是最能磨练人的。有理论计算过，60%～70%的人在此阶段被淘汰出局，从而进不了第二阶段。"

"那为什么还有这么多人在股市里乐此不疲、苦苦耕耘呢？"我问。

"因为爬出'地狱'就会进入'天堂'，进入轻松赚钱的阶段。成功往往蕴藏在'地狱'的煎熬中。"冯毅回答道，"曾有好多学员问我：股市上赚钱为什么这么难？我是这样回答的：因为它的获得过程太容易了，容易到只要一根手指按一下电脑键：买进、卖出，合法的钱就赚到了。你说哪一种实业投资能这么轻松容易呢？如果炒股都这么容易，还有谁去办实业呢？到时股市也就不复存在了。炒股操作行为越容易，背后的投资理念、艰辛的学习过程、人性弱点的战胜一定是非常非常难的。"

"你在爬出'地狱'时的转折点是什么？你认为进入'天堂'里的人会有什么感觉？"

"经过七年的煎熬，2000年我在莱钢股份上取得了重仓大赚的胜利。我知道这是我炒股理念的突破，是正确成熟盈利模式初步形成的见证，也是我从地狱进入第二阶段学习探索，爬向第三阶段的关键时段。它至少说明我没有在第一阶段中被清除出局。所以从这个意义上来说，这真比我赚到钱还要兴奋。从此，我对自己更有信心了，再苦再累，我也能以苦为乐了。

"至于说'天堂'的感觉，我认为它包括两层含义：第一是股市终于入门，找到了适合自己的盈利模式，又能抑制和克服自身的人性弱点，进入了股市大赚小赔的良性循环的收益阶段；第二是非常热爱投资事业，并在长时间的学习过程中有重大突破并带来比较好的收益，从而带来快乐感和幸福感。"

总结和反思"失败"：爬过"地狱"通道

冯毅在向我谈起他从"地狱"走向成功的"天堂"之路的经验时，透露了一个有趣的小"秘密"，那就是他经常反省自己所犯的错误。如果哪一次操作失败了，犯错了，他一定要写个深刻"检查"，并在家庭会议上大声读给爱人和女儿听，看是否能通过。这么多年来，他写过几十份深刻的"检查"。这些"检查"至今还保存着，他视它为一份宝贵的精神财富，是他在"地狱"艰辛爬行的斑斑痕迹，也是他通向成功的铺路石。

他说：股市上人人都有亏损、套牢、割肉的经历，都会遇到投资、投机的失败，因为每一个人都会犯错误，而且很多人还会重复犯同一类错误。其实，这与智商无关，更不是道德问题，而是人性弱点所致。所以，在股市中犯错误、遭失败并不是可耻的事情。为什么要这样说呢？

首先，股市上失败的几率远远大于成功，任何人在股市中的投资与投机的失败经历是无法避免的，这也是走向成功的必然过程。其次，他认为股市中的失败涵盖了三种含义：

第一种，是真正意义上的失败。高买低卖了，几年下来，总体亏钱了，但这种失败又是成功的必然铺垫，要想赚钱，没有亏钱的经历来警示自己是赚不到大钱的。

第二种，表象是成功，实际上是失败。冯毅说，他在1999年之前炒股的经历都印证了这一点。比如，他7元买进新华股份，8元卖出，看上去已小赚成功，结果后来该股上涨到22元，能认为是操作成功了吗？不过，就是这种"成功式的失败"，才使他终于悟出了只有重仓大赚才能彻底成功的道理。

第三种，表象是失败，但实际上是成功。这就更微妙了，这其中的道理更值得深思。例如，你15元买进一只股票，13元割肉卖出，事实上亏钱了，操作失败了，但后来该股一直跌到6元，这实际上是你投资理念与操作的一个巨大成功。难怪有人说，会止损的股民是成熟的股民。当然，成熟的股民需要具备其他多种素质。单就从失败的意义上来说，这算是"失败式的成功"。

但是，人们在"谈股论经"的时候，不太善于祖露失败的经历过程，而是喜欢津津乐道地大谈如何赚钱的经验，把股市上失败的事例当作不光彩的经历隐藏起来，这是完全错误的。

股市中犯错误的、失败的操作，既然无法避免，正确的做法是，对自己常犯的错误、大的失败，一定要进行深刻反思，做到不重犯。错了不要紧，一定要从中收获新的、正确的理念。这个过程其实就是"地狱"通道爬行的过程。

冯毅说："股市中的失败不是失败，是通向成功的必经历程。所以，我就采取了与生活中相反的做法：常人一般都是庆祝成功，检查失败，我恰好相反，我是庆祝失败。因为这次失败了，恭喜，我又多了一个迈向成功的机会。如果股市上操作成功了、赚钱了，我从不庆祝，反而检查它，挖出它成功背后的机理是否可以重复使用。因为忘形地庆祝成功，会遭到更大的失败。"

"既然股市中的失败是由犯错引起的，那怎样才能少犯错误而不致遭到更大的失败呢？"我问。

冯毅回答：我的具体做法是以下三条：

◆ 不犯低级错误。

◆ 不重复犯相同的错误。

◆ 不扩大错误；改正错误要及时，不拖延。

他还给自己编了句顺口溜："不怕错，就怕拖，改错要快可抵犯错多。"

克服三大障碍，走进投资"天堂"

冯毅认为，股市中的失败与成功是交错出现的，是从大赔小赚逐渐反复折腾到大赚小赔的过程，这又是"地狱"爬行进入第二阶段的主要特征。

在这个阶段，你对股市有了一定的了解，但还不深刻、全面；你虽然有了在股市上赚钱的盈利模式，但还不知道这个办法适用的特定的环境条件；你不确定，离开了这些条件，它还有没有重复使用的价值？

他说，2000年他重仓大赚莱钢股份，当时正处于大牛市的初期，同时又是庄家控盘操作盛行的时期，所以能一飞升天，升幅巨大。而在2002年熊市中，这样操作就不太灵了。这时，你要重视股票的质量，要找到基本面有质的变化的股票，它才能成为大牛股，在厦新电子上的操作就充分体现了这一点。

再例如，自从盐田港A踏空之后，他深感沪深股市"价值投资"时代已悄然来临。重视价值，重视成长性是选股的重要理念。

第二阶段更是艰辛、迷茫、痛苦、困惑的过程。冯毅曾有这样的感触：学得越多，书读得越厚，越赚不到钱；对股市越懂，结果照输不误，甚至输得比不懂更惨。这个阶段比第一阶段更折磨人，更淘汰人。相当多的人一直徘徊在第一阶段与第二阶段之间，终生无法突破。

世界上的事情没有不通过努力而获得成功的，如果你还没有成功，还没有突破，只有继续努力去突破，此外别无第二条路可走！在这个阶段，你要给自己定下一个目标，下决心继续向"地狱"尽头光亮处爬去。那么，成功的目标是什么呢？尽头在哪儿呢？冯毅认为，目标有三个：

第一，战胜自己。股市上的成功永远是与自己相比较的。道理很简单，股市上的钱是赚不完的，天外有天，山外有山，要与别人比，你的目标会无限大，从而会无法实现，最后也永远不满足。只有与自己比，今天进步了一点，明天又明白了一个道理，后天又克服了一个障碍。不怕时间长，就怕不进步。你点点滴滴的进步，就是爬向成功的过程。这时的目标当然是战胜自己。

第二，找到适合自己的投资理念和方法。股市中赚钱当然要有正确的理念与技巧。要知道，在股市中，这些方法没有最好的，只有适合自己的，这一点非常重要。好多股民包括以前的冯毅也是这样，不断地去找什么"绝招""秘诀",殊不知有些办法根本不适合你,或者适合这类方法的生存环境当时根本不存在。如果忽视了这两点,再好的方法在你手中也用不好。

冯毅举个例子说明:一只股票,如果要重仓大赚,首先需要对大势判断正确,选股独到,还要有持股的稳定心态和定力。试想,一个喜好短线追涨杀跌的投资者,适合它吗?抄大底是大赚的重要手段。试想,一个在众人恐惧的氛围中,不能战胜自己恐惧心理的投资者,能果敢抄底吗?

第三,找到最可能实现的那个目标。股市中的最佳目标不是最高的、最有价值的那个,而是最适合你、最有可能实现的那个。

找到了这三个目标,就像找到了通往"地狱"尽头的方向。此时,冯毅把大量的投资理念再简洁化、本质化,即把书再读薄,万物归真、万理归简。

在艰苦的"爬行"过程中,冯毅明白了这个阶段的艰辛性、曲折性。只有坚定信心,不怕反复,才能最终到达胜利的彼岸。从1993年入市以来到被采访时,他读了200多本股市理论图书,写了30多本心得笔记,已记不清与多少投资朋友交流学习。他目的就一个:爬出股市"地狱"通道,进入股市的第三阶段——天堂!

在长期的"地狱爬行"实践中,冯毅还发现了进入"天堂"的三大障碍:

第一,人性弱点的障碍。人性的弱点与个人的年龄、性别、学历、地位都无关。他有时惊讶地感叹:怎么所有人在股市上表现出的贪婪、恐惧和从众心理都如此相同!通过炒股他深知,能够战胜自己的人,才是伟大的人。

在股市上怎样赚到钱?如果用一句话总结,那就是:找好股票,找低点买入。这里有两大课题,第一,什么是好股票?第二,什么是低点?这个低点有多少人能克服恐惧心理而重仓买入呢?比如,在2003年11月,大盘跌至1307点时,以及在2005年6月,大盘破了千点大关跌至998点时,有多少人敢于大举建仓买入呢?战胜人性弱点这一关不过,别想进入投资"天堂"。

第二,智力上的障碍。股市具有庞大的知识体系,要学的东西实在太多了,少了不够用,多了不会用,最好的办法是化繁杂为简单。但这个"简单",一定是本质化的。它需要长期艰苦的学习积累,从而产生顿悟、飞跃。

这就要求投资者善于思考，具备较高的悟性。可惜，好多人学习的韧劲和发现事物本质的悟性都远远达不到这个境界，此关不过，谈何"晋级"？

第三，深层意识的障碍。智力上没问题，人性的弱点也能够战胜，你就能成功了吗？回答是：你还有一个障碍，就是要把这些理念、方法通通放到深层意识当中，去进行理性升华。因为大多数投资者在操作时是情绪化的，一旦凭情绪、凭本能指导自己操作，结果当然是失败。

只有把你学到的、悟到的东西不断强化到自己的深层意识当中，使它本能化，从而看到、知道、做到一体化，知行合一，一气呵成，你就离成功不远了。

冯毅最后总结说："爬出股市的'地狱'之门，这是一个艰苦、漫长、痛苦的自我训练的过程，同时又是一个与自己人性弱点、智力障碍、深层意识障碍不断苦斗的过程。只要你能勇敢地跨越这三大障碍，你就一定能够走向投资的'天堂'！"

炒股制胜的六大基本功

在漫长曲折的"地狱"爬行的磨难中，冯毅不仅悟出了许多炒股理念，更磨砺出了他在实战中赚钱的"撒手锏"：炒股制胜的六大基本功！

在冯毅的操作室里，有一处特殊的摆设——聂耳牌钢琴。一天，在采访的间隙，冯毅兴致勃勃："白老师，我为你弹首曲换换大脑吧！"说着，他弹起了一首首中外名曲。看到他那娴熟的动作，听着他那悠扬动人的琴声，我不禁惊愕：一个股市的投资高手，竟有如此强的音乐功底！我一个劲地夸他，他却笑道："这是我跟女儿学的。干什么都得有基本功，我还欠火候，得磨啊！"

"那你能说说，炒股要炒好的话，得有什么基本功呢？"我趁势"诱导"他。

"说句心里话，炒股十多年，经过无数次磨难，可以说是苦水里泡两遍，油里煎三遍，什么苦都吃了，我现在比任何时候都充满信心。"冯毅自信地说，"从'地狱'里爬出来，身上脱了几层皮，但我也悟出了一些炒股的制胜理念。要我说，要炒好股，必须具备以下六大基本功。那就是：判势、选股、捕时、策略、耐心和纪律。"

判势：判准大势才能赚大钱

大家知道主力机构是怎样赚钱的吗？如果要简单地说，就两条：第一，判准大势；第二，利用对方人性的弱点进行博弈。就这么简单。

他们永远是在大势低迷时、价值向下偏离时进场，然后在高涨时逐渐退场。由此可见，判准大势是何等重要，特别是大资金操作。

股市是一个国家的经济晴雨表，判势首先要判准国家宏观经济大势。在中国，股市跟政策息息相关。政策支持向好，大势容易走牛。政策向淡，大盘调整或走熊。比如，近期国家经济政策抑制部分行业过热，出发点还是为了防止经济大起大落地波动，目的是使国民经济更平稳、更持久、更健康地发展。所以，要判准此时股市走牛还是走熊，要看经济环境如何。冯毅认为，股市要长期走牛必须要有以下四个条件的配合：

◆ 国家宏观经济面发展良好，管理层政策面支持走牛。

◆ 如果国有股全流通通过股改能平稳解决，更能体现股市的基本功能。

◆ 入市资金充足并渠道畅通。

◆ 上市公司业绩普遍提高。

判势的第二层含义是，要判准股市的走向，即它的时间周期规律与大趋势的方向。也就是说，判准此时是牛市还是熊市，是牛市的什么阶段还是熊市的什么阶段，从而为自己制定出不同"势"道下的操作方略。

选股和捕时：赚钱的又一"撒手锏"

大势判准了，就要看买什么股票和什么时候买进的基本功了。如果说判势为战略问题，那么这两项可以说是战术问题，同样重要。这两项基本功，又是炒股实力的具体表现。

任何人任何时候，都可以买进任何股票，但是能选出使你赚钱的股票，就不那么容易了。选股时，冯毅认为，中小投资者务必注意以下几点：

第一，一定要选出该年度主力资金流入的股票，紧跟热点，紧跟热点中的强势股、龙头股。比如，1996年做绩优股，1997、1998年做资产重组股，1999年到2000年年初做网络股，2002年至2003年做"五朵金花"，2003年年底到2004年上半年做大盘蓝筹股。有人说，选股如选美，我们投资者对哪个"模特"美不美的标准并不重要，重要的是主流评委的看法标准，最后连那个"模特"美不美也不重要，不是吗？记得1997年、1998年ST重组股票大涨特涨，我们散户不看好，这有用吗？

第二，选成长空间大的股票。选业绩好的，行业成长性好的，小盘又有扩张能力的，或者有资产并购题材的，强强联合的。

第三，要放弃自己固化的、不适合当今潮流的个人偏好。例如，有人喜欢选有送配题材的个股，要知道，熊市中送配后贴权的多；又有人喜欢3～5元的低价股，要知道，低价股弱势的居多；更有人甚至喜欢代码带数字"88"的股票，这更是荒诞。

第四，选股要与自己的专业结合起来。比如，搞化工的专业工作者，在化工上市公司中找黑马，你对它的基本面进行分析时，肯定比不是搞化工的股民更胜一筹。

第五，选股时要首先分析基本面，再分析技术面，再分析市场面。三个分析，一个也不能少。比如，冯毅在2004年年初分析齐鲁石化基本面时，发现该股业绩连续大幅上升；技术面显示出很强走势，大盘在1300点左右，它在历史最高位；市场面分析，当时很多人并不看好它，认为它的流通盘太大，散户很少认同。所以综合分析才是选股时最全面的分析。

第六，选基本面好比如业绩好、收益高、价格低的股票时，一定要兼顾技术面的走势。技术面的大形态，如果是向下做空的，基本面再好，也不能碰，因为这是大量散户看好并持有的股票，终究走不出大行情。

选股工作完成后，也不是任何时候都可以买进的。买进的时机，也颇见操作的功底。在期货市场，哪怕你方向判断正确，但如果时机没把握好，照样使你爆仓。股市虽是单向的，虽不爆仓，但如果时机和火候没掌握好，不是买进成本高了，就是短期又吃套了，同样会扰乱你的心态。具体操作时，要注意以下几点：

首先，判断是什么周期，是买点还是卖点。中长期的买点，就要关注中长期的走势形态，然后在短期日K线上找下手的买点。可操作条件具体如下：

◆ 大势走好。

◆ 个股是热点板块的强势股。

◆ 短期日K线6日线上穿13日线。

◆ 横向放量（量比大于2.5倍），纵向放量（换手率大于3.5%）。

◆ 短期均线上攻的角度要陡，越陡越强。

其次，买进股票时，要排除一切心理干扰，尤其要克服从众心理。要知道，大家认同的买点，绝不是好买点。从博弈角度来分析，炒股有三大规律：

◆ 一是少数人赚钱。

◆ 二是股市上的规律永远是多变的。

◆ 三是赚钱的办法，使用起来是有心理障碍的。

所以时机最佳的买点，就是要捕捉这样的心理感觉，即想买又不敢买，还想再等一等的时候。同样，最佳卖出时机的感觉，是想卖又不舍得卖，还想再等更高价的时候。

策略：贯穿操作过程的自始至终

使用策略的目的，就是使自己处于有利的地位。从策略基本功上讲，它有两层含义：

第一层含义，是提高自己的投资实力。投资者想在股市上赚钱，有两个途径：一是提高选股的准确率，即操作的成功率；二是提高赚钱的获利率。只有这样，才能实现股市上大赚小赔，成为赢家。

第二层含义，则是发挥自己的优势，规避自己的劣势。中小投资者的优势也是主力机构的劣势。如资金进出方便灵活，资金运作成本低等。主力机构虽资金雄厚，但其进出掉头困难，且进出行踪必在技术盘面上留下痕迹，这就为中小投资者买卖提供了很多的机会。

短期操作炒的是能量和消息，中期操作炒的是题材和业绩，长期炒作炒的是公司的高成长性。大盘放大量时，一定要炒龙头股；大盘常量时，炒强庄股；大盘微量时，一定要炒小盘次新股。大资金没有底部套牢的风险，但有踏空的风险；小资金没有踏空的风险，但有底部套牢的风险。

所以，买股票要慢慢地买，卖股票要快快地卖；熊市不追高，牛市找低点买；涨时重势，跌时重质；大顶部仓位要轻，大底部仓位要重；下跌空间小、上涨空间大时可买，上涨空间小、下跌空间大时要卖；等等。

不管你用什么盈利模式，首先要关注其产生的环境和条件，这点至关重要。失去了这个模式原有的环境和条件，它就会失灵。

比如，抄大底的盈利模式，必须在大盘大底的时段使用。周 K 线波段操作的盈利模式，必须在中级调整后或中级反弹的行情中使用。同样，短线操作的盈利模式，也只能在大盘盘整或做头的时段使用。

总之，使用策略要对自己有利，主要的目的就是防范风险。

耐心和纪律：后天可练成

耐心，有人赞美它是心灵的力量。投资获利，哪一条不需要耐心去等待？股市上重仓大赚的每一分钱，都可以说是对耐心的丰厚回报。前些年的几个龙头股如深发展、四川长虹等，如果全复权看，深发展当时是1600多元一股，四川长虹也有60多元一股。如果从它发行一直持股到当时，获利非常可观。可见炒股的耐心何等重要。再说投机获利，它也需要极大的耐心去发现和等待大机会。

大牛股持股要有耐心。熊市里空仓等待机会也要有耐心，这叫持币的耐心。那种急功近利，持股没有耐心，持币也没有耐心的人，是很难赚到钱的。顺便说一句，下降通道吃套的股票，不能有耐心。

股场如商场，如战场。没有铁的纪律，没有执行纪律的坚强意志，同样是赚不到钱的。股市上执行纪律，表现为以下几点：

第一，一定要有一个操作执行的计划。这是在判断分析时必须执行的纪律。好多股民做不到，或做不好。其实这个计划书是自己为自己制订的，做不好没什么关系，慢慢训练就会逐渐完善。

第二，计划书出来了，就坚决执行。这是铁的纪律。要分析，要修改，尽量盘后去研判，盘中尽量少想或不想。

第三，特别是执行止损纪律，一定要坚定。这里还包括一旦出现买进信号，也要执行纪律，坚决进场。止损割肉主要是感情上不能接受，但这也要慢慢训练自己。哪怕止损错了，下次仍然要止损，就当交了保险费。有种说法，会买会卖的是师父，会割肉止损的是师爷。可见会主动止损，会空仓等待，同时又在期望大盘下跌（大部分股民都希望天天上涨），是投资者成熟的标志之一。

军队有铁的纪律才能保证打胜仗，商场有铁的纪律才能诚信经商。而股市的纪律，从本质上说，也是信用问题。不同的是，股市的信用，是自己对自己的。恰恰这一点被大家忽视了。比如，自己原先制订的买卖计划，被别人干扰否定了，就是自己对自己不守信用。这看上去是信心不足的问题，其实说到底，还是自己执行纪律不严的问题。

掌握六大基本功

综观六大基本功，前三项属判断分析的范畴，知识性的东西偏多，主要是通过后天的努力学习、交流、思考而获得。后三项为实战操作的要求，先天的、个人性格的东西偏多。不过，个性这东西，虽然顽固，但通过后天深刻反省、训练、修行也是可改变的。

六大基本功的实质就是判断与操作。那么，判断总体上要做到什么呢？

冯毅认为，一定要做到综合研判。所谓"综合研判"是指包罗基本面的分析、技术面的分析和市场面的分析。基本面分析是以经济走向和价值为主的；技术面分析是以涨与跌的空间和时间形态为主的；市场面分析则是以博弈的双方心理能量状况为主的。在分析研判时，一定要做到三方面融会贯通。

当然，在判断分析上也会犯以下几种错误：

◆ 没有政策上的支持和正确的理念做基础的判断分析。

◆ 没有基本面、技术面、市场面互相印证、融会贯通的分析。

◆ 与普通大众投资者高度一致的判断分析。

操作上也会犯错误，主要是心理控制问题。冯毅认为，这方面有三大错误：

◆ 盲目、勉强、犹豫情况下的重仓操作。

◆ 报复情绪下的重仓操作。

◆ 重仓被套以后的不操作。

总之，只有全面深刻地领悟炒股制胜的六大基本功，并学会在实战中灵活运用，才能走出大输小赢的怪圈，走向大赢小输的良性循环。

辩证法里有黄金

> 诺贝尔奖获得者杨振宁博士有一段精彩论述：不管你是物理学家、生物学家还是化学家、数学家，你要在学术上有重大突破，最后都必须是哲学家。这句话告诉我们，世界上万事万物就一个真理，它们殊途同归，万理归真。股市同理。

在南通采访的日子里，冯毅留给我印象深刻的，不只是他那重仓大赚、熊市翻几番的骄人战绩，更是他极强的辩证思维，以及在这种思维指导下的那种对股市全新的诠释和独特的操盘技艺。

他说："世上万事万物都充满着矛盾，都是在对立统一规律中运行的。股市更是这样，涨与跌，买与卖，对与错，盈与亏，无时无刻不打着辩证的本质印记。可以说，沪深股市10余年的历程，就是一部哲学史。股市里最大的赢家，一定也是一个哲学家。为此，用好辩证法，是投资者在股市进行科学理性投资的一个重要法宝。"

他是这样说的，也是这样做的。

以头找底，以底判头

头和底，是投资者在股市里经常遇到的一对矛盾，也是常常困扰人们的一个难题。冯毅从辩证的角度剖析头与顶的关系，准确地寻找到大盘头与顶形成的规律，从而多次成功地进行抄底和逃顶。

冯毅说，大盘底与顶和个股的底价与顶价看上去是对立的，但是它们又是统一的：没有底的下跌哪来顶？没有大底上涨也形不成大顶。底与顶不管是哪一方都互相依赖，统一存在于一个事物中。因而，在股市里要想找到底，并做到成功抄底，只单纯地寻找底部的技术条件特征是片面的，那只是抓住了事物矛盾体构成的一个方面，因为底是跌出来的，是由头部形成后下跌而成的。也就是说，只要大头后形成大跌，在以后周期中必然有大底，所以"以头找底"是寻底抄底的一个特殊方法。

例如，上海股市是在2245点开始下跌的，是从1999年"5·19"行情时大盘几乎上涨一倍下跌下来的。冯毅想，既然大头形成确立，而且是大级别的，那么向下暴跌出来的空间必然是一个大底。通过"对立统一"的分析，他深感大盘调整的空间与时间一定不会是短暂的。

当时，他通过大趋势改变的技术特征——连续2到3周周K线股指的高低点不断下移（后来更是月K线两三个月高低点下移并创新低），判断大盘大头形成，大级别的调整开始，于是他在2185点左右全线退出空仓。

既然顶已成立，底又在哪呢？他从调整的空间、时间、能量、形态进行综合研判，当大盘于2003年11月创出了1307点时，他心里一直揣摩着：这是否是真正的大底呢？要搞清这一点，需要找后来上涨的做"头"的理由，才能进行判断。

他回顾着股市运行的轨迹：

1997年7月1日是我国对香港恢复行使主权之日，是中华民族大庆大喜的好日子。这也是大盘做头的最好时段，如果事先有这个"以头找底"的意识，那么向前反推——那时庄家坐庄周期一般为1.5年左右（当时坐庄时间要加长，冯毅认为是2.5年到3年），那么1997年7月是头，1996年年初必有一个大底，因为底是涨出来的，正如头是跌出来的一样。事实上，1996年1月份500多点的大底的上涨就是直奔1997年7月的大头而来的。不幸的是，1997年6月大盘就提前做头了。

再如，1999年7月1日证券法颁布，当时是作为特大利好大家一致认同的。这又是一个做大头的极好时段。那么，底呢？回过头来看，"5·19"

行情的起涨点1047点就是底，而因为头和顶的时间相隔太近，只能采取"井喷"的形式来完成升幅。

掌握了此判断博弈的辩证法，我们就可以用此规律推算：2008年我国首次举办奥运会，这又是我们中华民族值得喜庆的大好日子，假如这又被利用做头，那么往前推在2005年和2006年左右必有一个大底存在。（4年后，行情的发展果然被冯毅言中，已完全证实了他这一判断。——作者注）

同样，2010年上海世博会的举办，又是一个做头的好时段，届时上海本地股、浦东概念股多会有相当出色的表现。如果到时大盘大头成立，那么2008年奥运会大头下跌后做底，将为世博会再次做头做铺垫。

记得在2005年一段时间里，不论是基本面派还是技术分析派，围绕千点之争，有着两种意见：第一种，1000点就是大底；第二种，1000点必破无疑，中国的大牛市从2005年下半年之后才能起涨。用"以头找底"的辩证判断法分析，冯毅认为，如果尚未找到形成头部的大好条件，底就很难确认。当时冯毅认为，千点之争没有太大的意义，从沪深股市的扩容和总市值角度看，大盘实际早已破了千点。如果被第二种意见说中（世界著名投资家罗杰斯于2004年5月份来中国演讲时，看空中国A股4～16个月。同时，大盘于2005年6月8日破千点，也印证了第二种意见。——作者注），那么，2005年下半年到2006年年初就是大盘的筑底阶段，这便是直奔2008年奥运会的大头去的。

当然，这期间会有好多大级别的反弹，个股机会还是很多的。

至于"以底判头"，同样又是抓住事物矛盾体的对立统一的两个方面。抓住了两头，其实就是抓住了股市抄底逃顶的关键。

那什么是头呢？大盘与个股的头有哪些共同的技术特征呢？冯毅认为有以下三条。

◆首先看对应头部，判断是什么级别的底部。这一点很重要。如果是大级别的大底，那么大盘没有30%以上的升幅、个股没有60%甚至更高的升幅是做不了头的。这是从市场面分析，从博弈角度考虑的。

◆ 做头与做底一样，必须要有一个基础，做头一定要人气火爆（做底的基础是人气一定是极度低迷的）。

◆ 头部必须认同度小，表现为多空分歧大，成交量大。如果分歧小，就是认同度大，盘面上就表现为成交量小（是想买买不到或想卖卖不出），庄家是出不了货的，就像大家认同一致的底部也是涨不起来的一样。所以，大头、大底一定是认同度小的地方，表现为成交量放大。

讲到这，冯毅列举了两个例子：

2003年8月份，他操作广电电子（600602，现名：云赛智联）。这只当年的大熊股从7元多涨到11.63元。这是头部吗？对照以上三个条件可发现，它一个都不符合。

第一，从大级别的底到大级别的头，升幅不够。

第二，11.63元附近，大盘和该股的人气不够火爆。

第三，成交量不够。当时众人都不看好也不敢买，庄家怎么派发？后来下跌二次探底，最低点7.04元。对照大头，此时大底成立，再上攻到13元多，股价几乎翻了一番。两次升幅累加起来超过150%。

又如，2003年1月份盐田港A的走势是头吗？对照上述三个条件来看：

第一，大盘在大底部，它在最高历史低价盘整。没有头部对照，其实就是大底部（2004年的扬子石化、齐鲁石化都是这样的走势）。因为在大盘低迷时，庄家是不可能派发出货的，反而是慢慢地进货，从而把该股做强。

第二，所谓的"头部"或"底部"成立，必须表现为多空分歧大，认同度小，成交量放大。这一条盐田港A又不符合。

第三，有人说庄家出不了货，但冯毅认为是庄家还不想出，因为按照该股的业绩和成长性来看，它理应达到更高价。由此可见，大量散户认同的看法都是错误的。如果对了，也极有可能被博弈的另一方利用并反向操作了，结局又是错了，所以一定要站到散户投资方向的对立面。在大盘和个股的两极位置上更应如此。

事物辩证法的"对立统一"规律是事物运动的本质规律，也是事物运动的动力。股市难道能例外吗？

买在"量变到质变"的突破回抽点上

冯毅认为，唯物辩证法的"量质互变"规律同样能在股市上体现出来。要想在股市中重仓大赚，就要把握好大盘和个股起质的变化的节奏，大涨前进场，大跌前离场。要做到这一点，绝不是容易的事情。

"那么，理论怎样与实践相结合，辩证法的'量质互变'规律又怎样在股市实战中融会贯通地运用呢？"我问道。

"这里有个宏观理论与微观前兆信号统一的问题。"冯毅答道。

大道理谁都知道，用在股市量化细节上就不容易了。这个有机结合的细化方法曾困惑了他好多年，他经过了不知多少次的失败才慢慢领会其实质。现在，他不敢说他找到了微观渐进的准确信号，只期望把他多年研究的体会与大家交流。

谁都知道，买股票当然要买后就涨，最好买在大盘底部、个股同步启动的时段，这是最安全的。知道这个道理，大盘低迷时段才是你选股的最佳时段。市场主力为何总能抢占股市先机？就是因为他们的大资金永远是在大势低迷、个股价格与价值严重背离时才进场。

那么，在酝酿筑底的过程中，微观技术层面又有哪些特征呢？冯毅认为有以下几条，先说大盘：

空间：要确认大盘的大底，必须测算它从大顶向下调整的空间是否到位。根据国际共识，大盘从大顶向下调整20%为熊市来临；暴跌30%为股灾来临；如果没有国家宏观基本面的恶化，一般大盘下调30%到40%的空间已是极限位置。

调整的时间：按照时间周期规律，沪深股市一般筑大底要20个月，最长不会超过40个月。

能量：大盘低迷时，成交量一定是相当萎缩的，说明此时段认同度很大（此时多数人认为还要下跌），正因为大家认同高度一致，才有了主力机构反向操作的基础。

形态：凡历史大底、战略性大底，一定是相当恶劣的形态，别想让大多数人清晰可见什么"头肩底"呀、"三底复合形"什么的——事后都出来了。

成交量：周K线温和、匀称、连续放量，连续2～3周大盘在指数高低点上移抬高，周K线的量均线呈多头排列（参数4、7、11），与移动均线同步呈多头排列。

如果符合前四个条件，其实就是筑底的酝酿过程，也是质变前量能积累的过程。知道了这个原理，你就会庆幸大机会的悄然来临，而不会在低迷时悲观失望。

如果符合以上五个条件，大盘必上涨10%以上，宣告质的突破成立，一轮中级以上的行情由此开始。

个股质的突破的特征与大盘大同小异，冯毅在技术层面上将它更细化、更量化，以至能看得见摸得着，操作方便。

◆从大头部向下调整的空间40%以上，时间2～4个月，甚至更长。

◆周K线成交量温和、匀称、连续放大，向上放量又不宜太大过猛。周换手率不能超过25%，太大了有做短线的嫌疑。

◆周K线量均线在长期低迷后的大底部呈多头排列。

◆周K线移动平均线从大底部也呈多头排列。

◆ 该股提前于大盘止跌又提前于大盘启动，而且是散户又不太注意的品种。

◆ 股价连续 3～4 周有 20% 以上的升幅。注意这一点是关键，这个 20% 的升幅就是质的突破。

需要强调的是，从量变到质变一定要体现在升幅的突破上（大盘是指数，个股是价格），说它是箱体的突破其实也是这个道理。遗憾的是，好多投资者往往对已有了 20% 升幅的个股反而惧怕了，或者有点微利就退出来了。

这个向上质变的突破点，是我们炒股人苦苦追求的关键买点，为了便于操作，冯毅对这个质变点进行了长期研究。

质变点又称临界点，它是趋势改变在微观上的信号。其具体特征表现为：

◆ 质变点的出现，必须有一个前提条件，也就是说大盘或个股不是任何时段都有质变点的，它必须有一个原有的长时间的形态，这个形态又运行到一个重要位置，质变点的出现才能水到渠成。

◆ 价格的突破，这非常重要！记住，大盘底部上涨 10% 左右，个股底部上涨 20% 左右。

◆ 成交量的放大，要求横向（量比）、纵向（换手率）都同时放大。注意：向下突破，则不需要成交量的配合。

◆ 突破的有效性也称坚定性，向上突破时必须是坚定不移的、行云流水式的突破。

质变点一旦出现，投资者操作的三个要点是：

方向性：这是投资者顺势而为的首要原则。向上，坚决跟进做多；向下，坚决做空，甚至止损也要出局，决不犹豫，更不能操作反了。

强弱性：从量变到质变的发展过程都有一个强弱变化过程，我们买进个股当然要买强突破的，越强越好，惯性越大，升幅越高，这从移动均线向上突破的角度来分析，越陡越强。

偶然性与必然性：个股要与大盘紧密配合，在该股的短中长趋势都向上共振的情况下，该股突破的必然性才会大大增加，我们操作的成功率才会大大提高，重仓大赚的胜算也才会大大提高。

若要举例，打开周K线、月K线图，看2002年的厦新电子，2003年的盐田港A，2004年的东方锅炉、扬子石化、齐鲁石化等，对照以上六个条件，可以说几乎无一遗漏。

此外，有时质的突破也会有回抽确认，特别是个股涨得过急，成交量过大，盘中部分跟风盘会有获利回吐的需要。这是一个绝妙的介入时机。我们买就要买在从量变到质变的回抽点上，具体细则量化条件如下：

◆ 要确认是向上质的突破。

◆ 有效性、必然性也要得到确认。

◆ 回抽要缩量。

◆ 回抽的时间、空间要把握好。

◆ 根据自己的资金情况和心理承受能力，买在调整的末期或上涨的初期。

多年来，冯毅在实战中处处以辩证法为武器，明辨是非，指导自己的行动，受益匪浅。

透过表象看本质，无形胜有形

表象和本质、有形与无形，是事物矛盾对立的两个方面。在现实中，表象的、有形的东西，常常掩盖着本质和最具有价值的无形的东西。股市中更是这样。有经验的投资者都知道，股市上往往有形的东西并不可靠。道理很简单，大家都看得见的信号，大家都按同一方向操作，结果谁输谁赢呢？因为股市是零和的博弈，不存在双赢的结局。那种什么线有支撑，什么转红就可以买进，只不过是根据历史走势的经验而设定、预测未来走势的条件，这些条件当时有用，以后却可能骗人。

只有透过现象看本质，抓住事物背后本质的东西——不可骗的条件来判断事物，你的胜算才会大大提高。

举例来说，2004年大盘上涨行情是从2003年11月份的1307点起涨的，上涨幅度超过36%。按照国际股市惯例，大盘跌20%进入熊市，充分调整以后，大盘涨30%进入牛市。

那么，为什么大盘在2004年的春季攻势中不能上冲1800点或更高呢（当然有政策上的原因）？我们还是可以从无形的东西来提前发现大调整的来临。大家都知道，5月份之前的行情是靠大盘蓝筹股上涨而带动起来的。按照美国投资大师欧耐尔制胜法判断大盘走势要诀，只要主流板块提前于大盘进入中级调整，大盘必调无疑。

事实上，大盘是在2004年4月17日开始调整的。再看主流板块的个股：上海电力是2月10日开始调整，宝钢股份3月16日、齐鲁石化3月22日、扬子石化4月2日进入调整，海螺水泥横盘调整更早，是1月29日。这些主流板块的股票齐刷刷地进入中级调整，大盘能好到哪儿去呢？这可是在宏观经济调整政策发出有形信号之前啊！当时，冯毅在南通各大证券所给股民讲课。他大胆地喊：大盘过1800的可能性很小，中级以上调整来临的可能性很大。

"那又凭什么判断这些主流板块会进入中级以上的调整呢？"我问。

冯毅的判断是，这些主流板块的龙头股主力资金在相对高位撤退，用行话说就是庄家正在出货。

表象的东西是不可靠的，当时大盘正红火，出货是绝不会让人知道的，那出货必需的、不可变的条件是什么呢？在盘中，它又会留下什么痕迹呢？

他认为有以下三点是最为本质的东西：

第一，股价必须在相对的高位，这是必需的条件。 具体而言，个股至少有 60% 以上的升幅，庄家才有资格出货。因为他们操作的成本很高，没有足够的升幅会无利可图（当然也有低位撤庄行为性质的出货，这是特殊情况）。

第二，高位必须有量。 放大量却涨得少、滞涨甚至反跌都是出货造成的。通过多年的研究，冯毅找出了庄家出货量价关系的特征，并制定了具体的量化参数：

◆ 日 K 线高位换手率大于 6%，振幅也大于 6%，为盘面出货特征。

◆ 周 K 线高位换手率大于 30%，振幅大于 15%，为盘面出货特征。

◆ 月 K 线高位换手率大于 60%，振幅大于 20%，为盘面出货特征。

◆ 季 K 线高位换手率为 120% ～ 150%，振幅大于 30%，为盘面出货特征。

这样用不同时段的能量和振幅的关系来一环环锁定，任何出货的骗局都能被识破。

第三，个股高位量价背离，一定发生在大盘红火的时候。 也就是说，庄家想大量出货，一定要借助于大盘背景为依托。

因为沪深股市没有做空机制，要想顺利获利出逃，一定要抓住其不可改变的本质条件：高位、放量滞涨、大盘红火创新高。打开主流板块个股的 K 线图，从周 K 线、月 K 线看，对照以上条件，可以说无不如此。

我们再来看当时有形的东西。当时媒体正吹嘘宝钢市盈率只有 10 倍左右，而美国钢铁股已有 30 倍，宝钢股价定能上 10 元到 15 元。再看技术面，当时有形的、能看得见的各类指标都显示出强劲走势，发出的信号预示宝钢主升浪正欲开始，而且是 1 月份大盘刚刚起涨的大好时段，利用大盘背景出货真是绝了！当然，宝钢以后能否再上涨是另外一个问题，至少从盘中可以悟出，主力机构已经提前知道对钢铁过热的政策调控将要来临，从而部分悄悄撤退了。

再举个山推股份（000680）为例。从基本面分析，该股各有形指标都非常好，市盈率仅10倍左右，技术面显示其前期长期强势横盘。民间有句股谚：横有多长，竖有多高。这有形的东西能使它竖起来吗？其结果却是山推股份连连往下"推"，股价不断创新低。

在交谈中，冯毅感慨地说："我深信股市无形的东西才是最真实、最有用的。我们必须透过表象领悟本质。山推股份和其他许多有形的图表都非常漂亮的股票，之所以会走向反面，一定是其本质的东西起了变化。有两句话是最好的股谚：没有消息的涨和有消息的跌是好股票；没有消息的跌或有消息的涨是坏股票。"

2002年他买厦新电子（该股那年涨了3倍），当时它还是ST，后来是在没有任何好消息的情况下上涨。透过表象看本质，来反推它的基本面必有"大戏"，加上其他分析以及操作的六大基本功，大黑马重仓大赚，就可以做到了。

其实，"股神"与"股市傻瓜"是炒股人的两个极端。不过，用"物极必反"的辩证法来理解的话，他们又是相通的。难怪有人说，一只大牛股重仓从头捂到尾的人，要么是"股神"，要么就是"股市傻瓜"。要说他俩相通，是因为其共同特征就是不看许多有形的东西或使用某种测试工具，却具备了许多无形的感觉（当然"股市傻瓜"没有）。这才是最灵、最准、最有用的。"大智若愚，大道无形"其实也就是这个道理。

"真理之川"是从"错误之渠"流出来的

冯毅说，股市上的对与错是相对的，同时又是可转换的。知道了这个道理，你完全不必为做对了、赚钱了而沾沾自喜，同样也没有必要为做错了、亏钱了而烦恼懊丧，因为错误的经历对成功而言是必不可少的。同时，股市上评价对与错又包括以下三个含义：

第一，**对与错的区分，取决于股市后市的发展。**因为股市是动态的、永远波动、曲折向前的。原来认为卖对了、赚钱了，但后来又涨上去了，不是错了？原来认为买错了，后来又可能是对了。这就是对与错随着时间的推移而相互转换。

冯毅的一个女学员，其盘中个股已获利，想卖出一万股内蒙华电。结果，她在电脑上按错了一个键，变买进一万股（账上正好有资金）。查单成交后她气急败坏地哭起来。结果第二天该股涨停，她又破涕为笑。

此事说明了什么呢？一是在股市里，随着时间推移，没有绝对的对错；二是情绪化的操作总是错的。难怪有人问美国一个著名的操盘手，股市上怎样赚钱？他回答：当你特别想买和卖的时候，能否有勇气与自己对着干，反过来操作，你就是赢家！

第二，**对与错的评判要相对于统一的标准而言。**没有统一的标准，就无法评判，也没有可比性。例如，短线操作有10%的利润正在开溜出局，而做中长线的人此时正好进场，你说哪个对，哪个错呢？

第三，**对与错还取决于对后市的处理是否正确。**因为现时每一个价格都有人买，也有人卖，否则交易无法进行。到底是买的人对还是卖的人对呢？可能两者都对，也可能两者都错。简单地说，如果买的人涨了，他肯定对了；而卖的人，如果换了一只涨得更凶的股票，你能说他卖错了吗？他也对呀！如果反过来，则两者都错了。

人人都知道这样一句话：失败是成功之母。在一个有终极答案的模式中，这句话是正确的。但是，股市永远不变的规律是多变。对这句话又怎样理解呢？只有倒过来：成功也会是失败之母。因为成功了，赚钱了，以为找到股市的"金钥匙"了，最后用这所谓的经验、固化的盈利模式套用在以后的操作上，因此大败而归的大有人在。

冯毅又举了个真实的例子：他认识一个也是1993年入市的老股民，买卖股票从来都是中长期操作，心态极好。1996年开始，他尝到了长期持股的甜头。到2000年止，他8万元的资金，已增值到60万元。正是这个大牛市长期捂股的成功经验，导致了他在2001年开始的熊市中大败而归。他几年的胜利成果不但全还给了市场，还倒亏了好几万元。原因很简单，他捂股捂得不是时候，在熊市时，他原有盈利模式的环境已不复存在。

在股市中，想赚钱就一定要掌握必然性、普遍性的规律。当在偶然、特殊的情况下赚钱以后，千万不能将其作为成功经验加以沿用。因为它不但没有重复使用的价值，对其僵化地使用反而会导致失败。股市上好多股民，包括冯毅自己都是这样。有些股民对许多雕虫小技特感兴趣，认为找到了制胜的招数。其实，这些偶然的盈利办法并不具备重复使用性。

在接触许多股民的过程中，冯毅也确实学到不少雕虫小技。他的做法是：首先对它的生成机理进行本质的剖析；其次找出适用其生存的环境条件。若两条路都走不通，则说明这个"技"毫无价值。

短线操作盈利模式

投资者大部分人喜好短线操作，认为它快赚钱、常赚钱，哪怕是赚小钱，但又常常吃套。而冯毅捕捉短线黑马竟有绝招，6个交易日竟能获利达60%。他的短线感觉何以如此之好？成功率为何如此之高？他的短线买点设计原理，将为你揭秘。

采访中，我发现，顶尖高手冯毅的重仓大赚理念，不仅贯穿于他稳健的中长线投资中，同样，也体现在他娴熟的短线操作中。2004年春节前，在他家发生了这样一件趣事：

一天，冯毅正在看盘，在天津读大学的女儿薇薇回来了。一进门，女儿见冯毅趴在电脑前那么专注地看，她调皮地莞尔一笑："怎么，老爸，要过年了，准备给女儿挣个'压岁钱'？"

"对。今年送你的压岁钱，可能是个大红包，连你开学的学费都有了。

不过，不是爸爸掏腰包，是冠城大通（600067，曾用名：G冠城）发利是！"
说着，冯毅迅即敲击键盘，重仓吃进了快速拉升的冠城大通。

果然，短短6个交易日，冯毅的短促突击大获成功，冠城连拉涨停。女
儿看着盘中冠城火爆的走势，搂着冯毅的脖子蹦跳着："老爸可真有眼力，没
想到冠通的春节贺礼这么重啊！"（图2.10）

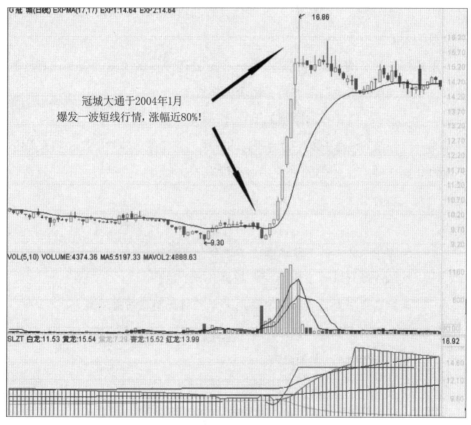

图2.10　G冠城走势图

短线操作的原则

冯毅何以短线感觉如此之好，成功率如此之高？在冯毅向我袒露了他的
短线获利模式之后，答案便不问自明。

冯毅认为，短线操作关键是要提高操作成功率，可以降低或不太讲究获利率。每次短线有了8%～10%的利润就可以退出来，成功率达到50%～60%就很不错了。这是好多初级股民积小胜为大胜的一个办法。但问题是，做短线，对盘面感觉的准确率要求极高，这又是那些想积小胜为大胜的投资者远远不能胜任的。要了成功率就会丢了获利率，要了获利率（重仓大赚），操作次数又会减少。这就像灵敏的信号多但不太准确，准确的信号少但不太灵敏一样。

怎样摆正两者的关系？当然是各人自己去选择，最关键的是要认真分析一下，自己的投资理念与心态是否适合做短线。

冯毅总结了短线操作的原则如下：

第一，短线的追涨杀跌不适合所有的股民，这个理念非常重要。冯毅读过不少短线操作的书，遗憾的是这些书都没有告诫读者，这种方法不一定适合每一个人。具体如下：

◆ 害怕强势上涨不敢追涨者不适合。

◆ 不能做到眼明手快者、年龄偏大者不适合。

◆ 对盘中买卖信号执行不坚定者、性格优柔寡断者不适合。

◆ 不能坚决执行止损纪律者不适合。

◆ 6位数以上的大资金者不适合。

第二，必须把握短线操作的大盘时段。具体如下：

◆ 大盘主升浪时段坚决不能做短线。

◆ 大盘筑底时段，抄大底资金也坚决不做短线。

◆ 大盘中高位上冲创新高时段可做短线。

◆ 大盘中高位盘整时段可做短线。

第三，短线操作买进品种除了强势股还是强势股。股市上有句老话：新手看价，老手看量，高手看势。只有强势股、超强势股才有强大的上冲惯性。短线操作要的就是技术面上的上冲惯性，基本面上的因素可以不考虑。技术面上的弱势股、盘整股，没有质的向上突破的，都不是短线操作的好品种。

第四，做短线追求的主要是成功率。短线操作每10次有5次以上成功，两三次平局，一两次微利止损退出，已经是很不错了。只有降低获利率，才能保证成功率；有了较高的成功率，才能做到积小胜为大胜。

搞清上涨的不同性质

短线操作只能在上涨初期的买点买入，这样可能会踏空一段，但不会吃套。如果在调整末期的买点买入，则可能会吃套一段，但不会踏空。所以大资金是在调整末期往下慢慢地买，短线操作则是在上涨初期第一时间追涨买进，例如冠城大通（600067）2004年1月15日的走势。

但是在追进时，一定要搞清此个股上升的性质，这一点非常重要。

出货性质的上涨初期，行情最疯狂，获利也最快，但风险相对也最大，例如厦新电子（600057，现名：厦门象屿）2004年1月份的出货走势。

脱离成本区的上涨最稳当，操作难度相对较低，但空间不会很大，例如华联综超（600361，现名：创新新材）2004年1月14日以后的走势就是稳步攀升的走势。

一定要知道股价波动规律，即大部分时段是随机的，所谓"二八法则"，大概只有20%的时段表现为有规律的波动时段，其中还包括下跌的波动时段。例如烟台万华（600309，现名：万华化学）2003年12月份的走势，就属于向上有规律波动的走势。

无疑，在随机波动时段千万不能做短线，盘整也不参加。短线操作就是快获利，一定要抓住向上有规律的波动时段。例如海螺水泥（600585）2004年1月5日后，连续七天呈有规律的向上震荡走势，适合短线参与。

短线买点设计原理

冯毅短线买进的切入点可能有点与众不同，必须具备以下两个条件：

第一，尽管价格波动大部分时间是随机的，但总有一个短时期呈现规律波动的上涨趋势。短线操作选择的品种，就是要从盘中1000多只个股里找出处于相对规律、强势向上波动时段的股票。

第二，强势上攻的个股，上攻时段的盘中振幅不但要大（振幅要大于6%，越大越好），而且一定也要呈现出规律性，同时要至少维持两到五天时间。

失去以上两个条件，此短线盈利模式无用。

先重点解释一下振幅规律。通过多年的研究，冯毅发现，振幅也是有规律的，特别是大盘或个股在两极位置上震荡时必然会出现。底部震荡是为了进货，头部震荡当然是为了出货。毫无疑问，震荡是有目的的，不管机构操纵者还是广大散户都是有目的地介入。既然必然出现又有目的性，那么，它呈现出的规律性就带来了机会，这一点是确定的。那么盘中的振幅是怎么算出来的呢？

有两种算法，一种算法是：

$$振幅 = （最高价 - 最低价）÷ 开盘价 × 100\%$$

如果开盘价有跳空缺口，就除以前一日收盘价。

另一种算法是：

$$振幅 = （最高价 ÷ 最低价 - 1）× 100\%$$

冯毅认为第一种算法好。一是简单，二是开盘价是固定不变的。短线操作就是要在盘中最低点买入或最高点卖出，那么由此得出：

$$盘中最高价 = 盘中最低价 + （开盘价 \times 振幅）$$

$$盘中最低价 = 盘中最高价 - （开盘价 \times 振幅）$$

这个算式，只要抓住盘中已知的两个要素——振幅（呈有规律时段）、最高价或最低价，那么就可以计算出短线操作的另一个买卖点，从而提供买卖依据。

短线操作的技术要求

冯毅继续讲述他的短线炒股经验：

第一，一定要熟悉日 K 线的具体含义。

平衡型 K 线。它包括十字星线、止跌线或止涨线、吊线与塔线、组合阴阳川线等。平衡型 K 线在日 K 线上出现，不是短线买进信号。

转势型 K 线（向下转势型省略）。它包括大阳包几阴、向上镊子线等。转势型 K 线出现才是半仓追进信号。

推进型 K 线（向下推进型省略）。它包括向上四值同线、向上相遇线或插入线，还有光头光脚的大阳线等。只有向上推进型信号出现，才是快速追入的最佳信号。

第二，日 K 线重要位置向上推进突破，是短线的最佳买点。

向上推进如果不发生在重要位置，向上推进的性质和推力会大打折扣。只有重要位置的推进突破（如果又发生在重要时间的话更好）才是质的突破。那么，什么是重要位置呢？

历史最高价或近几年的最高价位。例如2003年冬至2004年春的大牛股齐鲁石化、扬子石化等都是在大盘大底时段，它们已占据历史最高价，大盘启动它们便开始质的突破。

中长短均线在底低位置走平，股价一举突破的位置。例如扬子石化2003年1月14日一根大阳一举放量突破，把所有的中长短均线踩在脚下。

长期下降趋势线或大下降趋势通道有效突破的位置。

前期密集成交区的位置。例如烟台万华（复权看）2004年1月份一举突破2002年的一个平台密集成交区，股价又上涨了20%之多。

某一黄金分割线的位置。

个股各种整数大关或某些怪异的心理关口位置。例如航天信息2003年12月5日股价一根放量大阳，一举突破30元整数关口，股价直奔40元。还有其他怪异心理关口位置，如长假前后的位置等。

总之，以上关卡上的任何一种有效突破，都可以视为重要位置的突破。只有重要位置上的有效突破才能视为短线买进的信号。那种大趋势下降的反抽或反弹大阳，冯毅认为不是可靠的短期买点。

第三，如果符合以上条件，则把握和设计好当日振幅，在当日分时图上找高低点的买卖点。具体分为以下几种情况：

情况1：当日平开向下或低开低走向下，在30分钟或60分钟内确定低点买进，那么：

高点价 = 买进价 + 开盘价 × 预设振幅

情况2：如当日开盘高开高走，同样在30分钟或60分钟内确定最高价，卖出手中的股票，那么当天 T+0 回补，低点即可算出。那么：

低点价＝卖出价－开盘价（如有缺口就是前一日收盘价）×预设振幅

情况3：如果日K线走势是插入线，那么在前一日的收盘价向下的某一位置（一般是前一日大阳实体的一半左右），确定最低位置买进，利用振幅规律算出最高价。

情况4：如果当天收光头阳线（收盘价等于最高价）也可以不卖，第二天参照情况2，如高开，则找机会卖出。

情况5：如果盘中向下收光脚阴线（收盘价等于最低价）也可以当天不买，因为第二天会有更低价出现，可参照情况1，如低开，则找机会买进。

短线操作的注意事项

冯毅还强调了短线操作的几个要点：

第一，一定要关注大盘的时机。在大盘不适合的时段坚决束手不做短线。而决定操作时，一定要关注大盘当日的强弱程度。他有个好办法：如果当天想买进，开盘20分钟内，打开涨幅排行榜，看排名前20名股票的涨幅，最后一名必须上涨2.5%。达到这个标准的，说明当天大盘强势。当然，最后一名涨幅越大，说明大盘越强。注意，必须在20分钟内，超过这个时间则无效，在集合竞价时段更好。

第二，个股上涨必须放量。要注意两个指标：一是量比≥2.5倍，二是换手率≥3.5%，横向放量与纵向放量都达标为最佳。横向放量一开盘就能看到，纵向放量要收盘以后才能确定。怎样才能提前推算出呢？冯毅的计算公式如下：

推算出的全天换手率＝240÷开盘后的实盘时间×当时的换手率

第三，对盘中的分时图的高低点一定要有感觉，准确率要高。这可不是一两年的工夫所能达到的，故有人认为短线操作难，难就难在对各种理论的深刻理解和微观的灵活应用上。

真正的高低点是瞬间产生的，是不太好把握或成交很微量的。冯毅的办法是：如果分时图上你想要买的低点在盘中停留的时间超过3分钟，甚至更长，就绝不是理想的买入低点。因为给你从容不迫买进的机会绝不是好机会，不给你的机会才是机会。

同理，如果你设想的一个理想卖点在分时图上也停留了3分钟，甚至更长，那么此高点后面肯定还有新的高点。这是相反理论和博弈理论在微观上的灵活应用。同时，注意给你机会的高低点上的成交量。只要是瞬间产生的高低点同时又是缩量的，就立即进行买卖操作。

第四，一定要设止损位，一定要有动态的修正能力。这是做短线必不可少的基本功，没有这个保护神，你很难成功。

第五，在大盘低点位置上，大胆追进涨停板的强势个股。此为短线盈利的特好时段。

最后说一句，短线操作不等于频繁操作，只有等以上信号出现才可果敢出击。平时要让自己的资金处于"饥饿"状态，切记：短线操作成功率重于获利率。

决定最后胜败的操作心态与技巧

诸葛亮空城计，不但是判断正确的典范，也是操作上成功的典范。他那涓涓优美的琴声，胜似拥有千军万马。操作心态与技巧决定了他最后的胜利。

在采访中，我曾问过冯毅这样一个奇怪的问题："一些人股市理论的书读得不少，分析和判断起大盘及股票的走势来，也是一套一套的，有的判断得也十分准确，可一回到操作中，却总是见效不大，甚至还常常赔钱，这是为什么呢？"

"我认为问题的根子不是出在理论方面，而是出在操作方面。"冯毅回答，"因为不管大势是涨还是跌，真正把钱赚到手，并非一个正确判断就能达成的，判断正确而操作失误最终赔钱出场的大有人在。这和大牛市里，照样有人输钱是一个道理。"

诸葛亮涓涓的琴声，胜似拥有千军万马

在采访中，我不止一次听到冯毅讲起流传千年的《三国演义》里诸葛亮设"空城计"的故事。他对这个故事有一种全新的理解：

当年，诸葛亮在"远兵救不了近城"的情况下，判断他的敌手司马懿生性狡诈多疑，从而机智地设下"空城计"，打开空城的城门迎敌，不费一兵一卒而退敌。

诸葛亮对他的敌人的弱点的判断是正确的，采取的策略是对的。

然而，判断正确就一定能战胜对手吗？回答是否定的。因为判断之后，下一步的关键就看你如何操作了。实际上，这一步与前一步的判断已没有关系了。此时，操作的心态和技巧则决定了你最后的成败。

显然，诸葛亮的操作心态与技巧同样也是一流的。你看他稳坐城头弹琴迎敌，从琴声犹如涓涓而流的泉水，流畅优美、丝毫不乱的旋律中，司马懿判断：城门虽开，城内必有雄兵百万，不然不可能有如此沉稳的心态。没有如此稳定的心态，就不可能弹出如此娓娓动听的琴声。结果呢？司马懿判断错误，当然做出了撤兵的错误操作。

司马懿判断错误，操作当然错误。但话说回来，如果他能够"及时止损"，尽快调整操作行为，杀他个回马枪，历史就会改写。

由此可见，操作心态与技巧水平（这里还包括改错的速度）是何等重要。

讲完这个故事，冯毅感慨地说："多少年来，人们传颂'空城计'的佳话，赞美诸葛亮神机妙算的机智，往往只看到他判断正确的一面，而对他那种临危不乱的操作心态，却很少去思量。股场如战场，每一次的成败，无不与操作的心态和技巧有着重要的关联，而且它对于最终胜出，常常起着关键作用。"

股市最厉害的秘密武器

"既然操作行为这么重要，甚至影响和决定着投资者最后的成败，那怎样才能保证操作行为的正确呢？"我问。

"我认为就是一个人操作时的稳定心态。"冯毅回答。

一个人的心态取决于他的性格、情绪以及自身的弱点。而这种本能的反应，先天的成分比较多。打个比喻：同样种下两颗种子，一个长成了参天大树，一个却长成了一棵小草。为什么会这样呢？原因是它们内部的基因不同。同样，在股票投资市场上，为什么大部分人输，却有人赢呢？这也是由基因造成的。这个基因就是你稳定的心态。如果你是输家的基因，没有良好稳定的心态，不管你有多高的理论和判断水平，仍然必输无疑。

所以，从这个意义上分析，股市上所有的赢家，必有一个不可缺少的共同特征，那就是除了判断正确，操作时都有一个稳定的心态。有人把操作基本功称为"行为学"，上升到一门理论来研究，不无道理。所以，股市上最大的敌人不是别人，而是你自己。要想成为股市中的赢家，除了学习各种理论知识，提高自己的判断水平，最重要的就是得具备赢家的基因：修炼好自己的心态。

那么，什么是赢家基因呢？简单地说，有八个方面：冷静、耐心、谦虚、勤奋、仔细、自信、果断和自律。

在股市中，要心理素质好，操作时心态稳定，有定力，具体要做到"三不怕"：

第一，不怕波动。股市是永远波动向前的，正如事物发展过程呈螺旋式上升一样。受不了正常的波动，识别不了波动的性质，是很难赚到钱的。

第二，不怕输钱。股市中大部分人输钱，这是定律。特别是"三无"股民（无正确投资理念、无良好投资心态、无投资工具），在初始阶段总是要输钱的，这是必然的。害怕输钱，或输不起钱，交不起学费，是不能久留股市的。

第三，不怕赚钱。当买进股票赚钱的时候，大多数"三无"股民心态更不稳定，常常坐立不安。难道他们还怕赚钱吗？是的。赚小钱开溜，深度套牢不走，是他们常犯的毛病。如果你的判断正确，结果还是赔了钱，或者说只赚了小钱，问题肯定出在心态上。在股票市场上，你如果过不了"心战"这一关，其他什么都不要说了。它是股票市场最厉害的秘密武器。一旦真金白银上了股市，特别是重仓，此时你的心态、心力、心境就起决定性的作用，它影响和决定着你最后的成败。

好心态的表现有哪些呢？

第一，淡泊。投资者一定要有一颗平常心，特别是初入股市的股民。一定要先把股市搞懂，调整好自己的心态，不要抱过大的期望。重视过程，淡看结果。

第二，和悦。操作时一定要自始至终控制好自己的情绪，克服人性的弱点，不浮躁，不急功近利。

第三，宁静。耐心地等待大机会的到来。常言说，定力是金，忍者无敌。宁静致远，有功底的人会平静地等待成功的到来。

这些良好的心理素质和心态，都不是与生俱来的，更不是天上掉下来的，每一个人都可以通过后天的自我强化训练来获得。只要你具备坚强的意志和毅力，定能磨练出良好的心态。

培养好心态的突破口

既然好心态不会与生俱来，那么怎样才能使自己有一个好心态呢？突破口又在哪呢？

多年来，冯毅一直在思索这个问题。在几年的讲课当中，他与很多亏损累累的股民接触过，深深了解他们的苦衷：炒股总是亏钱，哪来好心态?！不错，炒股的业绩和心态是相辅相成的，又是互为因果的关系。没有良好的业绩，当然不可能有良好的心态；没有良好的心态，当然就谈不上有良好的业绩。

如果你正走在这个恶性循环之路上，打破它的关键就看你打算选哪一头突破了。如果你选择业绩突破来改善自己的心态，那就要等有大行情、大机会时去操作。这个时段风险小，你可以一举突破获利。因为在弱市中做不出业绩，而只能做坏你的心态。如果你选择心态突破来改善业绩，那么，你就得痛下决心，去修炼好自己的心态，找出自己操作中的致命弱点各个击破，才能改变投资业绩。总之，你要选择某一方面去突破，使自己快速进入良性循环的阶段。如此一来，有了良好的业绩，就能拥有良好的心态；有了良好的心态，又带来更丰厚的业绩回报。

其实，技术上的成熟，也要依赖心理上的成熟。只有心理上成熟，技术上的操作才会真正成熟，两者又是相辅相成、互为因果的。当然，心理的成熟最为关键，因为技术上的进步是有限的，而心态的改善则是无限的。

用好操作行为学中的"四大原则"

决定最后胜败的是操作心态与技巧，通过多年的磨练，冯毅认为，用好操作行为学中的四大原则，是保证最后胜利的关键。

第一，操作时思想与行为统一原则。当投资者的目的与投资者的手段发生矛盾，自身想法与操作手法不能和谐统一时，自然会失败。例如，判断大势会反转向上，多头来临，行为上就应积极做多操作，不应缩手缩脚。空头转势刚来临时，更应斩仓离场，决不要轻易进场做多。再比如，你从长期趋势线上选股（月K线或周K线），那你买进以后，就不要期望明后天就大涨。同样，你的目的是抢短线机会进场，抢不成，就要退出来。一定要保持思想与行为的统一，决不能出现做短线而被长期套牢的局面。

还有，如果你是做价值低估型的股票，必须在大势低迷、个股价值被低估时买进。判断准确是第一步，操作行为必须保证统一，不到价格恢复到价值时决不出场。如果你是做趋势型的股票，在下降趋势结束、上升趋势来临时买进，那么，在上升趋势没有明显改变之前，同样决不卖出。总之，你的思想与行为一定要统一。

为什么思想和行为一定要统一呢？从理论上讲，因为只有思想与行为统一，你的操作过程才不会出现混乱。只要不出现混乱，你的行为就在你的控制中。只有不失控，才是理智的操作行为。只有理智的行为，才是胜利的保证。首先要在思想上认同整个行为过程，让操作与判断同步调。只有思想上准备充分了，行为上才会稳稳地把握好胜利的机会。

第二，止损操作原则。在任何投机或投资市场博弈，无论是什么原因，不管你的判断正确与否，都必须设置止损，这是铁的纪律。具体止损设置技巧，应注意以下三点：

大势向好，个股多头走势形态向上时，止损点应设置得远一点。这样就不会被短期波动震荡出局。此时止损位置为下跌10%为宜。

在诸如空头排列急跌，乖离率大的抢反弹股票上，止损点应设置得近一点。一般不妨在吃套4%～6%时就止损出局，此时应以防范风险为主。

止损失误时心态要平和。一旦止损出局后股价还在涨，理论上说，是需要在更高价买回来的。这个道理是对的，但实际操作时并非如此简单。根据经验，踏空以后追涨的风险是巨大的。风险来自市场和投资者自身更加脆弱的心态，因为人在气急败坏情况下的操作，肯定是人性弱点的反映。

所以，一旦止损失误，股价不跌反涨，最好放弃补仓追涨操作。因为此时人的心态极不稳定，盘中稍有震荡，马上会浮躁，并很可能使自己操作失控。正确的操作心态与方法，是放弃追涨补仓，再去考虑其他躺底的股票，何必非在这棵树上吊死呢？

第三，空仓操作原则。要树立一个理念：空仓不操作也是一种操作。

沪深股市受政策影响较大，是资金推动型股市。这就决定了它有自身的特点和运行规律：一般一年当中总会有一两波中级行情，每20～40个月总会爆发一波大行情。但有行情总会有调整，一年当中也总会有两波中级调整，每隔3～4年总会爆发一次股灾，这也是调整或股灾爆发的周期所决定的。在没有做空机制的情况下，防范大级别的调整和股灾最有效的办法就是：全仓退出，空仓操作。此时不操作，就是最好、最高级的操作。空仓操作，说明你肚子里投资理念是满的。

我们都知道，每逢大行情，特别是井喷行情，很多投资者一开始也赚钱，甚至不会炒股刚进场的新股民也获利颇丰。为什么最后输家还是他们呢？关键在于，他们不会逃顶，不会做空，不会在大空头来临时空仓退出休息。股市上的风险就来自两个方面，一是大盘，二是个股。所以说，在没有做空机制的情况下，防范大盘系统风险唯一有效的办法，就是空仓操作法。

第四，动态中修正原则。股市中为什么总有人赚钱，为什么没有人总是赚钱？原因就是股市中没有永恒不变的规律。例如，速度乘以时间等于距离，这是大自然的一种运行规律，是恒定不变的。而股市运行规律则是以概率作为其表现形式。也就是说，不管你对你的判断与操作有多大把握，总不能百分之百正确。你把握正确的可能性只是概率大小的问题。所以，在操作中，一旦超出你的判断正确的概率范围，后续的操作补救措施——动态修正就显得十分重要了。比如，原先不看好的，后来走强了，可考虑介入；原先看好的，后来走弱了，应该降低目标价位等。总之，应在动态中不断地因势利导地调整自己的行为，使你的操作更符合千变万化的股市运行规律。

大家都说，最复杂莫过于股市。其实，对待最复杂的东西，最有效的办法就是两个字：简单。但一定要是把握股市本质的简单。在冯毅看来，股市也很简单，就是判断与操作。在研究、学习了大量的判断、分析知识后，千万别忘了正确的操作实践，因为它影响和决定着你最后的成败。

尾声：千方百计让利润最大化

在采访快结束时，冯毅深情地对我说："14个春秋寒暑过去了，每走出一步真不容易啊！我也是从散户走过来的，同样经历过失败的痛苦。1993年我拿着全家人仅有的4000元家底踏入股市，被严严实实地套在股市浪尖的高峰上，真是痛不欲生！"

他接着说：

"后来，通过不倦地学习，加上行情的好转，我终于有了新的转机。可是，那些年，急于赚钱扳本的浮躁心理，却又一次次地把我带向了操作上的误区：快进快出，频繁地搏杀。结果是赢少输多，整天都在为券商打工。有时，好不容易骑上一匹黑马，可是它刚一奋蹄奔腾，就把我抖落马下。眼看着绝尘而去的它，我只能是无奈地叹息。有时也难得地抓到了一匹黑马，也幸运地骑完了全程，却因买时胆子太小，仓位太轻，算下来，所得仍然很少。

"在失败中我不停地寻找着原因，最后终于悟出了一个重要的道理：对一个投资者而言，每次操作的成功率固然重要，但相比之下，更重要的应该是获利率的大小。也就是说，只有重仓大赚，抓住一次机会，千方百计地使你的利润做到最大化，这样，你才能在博弈的战场中获取到大的胜利。"

王 笑:

> ## 风险中依然执着，任它一路坎坷！

当王笑把他操作的资金账户打开给我看时，我不禁一阵惊叹：2002年他的每笔交易，几乎达到了100%的成功。全年的平均收益率高达60%，有的资金账号还翻了倍。奇迹究竟是如何发生的呢？

投资简历

个人信息

王朝辉，男，别名：王笑。1968年生，上海人。

入市时间

1988年6月1日。

投资风格

基本面分析和捕捉热点相结合。

投资感悟

要是能在"白色恐怖"中开辟出一块"红色根据地"，"熊市"中也能拉"头"牛回家！

第3章

△

"熊"气漫漫的2002年，我赚了60%

——记证券投资英杰王笑在弱市中靠智慧赢钱的传奇故事

从2001年6月中下旬到2003年1月初，沪深股市经历了19个月的漫漫熊途。

那是一段令人心碎、不堪回首的日子。那是蘸满7000多万投资者痛苦泪水写就的一段时光。

在那绿浪滚滚、绵绵下跌的惨淡行情中，哪一个不伤痕累累？能保本出逃者，已算是高手了，而能在绝望中胜出者，就更称得上"英雄"和"奇人"了。

然而，"英雄"和"奇人"并非没有。他们的的确确、实实在在地存在着。本文的主人公、多年来在股市风险中依然执着追求的职业投资人王笑，就是创造"奇迹"的少有的成功人士之一。

2003年2月19日，当王笑把他操作的资金账户打开给我看时，不禁令我一阵惊叹：2002年他的每笔交易，几乎达到了100%的成功。全年的平均收益率高达60%，有的资金账户还翻了倍。

在那份成功的答卷上，真实地记录着他一笔笔不同常人的惊人之举：

2002年1月28日2.18元买入ST东北电，3月1日3.56元卖出；当天，在5.05～5.10元买入数十万股天津汽车（一直持有至2003年4月），复权价7.20元，加上中途多次波段操作，盈利已超过50%。

2002年6月初，在4.80～5元介入一汽轿车。当时，他曾同我讨论，并断言该股一定会涨到七八元之上，该股是至今少数没有回补"6·24"（指2002年6月24日）缺口的股票之一，他的许多股友在此价位买入，均获利40%左右。

2002年12月26日，他开始介入中国联通（在2.65～2.88元建仓），两周后（2003年1月15日）于3.38元价位做阶段性抛出，之后他仍然看好该股。

此前，市场对这只"超级航母"级的股票上市曾抱着深深的恐惧感，而王笑却对中国联通及其联通新时空公司所运营的准第三代移动通信CDMI不仅进行过长达3年的深入研究，而且在中国联通上市的前一天，他所在的机构和申银万国南京山西路营业部还专门为其上市举行了一次研讨会，足以证明他对中国联通的那份执着。

此外，他在2003年年初为广大投资者推荐的上海科技、南京熊猫和他始终看好的一汽轿车等股票，在大盘不好的情况下，都曾有不凡的表现。

风险中方显英雄本色！

许多人一定都想知道，王笑成功的奥秘究竟在哪里？这里，不妨让我们沿着他多年来在股市里那一步步执着的脚印，去共同寻找……

初尝投机赚钱的快乐

王笑炒股"出道"很早。而他的投资生涯，要追溯到30多年前。那时，他才16岁，初中刚毕业，父亲出了意外工伤，他提早结束学业，顶班在铁路上参加了工作。

就在这期间，中国发生了一件有着长远影响的事。那就是1982年发行了对个人带有摊派性的国债。

8年期国债偿还，从第5年开始分期摇号分批偿还。王笑父亲单位给每人摊派的任务是100元，而他父亲却主动购买了250元。当时发行的面值100元的国债，在2003年的收藏品市场上最少要值1000元。它印刷十分精美，使用条例最细。此条例规定，不得转让、倒卖国债。

王笑当时曾问过父亲：为什么买那么多国债？父亲回答：买国债既能支援国家建设，又能获得比银行利率高的收益。

中国的国债市场一直摊派到1990年。1988年6月1日，国家放开了国债的现券交易，但只限于1985年、1986年两个品种。由于品种开放有限，大量的历年的国债无法进入市场交易。

那会儿，王笑家里把所有的积蓄都拿去购买了不能交易的品种（有点像股市中的一级半市场）。由于各个城市的市场开放度不同，信息又不流通，价格上有所差别。一些发达的沿海城市的人群需求量大，形成了全国现券的一种"大迁移"。也就在这时，全国各地出现了许多大大小小的"杨百万"。此时年仅20岁的王笑，也加入了炒买炒卖国库券的行列，可谓是一个小小的"杨百万"。至今，他也忘不了第一次尝到的那种"投机赚钱"的快乐。

王笑说："在我的投资生涯里，最快乐的一天不是现在，而是13年前的一个夏日。"说完，他陷入深深的回忆中——

那天，王笑骑着自行车在江北碰到一个批发商。他手中有麻将、塑料盆之类的东西，许多人拿国库券跟他交换。当时他手里有2万元国库券，王笑把它全买下了。

当天傍晚，从江北回到江南后，王笑在江边碰到了一个上海人，他刚好想收购国库券，王笑就倒手转卖给了他，从中赚了700元钱。仅仅几个小时，就有这么大的收益，他真是高兴得不得了。

那时，王笑是个小工人，一个月累死累活才拿七八十元钱，没想到这一天赚的，顶上他一年的工资，那种喜悦，是难以言表的。本来买国库券是想投资，结果变成了投机，在投资中享受到了投机的快乐。当时他想，从此以后不要工作了，只要动动脑子，怎么着一个月还不挣个二三百元钱？

到20世纪90年代初，由于利率不断下调，市场信息透明度提高，参与的机构众多，投资国债市场的利润不断降低，国库券就不那么好做了。而这时，当人们还在谈论刚刚兴起的股票市场是姓"资"还是姓"社"时，王笑已经非常看好它的投资前景了。

1992年的春天，在邓小平的南方谈话后，王笑看到深圳股市蓬勃发展，意识到在教科书上学到的代表资本市场的股票，正在中国的改革大地上迅速兴起，便热情地投入了它的怀抱。

向著名券商高手们"拜师"

在股市，不管你是教师还是商人，都要接受股市财富再分配的现实。王笑原本是国债投资的小专家，没想到在做延中实业这只股上摔了跤，尝到了股票的风险。"出师未捷身先死，长使英雄泪满襟"这两句诗，10多年来他经常念。王笑说着，拿出一张发黄的报纸给我看，上面登载着他刚入股市时发表的一首小诗《投资的路》，真实地记录着他当时作为一个新股民的心境：

> 交易大厅里，有许多的足迹，
> 那是投资者所走过的路。
> 有向东的，
> 有向西的，
> 也有一直朝南的。
> 他们选择的方向对吗？
> 直觉告诉我：是正确的。
> 但我又不知该选择哪一条路，
> 只有站在歧路的中央这么望着……

王笑正是在这种迷茫中踏入股市的。由于当时股东账号奇缺，他头一回买股票是在好朋友的账号上买的。他买的股票是申华实业（600653，现名：

申华控股），投资了1万元，三四天时间就赚了50%。

随后，王笑就开了一个账户，开始自己选股票。选来选去，他在132元的价位（当时股票未拆细）上选了延中实业（600601，现名：方正科技）。当他正要买时，一个好友劝他不要买这只股，因为听说第一个被公开报道的、因炒股失败而自杀的人就是买的这只股。但他坚持自己的主张，没听好友的。

不凑巧的是，王笑买入后，正好赶上深圳的"8·10"事件。延中实业从132元掉到了80元，他第一次自己独立投资的股票两三天内就亏了50%。这之后，股市一路狂泻，延中实业从80元又跌到了50元。王笑的亏损越来越大，达到了60%。他第一次尝到了投资的风险，懂得了收益与风险同在的道理，也弄懂了债券与股票投资是有区别的。到了年底，随着行情的回暖，他平手卖出了延中实业。

不过，没想到的是，后来在这只股票上发生了那么多的事情。从宝延之争，到方正入主，到最后的高清举牌，资本市场上的典型行为都在这只股票上发生了，它成了一只大牛股。

1993年春节后，股市在国民经济调整前提前见顶。加上股市扩容，股市经常是小涨大跌。面对这种跌势，王笑用一半的资金转入一级市场投资。同时，他开了个装潢公司，进行实业投资。其间，他刻苦学习和研究了股票的基本分析和技术分析。他认为，新兴股市的通病是，波动太大，投机气氛特别浓，而投资的主体太弱，抗风险能力太弱。为了在这个险恶的市场立足，就要向高手学习。也就在那时，他有幸进入了高手云集的某营业部，它后来成为全国著名的券商之一。

在那段日子，王笑有机会接触许多高手，虚心拜他们为师。此后，无论在技术上还是在投资理念上，他都发生了很大变化，投资的眼光也放远了。更主要的是，他又恢复了对炒股的自信。1995年年初，市场低迷，股市人烟稀少，人心涣散。由于他做过国债，对国债利率走势长年研究，意识到通货膨胀，银行利率会逐步下调，股市有见底可能。于是，王笑于1995年年初重返二级市场。

"熊"市拉头"牛"回家

"能谈谈你在那种熊市中是如何操作的吗？"我问。

"熊市中大盘低迷，热点奇少，操作很难。但一旦有一个热点形成，全国的短线资金都将关注它，它的攻击力就特强。"王笑总结他在熊市中的操作体会时说。

要想在熊市中牵头"牛"回家，首选是新股，其次就是超跌股。历史上的福建福联（600659，现已退市）、浦东金桥（600639）、西藏明珠（600873，现名：梅花生物）、天大天财（000836，现名：富通信息）无一不是在熊市或在整理行情中启动的新股。它们往往在两三个月中具有两三倍的涨幅。

用形象一点的比喻，就是投资者要善于在"白色恐怖"中挖掘出一块"红色根据地"。往往这种局部牛市，要比整个大牛市的回报率还要更高，回报来得更迅速。而其关键是你敢不敢动手。

1995年2月，上证指数532点。市场交易投资量极度萎缩。

就在这时，西藏明珠上市。它的开盘价才5.50元（而这一价格，比在拉萨的一级半市场收购的成本价6元还要低）。

开盘当天，很多人以低于开盘价的5.40元和5.30元准备低位承接。而王笑在经过几秒钟思考后，觉得它题材独特，极有可能蕴藏着较大行情，而开价却偏低，便加价0.10～0.20元全仓吃进。一个礼拜后他就获利70%。两个月后，正好碰上"5·18"行情（暂停国债期货交易）。在大盘上涨80%的情况下，西藏明珠飙升到25元，涨幅高达450%。

2002年1月，他再次以敏锐的目光和超人的胆识，在超跌股ST东北电（000585，现已退市）上打了一个漂亮仗。

由于上市公司连续亏损，ST东北电的债权人要求清盘还债，造成股价迅速下泻。在一片退市声中，王笑仍然保持着一个职业投资者敏锐的嗅觉。1月16日，央行表示降息有空间，股市一定会稳步而健康地发展。权威部门官员也表示应尽快恢复投资者的信心。

恰在这时，ST 东北电在底部 2 元钱附近大量换手，在技术面上形成底部平台放量。王笑看准这个机会，便在 2.18 元大胆跟进。虽然它随后最低探至 1.88 元，但他坚信它会反抽至 4.20 元。一个多月后，他在获利 250% 后离场。不久，ST 东北电暂停上市，但它似乎还留给市场一个悬念：半年后，咱东北电又是一条好汉！

重组：永恒的市场热点

郑百文第二天就要退市了。许多投资者在此之前纷纷抛出，唯有王笑在买进。

他为何甘愿踩"地雷"？

"那是为了忘却的记念！"他说。

不光郑百文是这样，这些年退市的 ST 红光、ST 九洲、苏三山……都是如此。他都要留点"种子"，以作"纪念"。

"我倒不是全看好它们，而是要求自己，不要以为它们退市了就忘了它们。我要观察它们重组的全部过程。十多年的股海生涯使我看到：重组，是市场的一个永恒热点！这些年我对股市的执着，就包含了对这类永恒热点的长期关注和执着的追求。"

1997 年 7 ～ 8 月份，股市从 1510 点回落至 1050 点附近。很多股票下跌幅度很大。这时，中远置业集团有限公司入主了上海众城实业有限公司。因为市场正在暴跌，报社希望王笑写一篇"乱融资配股"的文章。而此时他所在的一家咨询机构研究发现，大势有可能已经阶段性见底。王笑也一直盯着极具市场潜力的资产重组股。

正值此时，国务院将仪征化纤、扬子石化等四家大型国有企业组成东联集团。这种迹象表明，国家在进行战略性的控股。由此他更清楚地看到了国家的大方向是搞重组。

他改变了报社让他撰稿的主题，重新拟定题目《中远给众城带来了什么？》并旗帜鲜明地提出了相关论点。就在他的这篇力作发表不久，众城逆势上扬，从10元飙升至18元，在弱市中涨了80%，这是非常罕见的事。与此同时，仪征化纤也涨了90%。

这就是重组的魅力！多年来，王笑深深感到，重组，是市场永远的题材。但值得注意的是，市场上鱼目混珠，真假重组难辨。据他观察，要鉴别真假重组，一要看它入主的股东是否实力强大；二要看它注入的资产是否属优质资产；三要看是否更改名称。

古语云："雁过留声，人过留名。"如果是很有实力的股东入主上市公司，并且连企业名字都改了的话，那么就说明它重组的决心是很大的，注入的资产一般都是优质的。

例如，上海上实集团入主联合实业后改名为上实联合（600748，现名：上实发展），宁天龙和红太阳重组后改名红太阳（000525，现名：ST红太阳），后来涨了400%。琼海虹经过重组后改名为海虹控股（000503，现名：国新健康），也涨势如虹。这些都是市场有目共睹的。就拿王笑重点操作的如意集团这只股来说，当时中国远大集团入主如意集团（000626，现名：远大控股），正值1997年大盘行情不好，他却大胆推荐这只股，结果如意逆势上扬，连拉十根阳线，股价从8元涨了5倍，成为市场最为瞩目的一只大黑马。

在近十多年的炒股实践中，王笑深切地感到股市有两把"尖刀"：一把是高科技，另一把就是重组。这些年，他多次撰文，提出的一个最鲜明论调就是：股权的题材，是永恒的题材！

当然，在众多的重组中，也不乏一些企业想浑水摸鱼，赶潮流，搞假重组。但假象总会被揭穿，它的股价也不可能长期走牛，只不过是一场游戏而已。

同时，王笑认为，被重组方的公司只有和地方政府密切配合，才能真正取得成功。比如有一家上市公司重组后，新任董事会被职工驱逐，连公章都被没收了，这种重组就不能说它是成功的。

止损: 谨防微笑的陷阱

多年来，王笑在股市的执着追求中，一刻也没忘记风险。他给我讲了一个这样有趣的故事:

1993年10月，南京新百上市。王笑手上有一部分原始股。它的发行价是4.80元，在一级半市场成本价是7.80元。1993年，它的上市开盘价是10.30元。当时王笑比较看好它。

在随后的两个月内，在它的股价处在12～14元时，王笑又跟进了1万多股。

正好那一年有一个朋友要出国，王笑想买件羽绒服送给他御寒。一天傍晚，王笑和朋友来到新百一楼，当时一件羽绒衣标价220元。他正要买时，朋友提醒他说:"现在的国营商场也可以还价的。"王笑大手一挥，当着营业员的面对朋友说:"我买了新百的股票，它涨两分钱，我就赚件羽绒服。这几天新百的股票涨得很好，都16元多了，一件衣服没有必要还价!"

那位营业员听了，微笑着对他说:"还是你们炒股票的好，你看我们站一个月柜台，也不过两三百元钱!"

但是没过几天，南京新百伴随着大势一路狂跌。从16.99元下跌，8个月之后，跌到2.91元，每股亏10元，亏损额达70%。算一算，王笑真的输了一汽车的羽绒服!

由此，王笑深深地感受到，股票市场的钱，是全世界最难赚的钱之一。同时，他炒股也学会了止损。当时只想到收益，只想到涨一两分钱就是一件羽绒服，而没有想到风险。打这以后多少年，他都没有忘记营业员的那种微笑。它一直告诫着王笑:在股票市场上投资，一定要全面了解国家的宏观经济，不能陷入投资误区。

明明大势不好了，还老认为自己的股票好（其实也不一定是股票本身好，而是那段时间的走势好）。大盘涨30%，南京新百上涨了62%，是当年涨得最好的股票之一。一旦大势真的走熊，个股到最后也会跌得很惨。覆巢之下，岂有完卵？还有的投资者知道自己的股票不是很好，但是他又对大盘指数抱有幻想，感到还可以持有一段时间，这都是投资的误区。投资要学会止损，要学会承认错误。

1999年，王笑在一家著名的投资咨询公司任客户经理。6月25日，大盘在"5·19"井喷行情中跃过历史高点1536点，一路攀升到1705点。这时沪深两市同时放出历史天量（上海成交金额为443亿元，深圳为390亿元），而且随后的两天6月28日、29日，接着创出新高，并伴随着很大的成交量。

但这时王笑发现盘中只是深发展、四川长虹这些指标股在拉抬指数。他认为这属于"阳线衰竭"，主升浪可能即将结束。于是，王笑建议公司所有的客户在高位放空出货。

当时，他所在的交易所由于供电线路出现故障，造成交易中断。在万分紧张的非常时期，他派公司员工临时拉了一根民用电源，在只有4台电脑可以进行交易的情况下，使大批公司客户在高位顺利离场。当时在大盘热的时候（涨幅已达70%），许多人不愿离场。王笑反复做工作，给大家分析各种见顶迹象。在随后的7月1日，伴随着证券法的出台，大盘从1756点一路调整到1341点。

盯着未来："巨人"在想什么

1999年7月30日，天津汽车一上市，王笑就开始关注这只股。

因为在所有的股票中，他最看好的是基础建设和交通行业的股，尤其是房地产和汽车。

2002年春节一过，由于中国加入WTO引起国内轿车市场降价，1月12日天津汽车率先全线降价，而且，幅度很大，20%，引起车市的巨大震动。中国加入WTO对中国汽车虽是个冲击，但也促进了中国汽车业的发展。我国汽车业的规模小，还属于"新生儿"。但是在这背后，都站着一个巨人。这其中，跟中国合作的巨人就有占世界前三位的通用、大众和丰田。

2000 年 8 月，天津汽车与世界三大汽车巨子之一的丰田在天津组建天津丰田汽车有限公司。丰田作为亚洲第一大车商，这些年在欧美市场如鱼得水，风头正劲。而它在中国市场由于进入较晚，一直不能像欧美厂商那样呼风唤雨，影响了它在中国市场的发展。

王笑看好天津汽车这只股票，关键是看好它背后的巨人。他认为丰田是个巨人。中国 2001 年 12 月 11 日正式加入 WTO，天津汽车于 2002 年 1 月 12 日降价，积极应对"入世"的挑战和国内市场的冲击。

是什么原因让它这么积极？以新车型夏利 2000 为首的天津汽车的进口件达 60% 以上，它降价幅度这么大，可以推测，肯定是得到了合作伙伴的默许和支持。"丰田在中国会有大动作！"这是它大举进入中国市场的前兆。

基于这种判断，王笑于 2002 年 3 月 1 日在 5.08 元和 5.10 元的价位买了 50 万股天津汽车，进行了战略性的建仓。

"2002 年年初行情低迷，你如此大胆建仓，难道不怕危险？"我问。

"不怕。我进行过认真分析。"王笑答。

当时有许多上市公司业绩下降、亏损，天津汽车 2001 年每股亏 0.09 元，2002 年第一季度每股亏 0.02 元。那时，王笑仿佛听到巨人的脚步已到了跟前。它逼着企业脱胎换骨。

许多投资者买股票不敢炒大盘股，不敢买"汽车"。而王笑想，那些巨人们到中国，首先看上的肯定是汽车，是航空，是电力、煤炭，他们可真不一定先看上你的"小白猫"，中国也不可能先开放洗衣粉市场。所以他铁了心买天津汽车（000927，曾用名：*ST 夏利，现名：中国铁物）。另外，王笑买一只股总喜欢去苦苦地挖掘。2002 年 4 月 18 日，他还亲赴天津，千里探营。

到了天津汽车，他对这个厂的印象并不怎么好。但它的生产正常，属满负荷运转。看后王笑只是觉得它和现代化企业有很大距离，规模还太小。但正是有了这种差距，企业才会有发展的前景，才能感受到它未来增长的价值。因为在它旁边，王笑就看到一处现代化的汽车生产基地正在崛起。这预示着企业会有一个大的动作，有个本质性的变化。汽车巨人离人们越来越近。王笑越来越感到中国轿车业会有大的整合！

从天津回来后，4月23日发布的由原天津汽车销售有限公司承担的华利系列汽车销售服务职能，全部划归天津华利汽车有限公司（剥离不良资产）的消息，更加坚定了王笑的持股信心，他继续加仓。紧接着，一汽兼并天津汽车进行强强合作的消息发出，股票坚挺上扬。在历时几个月的期盼等待之后，王笑不仅从这只股票中获得50%以上的利润，也验证了他在股市执着追求的投资理念是成功的。（图3.1）

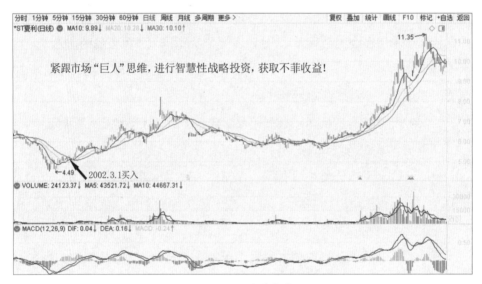

图3.1　*ST夏利走势图

薛　枫：

> 有时候，股价创新高的股票
> 前景更可能海阔天空。

在12年的股市搏杀征战中，薛枫始终以擒拿狂涨黑马为第一任务。1999年至2002年，他的资金增长了15.6倍。2003年1月至5月，他的收益超过50%。独特的操作理念和过人的选股方法，使他的利润达到了最大化。

投资简历

个人信息

薛枫，男，1970年生，湖北武汉人，大学学历。

入市时间

1993年。

投资风格

善于在市场上挖掘极具潜力的股票，稳扎稳打，保证投资万无一失。

投资感悟

每一分钱都是忍出来的！

第4章

机构操盘手透析"黑马"天机

——记机构操盘手薛枫捕捉"黑马"绝技

这是一组成功且惊人的数字：

1999年、2000年，他连续两年实现了收益率超过100%。

2001年，他不仅成功指导股友们躲过了大跌，而且实现了80%以上的收益率。

2002年在弱市行情中，他的全年平均收益率竟超过87%，实战账户资金4年累计增长15.6倍。

2003年2月27日介入天津汽车（000927，现名：中国铁物），上涨62.7%；3月27日介入招商银行（600036），上涨36.5%；3月28日介入深南电（000037，现名：深南电A），上涨28.4%；4月8日介入凌钢股份（600231），上涨66.8%。

…………

可以毫不夸张地说，这种骄人战绩，即使是在沪深证券市场上也是极其罕见的。

然而，当你看到那一张张记载着这些辉煌业绩的交割单时，你一定会信服地为之惊叹！与此同时，也许你更想知晓创造这一奇迹的人，以及他成功的秘诀和那些鲜为人知的故事。

于是，我走访了创造这一辉煌业绩的薛枫工作室，获取了夺取这一战绩的"总司令"、业内公认的技术派操盘权威薛枫的大量资料和操盘故事。他，一个年轻的机构主操盘手，以无私和坦诚的胸怀，向广大的投资者揭示了他多年来成功捕捉黑马的"天机"。

他从熊市低谷走来

2002年6月24日。上海。黄浦江畔。

这是股市让人难以忘记的日子。这一天爆发的"6·24"行情，令7000多万投资者兴奋不已。

此刻，薛枫和他的伙伴们望着被晚霞映成一片金黄的黄浦江，心潮似江水一样澎湃：这一天，他们获得了巨大的胜利！喜悦的甘泉流淌在心间。薛枫作为一名大江南北著名的主操盘手，在当天的交易中，他指挥着上亿的资金打了一场漂亮仗。然而，当他望着滚滚无尽的东流江水，想着"6·24"这个特殊的日子，9年前发生在同一天的一段惨痛往事，在回忆中油然生起，怎么也抹不去——

9年前，也就是在这同一天的同一时刻，就在江水的那头——江城的长江边上，眼里盈满泪水的薛枫，久久地徘徊在那里，一夜未归……

1992年，薛枫毕业于中国一所名牌大学的国际贸易专业。他原本分配在一家待遇优厚的事业单位，然而从上大学时就挚爱炒股的薛枫毅然辞职"下海"了。

"放着金饭碗不端，去股市冒险，真傻！"同学好友都为他惋惜。

"家里只有2万多块钱，那是给你娶媳妇的唯一家底，炒输了，就别想娶老婆！"父母再三劝说。

"认准的路，打破脑袋也要走到底！"生性倔强的薛枫不顾亲朋好友和家人的劝说，沿着自己的人生目标，带着自己工作后的一点积蓄和父母为他攒的2万多块娶媳妇的钱，毅然踏进股市。

五彩的股市一开始就对他笑脸相迎。那会儿行情好，加上他的聪慧敏捷，真是顺风顺水，买啥啥涨，几个月工夫，资金就翻了番。亲朋好友也开始对他刮目相看。可是好景没多长，随着大势的走熊，厄运向他扑来。

他听信消息，买进了一只令他终生难忘的股票，那就是当年红得发紫的延中实业。

这只曾创造了380元股价的牛股，当时的价格是38元。人们都说它要重振雄风，至少要上100元，薛枫听信了，于1993年10月，在38元的价位买进了延中实业。

没想到，他买入后，股价却一个劲往下跌。慢慢地，他账上的资金越来越少了，这让他很心疼。要知道，他是辞职炒股的，每月还要从账户上支取生活费。他天天都在心里企盼着大势回暖，但无情的漫漫熊途，一直把他带向了低谷。

到1994年的6月24日，大盘跌到了400多点，延中实业跌得连他当初买的零头都没有了，竟破了8元价位。他伤透了心，实在忍受不了心理上的煎熬与折磨，终于把它一刀"割"了。

那天，他一夜没有回家。他走到江边，看着滚滚东流的长江水，想着如此惨淡的股市，眼里的泪水直打转：难道命运对我如此不公？难道说自己毅然的选择竟是错的？

卖了股票的薛枫，没有勇气再进股市。而强烈的自尊心又使他不愿让家人知道此事。于是，每天上午他照例准时出门，在街头毫无目的地走着，走着。

这天傍晚，他走进路边一家拉面馆。那是昔日他经常光顾的一家餐馆，老板跟他很熟。他不止一次地夸老板的手艺好，老板曾饶有兴趣地和他谈起拉面的技巧。老板告诉他，你不要看它简单，里面的窍门还多着呢！拉面重要的是做足功夫，揉好面，再顺着它的劲道拉，才能拉好。

薛枫漫不经心地吃着碗里的面，想着老板的话语，心里似一阵清风吹进：看来任何行业要做好，都有成功的道道。我在证券市场输了，说明我功夫还不行，离投资的真谛还很远。我输掉的钱，在市场上并没有消失，只是被更高明的人赚走了而已。如果我把功夫下到了，顺着股票的劲道做，也一定会成功的！

发奋学习，赚取第一个100万元

在股市遭受失利的薛枫，渴望学到真本事。可这时他的账上仅剩几千元钱，不光娶媳妇的钱没了，就是日后吃饭的钱也快没了。

这时，正好杭州的一位做生意的同学要他去帮忙，他无奈地走上了打工路。

也许薛枫生来就是为股市而生，那风雨飘摇的股海，时刻召唤着他。他一边打工，一边关注着股市行进中的每一步。这时，杭州一家投资公司招人。他去应聘分析员和资料员。这是他股市人生的一个转折。

从那时起，从股市的最基础开始，他一步步深入这个市场，潜心研究它的运行规律和获胜之道。这期间，他读了大量中外证券图书。他懂得了，在这个风险市场，要想赚到大钱，首先得有一颗平常心。那么，什么是平常心？怎样才能有一颗平常心呢？

一次，他到灵隐寺进香。一位大师告诉他：所谓的平常心，就是指该走的时候要走，该坐的时候要坐。冷时向热的地方靠，热时向冷的地方靠，时时处处把自己放在一个非常自然的状态之中。

然而，在股市里，利益蒙住了人们的双眼，把人的心态破坏了：股票到顶了，还想它涨，不肯卖，往往到下跌了才卖出；而当见底时，又不敢进，常常到涨高了才去追。这种驱逐利益的心态，也正是他昔日失败的根源所在。

在那里，他还听到一位禅师和老和尚的一段对话，给了他深刻的启迪：

一个禅师问一个老和尚：一天能读多少经书？

"有时七八卷，有时十几卷。"老和尚回答。

禅师听了，说："你不会读。"

老和尚不服，反问禅师道："那你一天读多少书？"

"我一天只读一个字！只要一个字能读懂，远比囫囵吞枣地读一本书要强得多！"

禅师的回答和他对知识那种精益求精的态度，深深触动了他。

薛枫开始发奋学习，找来大量的资料，把历史上所有强势股票，特别是大黑马股从启动前到拉升期的形态图，全部打印出来，装订成厚厚的一本。一只只地研究，把每一个形态都烂熟于心，读懂每一根K线，从中了解庄家的整个操作过程以及思维的每一个细微变化和他们的意图。

"那是我知识的积累和沉淀期。它给了我后来在股市沙场征战中厚积薄发的智慧和力量！有知识在握，即使再险恶的时势，再困苦的境地，我都能以很平稳的心态去应对！"

那个时期，他写下了数以百万字的读书心得，装了整整几箱子。他把它们当成宝贝，不论走到哪里，他都舍不得丢掉。

1995年年初，经历了失败后，逐步走向成熟的薛枫打了一次翻身仗。这是他挣得的第一笔大钱，是帮朋友炒的。当时，他的一位朋友炒股损失惨重，找到他帮忙起死回生。

薛枫"接受任务"后，研究了大量股票，发现一只股北旅汽车（600855，现名：航天长峰）极具潜力。该股上市不久就跌破了3元的发行价，当时股价只有2元多。

薛枫跟踪了它近半年时间，在大盘缓和地震荡攀升中，他于3元介入，结果在一个月内，这只股就涨了3倍。他帮朋友挣了第一个百万元。爽快的杭州朋友给了他10万元的酬金作为劳务费，那也是他再次崛起腾飞的启动资金。

吃透政策，搞好调研，发掘潜力股

"这些年来，无论是行情火爆的牛市，还是在大势低迷的熊市，你都令人羡慕地捕捉到许多黑马股，这对于经验丰富且资金雄厚的机构来说，是否是件很容易的事？"我问。

"这也许是一种误解。许多人似乎都这么看。"薛枫说。

不可否认，相对于中小投资者来说，机构具有许多的优势。他们经验丰富，资金雄厚，而且信息来得快，但也绝非有些人说的那样，手里有钱，想炒哪只就炒哪只。事实上，即使是庄家也不是随手拈来就炒。他们选股，远比普通投资者想象的要复杂得多，慎重得多。这些年来，除了时时关注研究大势外，薛枫几乎把大部分的精力都投入在选股上了。

"为什么许多投资者选的股票都表现平平，甚至长期下跌，被套其中，而你却能抓到飙涨的股票，其关键是什么呢？"

"我认为大多数人持有的股票之所以表现平平，主要是他们对自己所持有的股票，在买入前很少有人能'吃透'它。"

有的人买股票，仅仅靠听消息，看报纸，有的人是看盘中哪只涨得好，就一时冲动地跟进。而真正研究这家上市公司的则少之又少。

在选股上，薛枫多年来一直崇尚美国投资大师格雷厄姆和巴菲特的理念，即他们所说的："投资者应将精力和智力用于辨认价值被低估的股票，在市场上寻找价格与价值存在偏差的公司，而不管大盘的表现。股票投资永远是买企业而不是买股票。"回顾总结多年来的选股经验，归纳起来，他认为最重要的是8个字：吃透政策，搞好调研。

他讲述了这些年为选一只黑马股，深入调研所付出的艰辛。在1996年至1997年的上半年，他曾参与了湖北兴化（600886，现名：国投电力）的操作，获利300%以上。这是当时股市中最为耀眼的一匹黑马。它的股价由11元飙升到57元。（图4.1）

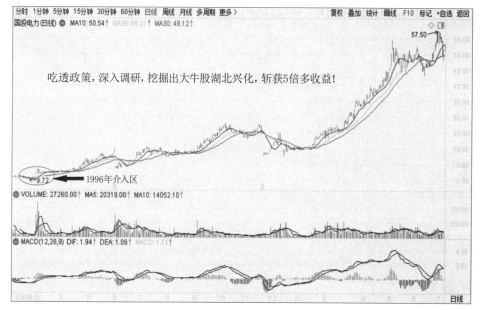

图4.1 国投电力走势图

然而，在当初，他为了选择这样一只能被市场接受的股票，跑遍了大江南北，根据当时重蓝筹、重绩优的政策导向，最终锁定了这只当时质地非常优秀的股票。

该上市公司的前身是中国石化荆门石油化工总厂，它不仅是湖北省首家工业股份制试点企业，也是沪深股市首批公开发行股票的试点企业之一。连续几年来，它的每股收益都在1元以上，每股的净资产收益率也在45%以上。

为了深入了解该公司的成长业绩，他们还曾多次不辞艰苦地深入湖北荆门公司所在地，随时掌握大量的第一手资料，为成功地操作这只股票奠定了基础。

2001年，他们参与了重庆百货的投资。短短的两个月，他的收益就高达53%以上。但为了选择这一投资目标，他们曾三下山城，对这家在全国名列第20位、西部地区唯一进入30强的连锁企业的龙头，进行全面深入的调研，真正在操作中做到了知己知彼，百战不殆。（图4.2）

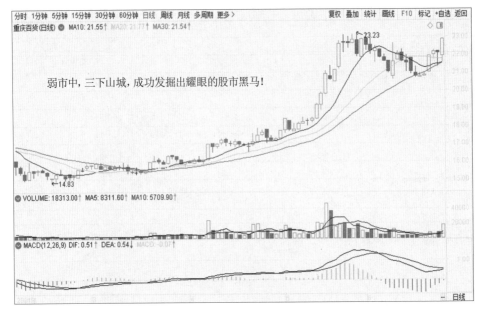

图 4.2 重庆百货走势图

接着，薛枫把目光盯向了中国最具发现前景的汽车行业，从2002年建仓到2003年获得高收益，无一不是他远见卓识精心选股的结果。

"到上市公司调研，摸清它们的底细，对于选准股票固然很重要，但对于广大投资者来说，因各种条件的限制，要做到这一点，很困难。那么，他们在选股时该如何判定哪些是强势股或黑马股呢？"我问。

"最简单的做法是锁定资金活跃板块。"薛枫说。

黑马股的上涨本身需要大资金的推动。也只有在大资金活跃的板块中选股，才能提高选中黑马股的概率。中小投资者只有跟随机构投资者的资金流向，并找到该板块中真正领涨的龙头，才是捕捉到黑马股的首要因素。这也是间接利用机构投资者选股调研成果的一个捷径。

此外，市场上一些活跃的私募基金，在选股时十分注重具有以下特点的个股，即业绩持续稳定增长、股本结构简单、具有股本扩张潜力，这些个股在很长一段时间内都会成为黑马股的摇篮，投资者也应重点关注。

明晰黑马特征，实战操作有"三招"

"在选择飙涨股时，除了吃透政策，搞好调研，在行业和板块上下功夫外，还应该把握些什么特征呢？"我问。

"主要有三条：一是把选股的目标锁定在股价在10元以下，一般在5～6元，因为低价股群落，历来都是孕育黑马的摇篮。这类个股一旦启动，极有可能演化成飙涨的强势股。二是黑马在启动前几乎都有一个加速下跌的过程，而这种下跌不会受到什么抵抗，振幅可达20%～25%。三是强势股的起涨点，离重要的上档阻力即前期的整理平台，都有一定距离，反弹的压力小，阻力轻。"

"在实战操作上，你还有哪些要诀？"

"主要的也有三点：它们是黑马指数、多周期共振和'茶杯把'理论。"

设定黑马指数。这是薛枫多年来用来选黑马的一个重要参数。他说，选股票，关键是选那些具有上涨潜力的，而不在乎它是否跌到了最低谷，有些创新高的股票前景也很可观。为了把握这一点，他根据股价运作的周期和强势股原则，计算出一个选股指数。而在该指数中排在前50名的股票，最具有股价暴涨的潜力。然后根据指数的高低，再综合分析比较，优中选优。

如1999年"5·19"行情爆发前夕，他通过对全球股市，特别是对美国股市走势的研究，认为中国的网络概念极具潜力。于是，他便把选股的目标锁定在网络板块上。5月17日，当东方明珠一举进入他设定的黑马指数前5名时，他决定重仓出击该股，并先后于5月17日至5月19日分批建仓。

当"5·19"行情爆发后，该股果然成为一颗耀眼的明珠。股价从他建仓的16元附近，狂涨到42.98元，涨幅达168.6%。

2003年2月，他又根据黑马指数提供的备选股，先后选出长安汽车（000625）、一汽轿车（000800，现名：一汽解放）、通宝能源（600780）、公用科技（000685，现名：中山公用）、天津汽车（000927，现名：中国铁物）、内蒙华电（600863）、桂柳工Ａ（000528，现名：柳工）等强势股。

其中最优异的是长安汽车和天津汽车。根据他多年实战经验，牛市初期低价股一般表现较好，于是他最后选择了股价相对较低的天津汽车。

多周期共振。这几乎是业内资深的投资者公认的一种黑马飙升的原则，也是大黑马几乎都有的一个共同特征。从沪深股市十多年来一个个黑马股运行的规律看，凡在它们飙升前，所有的日线、周线和月线等技术指标，必定进行多头排列，发生多周期共振。中长期的技术指标发生共振尤为重要，而这一点常常被许多中小投资者所忽视。他们大都只重视看看日K线，而从爆发行情的深度和力度却考虑不多，而薛枫对周线、月线更加看重。

例如，天津汽车在2003年2月28日在周线图上，10日线上穿20日、30日和40日线，产生多周期共振，此后便展开了一波强劲的拉升，一匹黑马奔腾而出。

再如，浪潮软件（600756）于2000年1月13日，10日线上穿30日和60日线，形成多头排列；2000年2月18日在其周线图中，5日线上穿20日和60日线，也形成多头排列；在其月线图上，2000年2月29日，5日线上穿10日、30日线，也形成多头排列，其为日、周、月线同时发生共振，该股从9元多，短短3个月，竟飙升到48元，成了盘中一匹非常抢眼的大黑马。该例也可说明，共振的条件和指标越多，其拉升的力度就越大。

"茶杯把"理论。薛枫说，根据他多年来的观察，大黑马在突破之前，如果形成一个"茶杯把"形态，其突破的概率是非常高的。所谓"茶杯把"形态是指：个股在强势整理期，有一个向下缩量洗盘的过程，其形态像一个茶杯，之后又拉回前期高点附近进行横向整理，形成一个"茶杯把"。茶杯把振幅越小，斜向上震荡走势越强。

如在2003年2月，薛枫发现天津汽车的走势正在形成一个"茶杯把"，而且形态越来越紧凑，有突破迹象。当该股在2月26日放巨量再次站上10日线时，他见买点已至，不可犹豫，便在6.40元左右及时分批介入。

类似走出这样形态爆发成大黑马的股票，真可以说是数不胜数。招商银行启动前的走势也是如此。2003年3月4日至19日，薛枫发现该股进行缩量洗盘，其间下穿半年线，再上穿半年线，然后，从2003年3月20日至26日主力形成了一个形态紧凑的"茶杯把"形态，27日放量突破，这是中短线介入的最佳买点。此后该股一路由9.70元附近，飙升至13.60元。仅仅15个交易日，其涨幅就达40%。

春江水暖鸭先知，交量异动泄天机

"俗话说，春江水暖鸭先知。量是价的先行指标，捉黑马股，一定要重视成交量的盘中异动。虽然成交异动的个股不一定是黑马，但黑马形成的过程必然有成交异动迹象的伴随。"薛枫说。

黑马初期的成交量特征：成交量持续均匀放大。 成交量持续均匀放大，也就是通常所说的规则性放大。一般来说，出现不规则的放量时，短线会有大幅震荡，但并不会产生连续上扬的行情。只有当成交量出现均匀、持续的放大，行情才能连续上扬，也才能出现大的黑马。

如大元股份（600146，曾用名：商赢环球，现已退市）在2000年10月9日开始成交量放大，至2001年1月15日该股换手率达230%，已进入当时市场同期换手率前33名，而同期涨幅却仅为第73名，股价仍在低位。据此，薛枫判断该股有明显建仓迹象，虽然当时买点还未到，只能密切关注，但是发现极具潜力的黑马，仍然让他非常兴奋。此后，该股给他带来了100%的利润。（图4.3）

黑马中期的成交特征：成交呈极度萎缩状。 主力在建仓后都要进行打压洗盘，成交量大幅萎缩，而当成交量再度放大，主升浪就要到来时，方可坚决介入。

如大元股份的庄家在建仓后，经过两个月的缩量洗盘，直至2001年3月15日，该股公布年报扭亏为盈，再次放量，主升浪已势不可当。薛枫在当天下午收盘前介入。随后，从3月19日至4月23日，该股做了一个经典的高位双平台的洗盘形态，成交量再次萎缩，到4月24日其成交量再度放大至前一日的3倍，随即便展开了声势浩大的主升浪。

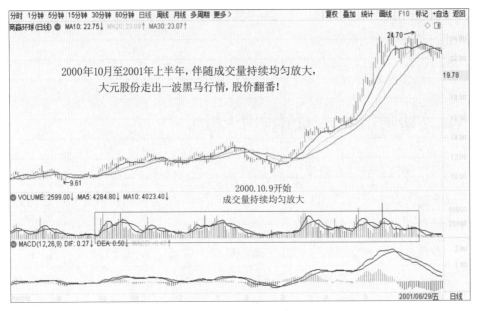

图4.3　商赢环球走势图

黑马后期的成交特征：缩量拉升，放量出货。黑马进入主升浪以后，由于主力控盘程度较高，成交量一般保持匀量或缩量状态，当股价进入派发区域后，应特别注意成交量的变化。当派发区域单日换手率在10%以上，应考虑减仓。如何确定派发区，一般用主升浪的最低点乘以2来计算。

如薛枫介入大元股份时，该股的启动点在10.41元，则10.41×2=20.82。2001年5月21日该股收盘在21.88元，换手率10.74%，看来胜利大逃亡的日子已经来临。于是，在5月22日以后，他便开始分批卖出该股，落袋为安。

警惕：成交量也有骗人的时候

"量是价的先行指标，是否成交量出现异动就能跟进呢？"

"不是。因为成交量异动的情况很复杂，有底部真正放大的，有顶部出货放大的，还有对敲造假的，等等，绝不可见成交量一放大就贸然跟进。"

试盘放量，可以关注。 如薛枫曾做过的黑马股重庆百货，在2000年7月27日那天曾放出较前几个交易日单日成交近10倍的巨量，换手率8.63%，涨幅却只有5.04%，而在单日放量之后，成交量不能连续放大，这是机构试盘的表现，说明该股有被机构关照的可能性，并不是介入的时机，应引起关注。

7月27日这一天，是这匹黑马启动前最早的一个关注信号。到11月13日，成交量开始再次放大，且在短期内连续递增，证明主力进入连续拉高吸货阶段。不同的是，因该股属拉高吸货，所以震荡大，洗盘时间长，主力做了多个平台，进行高位洗盘。因它是拉高建仓，它要把你的成本垫得更高。

股票在次高点上放量，不可买入。 如果一只股票之前有过较大幅度的上涨，当它回到次高点位后，成交量出现大幅放大，这往往是主力欲出货吸引买盘的一种手段。其方法常为采用对敲，造成成交量放大的假象骗人。

如山推股份（000680）股价从1999年12月29日的4.38元上涨到2000年7月18日的18.19元，之后缩量回调。2000年8月29日至9月14日，该股在次高位连续对敲放量，并在15元附近做出了一个高位平台，吸引买盘，随后大幅下跌，直至2002年1月22日跌至5.16元。

还有一种是低位放量的，也不能买。 这是最迷惑人的。许多人都认为低位放量好，而事实上有一些低位放量的股票也是不能买的。这种情况，一般多出现在下降通道之中。庄家这时对敲出成交量，吸引买盘，以达拉高出货之目的。

如潜江制药（600568，现名：ST中珠）从2001年12月24日，至2002年3月19日，见底反弹，成交量逐步放大，总换手率达191.70%。这是一个被套老庄的出货方式。它用的是人们的比价心理。因为该股从上市后的36.88元，已跌到了17.76元，人们心理上都认为跌得差不多了，可以做一波了，许多媒体也在这么宣传。

其实，庄家正在进行一波对敲形式的拉高出货，只不过其主力对敲手法很到位，几乎以假乱真。仔细看看，可以发现，它的大部分成交量是在半年线之下。主力想出货，但不愿触及上面的套牢盘，帮股民解套。其后它的特点就更加典型了，不仅没上涨，反而是创出了新低17.60元。所以对这类个股，庄家利用成交量放大建仓的假象，大幅出货，根本不具备大幅上涨的潜能，只会造成更多新的套牢盘。

那么，投资者在实战中该如何分辨其放量的真假呢？

薛枫认为，要抓住最主要的两点区别：一是想出货造假的成交量一般在半年线之下；二是放量之后，股价一路走弱，向下突破。相反，黑马股在启动前的吸货和洗盘期，股价多处在半年线或年线之上且股价是向上突破的。

如秦岭水泥（600217，现名：中再资环）在2000年10月10日开始放量拉高建仓，全部是在半年线之上进行。之后，股价一路攀高。

抓住生下来就会跑的黑马

在采访中，薛枫说："在实战中，还有一种特殊的现象，那就是职工股和增发股票上市之日，往往也是一个跑出黑马的特殊机会。而这种情况，大多是主力在一日内快速完成建仓。之后便迅速拉高，我称这类股票为'生下来就能跑的黑马'。至于能否跑出黑马，就要看其主力是否敢于掏出真金白银。"

他指出，此类个股必须具有以下两点特征：一是增发（或职工股）上市当日成交大幅放大，震荡幅度并不剧烈，显示有机构投入巨资，抢收筹码；二是此类股票之后的走势一般都很强劲，庄家洗盘始终不击破增发当日的最低价。

如韶钢松山（000717，现名：中南股份）在2003年2月17日增发1.116亿普通股上市，当日换手率18.17%，成交4483.86万股，主力趁增发当日持股者心态不稳，急于兑现手中持股，敢于投入巨资，快速完成建仓。之后该股两周内虽反复震仓，但始终未破增发当日最低价8.19元。3月3日，该股放量创出近期新高，表明主力急于将股价拉离成本区，一只黑马就要诞生。此时果断介入，便能轻松地抓住这只黑马的主升段。

2000年薛枫适时捕捉到的大黑马青山纸业（600103）也是如此。当时，该股在6月20日有11921万股的职工股上市。20日和21日共成交4983.75万股，换手率11.17%。主力也是用同样手法在两天之内抢购廉价职工股筹码，从而快速完成建仓。随即，该股由8.51元一路上涨至除权前的17.82元，涨幅达118%。

还有一只个股就是东方电子（000682），堪称该类股票中的典型。该股在1999年12月27日有2.318亿职工股上市流通。当日共成交4983.75万股，换手率6.3%，主力借投资者大量抛售之际快速完成建仓，随后一路拉升，历时26个交易日，股价由14.50元拉升至45元，涨幅高达210%。（图4.4）

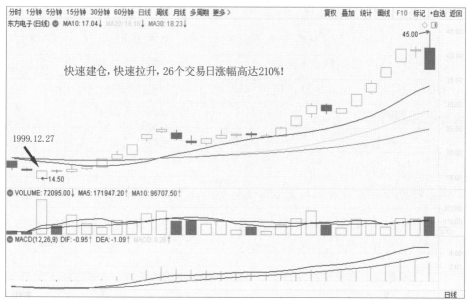

图4.4 东方电子走势图

讲到这，薛枫强调说："这种生下来就会跑的黑马，机遇难得，它一般具有'三快'特征：建仓快，洗盘快，拉升快。投资者一旦发现该类个股，应在主力有拉离成本区的迹象时，毫不犹豫地果断介入，实战中往往可以在短期内取得较高投资收益。"

"白金通道"使利润最大化

在股市里常看到一种现象，就是许多投资者也有幸骑过黑马，可是他们大多没赚到什么大钱，极少有人能吃到整个主升浪。薛枫认为，这是因为庄家会在上升通道中反复震仓所致。

为了让自己的利润最大化，第一是学会忍耐。多年来，薛枫所赚的每一分钱，都可以说是忍出来的。耐心才是制胜的关键。第二就是要懂技术，会看盘，不到主力出货不出场。他通常用11日 EXPMA 指标来判断出场时机。他把它称为"白金通道"。它可以让你在主升浪中，面对震仓轻松持股。

如薛枫在2003年6.40元买入天津汽车后，庄家分别在3月10日和3月18日两次震仓，都止跌于白金通道以上，成交萎缩。4月10日换手率站上10.31%，是即将见顶的迹象，但目标位（5.59×2=11.18）还未到。所以，他决定短线谨慎持股。

靠着这种方法，薛枫在操作许多黑马股中，都做到心中很坦然，往往都能获取比较大的利润。

记得2000年薛枫在操作天兴仪表（000710，现名：贝瑞基因）时，该股自2000年10月23日创新高进入主升浪后，历经5次洗盘，股价依然保持在白金通道之上，从16.67元拉升至33.40元。

"白金通道"是薛枫持股的一个重要指标，但不是唯一的依据。另外，股票的即时走势、大盘的情况都应顾及到。如薛枫在持有天津汽车这只股票时，在2003年4月16日，盘中发现了4条卖出的理由：

第一，该股盘中两次冲击10.50元未果，说明抛盘很重，股价有回调要求。

第二，大盘上午冲高 1649 点，收出长上影，短线见顶。

第三，连续 3 天成交大幅放大，这在高位是个危险信号。

第四，此时的最高价离目标位只差 0.68 元，没有必要为 0.68 元冒更大风险。

所以，薛枫在下午 1 点 50 分在 10 元以上清仓。从操作这只黑马股的过程发现，该股建仓、洗盘、拉升的走势，充分反映了庄家的控盘技巧和操盘艺术，整个过程犹如一部黑马教科书，投资者可以仔细体会，如果在盘中发现类似这样的个股，绝对不能错过。

"黑马"小时候都是"丑小鸭"

什么时候是捕捉黑马的最佳时机？

人们常爱谈论股市的利好和利空，要薛枫看，股市最大的利好当属急剧下跌，因为这是"创造"黑马的最佳时机。还有一点，已经飞奔的大黑马，看起来是那么光彩夺目，可它们小的时候是什么样，却很少有人去注意。因为它们在小的时候，都是些被人不屑一顾、长得十分难看的"丑小鸭"，几乎无一例外。

还记得 2002 年 1 月 22 日，大盘已经连续 6 周收出了阴线，当时连最坚定的多头股评也都全线看空 1200 点以下。近 80 只个股跌幅超过 9%，市场一片恐慌，股市在人们看来就像一个无底洞。上午大盘反弹摸高到 1400 点后就开始盘跌，下午 2 点后已破前一日收盘价，看来当日已无行情。当日大盘反弹虽然失败，但反弹的力度却是下跌以来最大的，看来已经有先知先觉的机构在建仓。

薛枫一直在盯着自选股中的一只股票南华西。当时他之所以关注它，就是因为它"长得太丑"，有点吓人。一是该股从 19.28 元已跌至 5.94 元，其流通市值一直排在后 40 名，这在 3000 多万元的盘子中，可算是市值最低的了。

二是自它跌破14元后，盘中已无获利盘。三是当日该股因年报预亏跌停。当时薛枫根据以上三点判断，如它第二天再次跌停，极有引发大幅反弹的可能。他决意第二天重点关注。

1月23日，南华西如期跌停，大盘在上午大部分时间一直在前一日收盘价以下运行，接近上午收盘时大盘指数冲上前一日收盘价，南华西也同时有打开跌停的迹象。买点到时要果断，薛枫随即高打6.08元追进。没多久，这只"丑小鸭"就变成了光彩耀人的"大黑马"。对所有钟情于它的人，它都给予了丰厚的回报，薛枫也从中获利不菲。

同样，在2003年1月初，薛枫捕捉的ST华靖（600886，现名：国投电力）这匹黑马股，也是从低价股部落里飞奔而出的，当时它也是一只跌得不像样的"丑小鸭"。

1月2日，该股在5日跌幅排名榜中进入前12位。资料显示，股东人数下降了33%，机构建仓迹象明显。薛枫仔细对盘面进行分析发现，该股自2002年8月13日的13.95元跌至2003年1月2日的7.23元，成交萎缩，庄家无法出货，属于典型的打压。1月2日它的最低价已接近零获利区，在这一带个股抛盘消失，极有可能上涨。

1月3日，该股一个跳空高开，多头已占优势。薛枫趁当日回荡，逢低建仓。此后，这只"丑小鸭"给了他77.8%的丰厚利润。

提防主力欺骗手段，底部、高位防"地雷"

薛枫在采访中还坦诚地对我说：股市是成与败的角逐场，那里既铺满闪亮的金子，也布满数不清的陷阱。为了操作和利益的需要，主力常常采取一些欺骗手段，布下"雷区"，让你上当。

就拿眼下广大投资者用得最多的技术指标KDJ来说吧。这一指标的常数是这样计算得来的：（收盘价－N日内最低价的最低值）/（N日内最高价－N日内的最低价的最低值）×100%。庄家完全可以通过对敲，"做"出一个最高价和最低价，从而控制 KDJ 的短期走势，以加速或延缓 KDJ 的见顶或见底，使投资者对短期的走势产生误判。

不仅如此，庄家除了有意改变一些技术指标外，还常常利用投资者在底部和顶部判断上的一些误区，布下一些陷阱，引诱你走向"雷区"。在底部区，他们通常采用的欺骗手段是：

凶狠下挫，制造"骗线"。 这种情况常出现在底部，当主力手中持有的股票达到一定程度足以控盘后，这时股价的形态将呈现一定上升趋势。为了进一步降低成本，减少跟风者，主力可能集中力量，大量抛售，使股价迅速下挫，甚至于跌破大家公认的重要支撑线，把技术图形做得十分难看，利用散户的惯性思维，操纵股价走出与当前广泛被关注的高位下跌股票类似的图形，使散户误以为股价还将大幅下挫，从而吓退广大投资者，让他们在低位卖出。然后他们再在下面挂上买单，尽收散户因恐慌而亏损抛出的廉价筹码。

制造虚假成交量。 庄家可以结合骗线，在低位制造价增量缩或价跌量增的假象，诱骗散户卖出低价筹码。

把技术指标做高。 利用当时市场上技术指标被广泛使用的氛围，借着在底部吸筹股价的小幅推高和产生的小幅反弹，有意把 KDJ、RSI 等技术指标做高，使大家误以为已经超买，从而低价出局。

发布虚假信息。 有的主力以利益均沾为诱饵，拉拢上市公司，发布一些不利于股票上涨的"利空消息"，让投资者失去信心，抛出手中筹码。而当股价居于高位时，因主力已获利丰厚，他们急于将手中的股票脱手，好让广大散户接过"烫手山芋"。这时，主力通常会采取以下欺骗手段：

◆ 在共同利益的驱动下，让上市公司不断发布利好消息，让广大投资者以为这只股上涨空间无限，积极跟风，以在高位接过他们手中的筹码；或适时推出高送配方案，从表面上将股价降低，再拉几根阳线，以营造填权的氛围，诱骗投资者在高位接货。

◆更多的主力为了达到高位出货的目的，会在大幅快速拉升到达高位后，主动回调，进行较长时间的震荡盘整，使投资者渐渐淡忘股价已经很高。这时庄家若再通过对敲，使成交量放大，并辅以价升的形态，则会使众多的投资者以为低位放量，匆忙介入，从而正中庄家下怀。

◆把技术图形做得很漂亮，使投资者感到其上升通道已打开，"钱图"无量，放心大胆地勇敢介入，从而被套于高位。

◆在高位进行窄幅震荡，造成再次向上突破在即的假象，一旦假突破吸引进众多接棒者，股价便会迅即下跌。

当然，主力在操作中的欺骗手法远不止这些。投资者在实战中一定要擦亮眼睛，为了识破庄家布下的迷惑阵，关键是认真分析，摸清主力的建仓区，掌握其平均持筹成本，在低位时不怕恫吓，勇敢介入。一定要头脑清醒，切忌追高，远离庄家成本区的高位，以免误进高位雷区而被套其中。

刘　鸿：

> 股市给予我的，不只是一桶耀眼的'金子'，更多的是一生征战用之不尽的知识和技艺。

当他近在眼前，你绝不会将他与"凶悍杀手"的称谓联系在一起。然而，多年的股市征战，他正是靠着凶悍的操盘风格，替"庄"行道，创造出一次又一次的辉煌。

投资简历

个人信息

刘鸿，男，1973年生，江苏苏州人，大学学历。

入市时间

1996年。

投资风格

追求低风险的稳定盈利。

投资感悟

对热点板块轮动应保持清醒的头脑，绝不可见涨眼热而追高。

第5章

△

刘鸿和他的"白金法则"

——记机构操盘手刘鸿制胜股海的成功之钥

刘鸿是股市的一个幸运儿。许多人入市多年，仍在坎坷的路上艰难行进，而他入市不久，就有幸走向了股市的"核心"，走近了决定股价涨跌的"庄主"。

那是1996年。大学里原本学建筑设计的刘鸿，被中国那如火如荼的股市所吸引，最终，他放弃了自己的专业和当一名设计师的理想，毅然投身股市。

其间，他经历了辉煌的成功，也饱尝了失利的苦涩，在感受了股市的酸甜苦辣之后，有幸成为国内一家知名机构的工作人员，跟随业内资深的高级分析师薛枫，当上了一名操盘手，从而进入了投资股票的活的"课堂"。

虽然那段日子对他来说是枯燥的，每天就是根据"指令"敲单，或做开盘价、收盘价，时常根据需要，进行对敲，有时一天"敲"下来，手指头生疼，甚至吃饭拿筷子都不能打弯，但他从开始炒股就走近了主力，了解到了许多坐庄的"核心机密"，并亲身参与和感受了一只股票从融资到吸筹、洗盘、拉升和出货的全过程。

尤其在1997年年末至1998年，他参与了沪市一只著名股票的操作，使股价翻了几倍，最后实现了主力胜利大逃亡的全过程。这一载入他炒股历史的辉煌战绩，不仅展示了他的才华，更使他的操盘技艺得到全面提高。

看着股市那跌宕起伏的 K 线图，回忆着那捷报频传的日子，刘鸿感慨地说："在多年的风雨历程中，股市给予我的真是太多了。那只是一桶耀眼的'金子'，更多的是我一生征战都用之不尽的知识和技艺，那可是用金钱也难以换得的宝贵财富呵！"说着，他把自己多年操盘获胜的"绝活"，毫无保留地抖搂了出来……

选股五大绝招

简单来说，股票投资无外乎选股、买入时机、卖出时机、买卖价格等。而选股是第一步。股票选得好，会事半功倍。刘鸿也非常重视股票的选取。在多年的实践中，他也总结出了一些选取股票的方法。

选涨幅小于100%、股价小于10元的股票。 多年来，不论是机构操盘还是委托理财，在出资方、操作方和监督方这三方签订"协议"时，其在选操作对象中，通常都有这样一个条款：两年内涨幅在100%以下，最好股价在10元以下。这几乎成了一条选股的原则。

换句话说，只有这类股票，套牢盘少，上涨的压力小、空间大。既然机构主力在选股票时，都有这样一个明确的"协议"，那么就不难看出，两年内涨幅在100%、股价在10元以下的低价股是最易跑出黑马的了。

这种典型的例子很多。如2003年崛起的大黑马股一汽轿车便是一例。该股从1999年到2003年，一直在4 ～ 7.50元震荡，没有大的行情产生。2002年"6·24"之后，该股在周线上一直保持着一个向上的跳空缺口未补上。2003年1月，该股开始突破，股价一路上涨至12.54元。

再如在1998年的重组年，国能集团（600077，现已退市）也曾是一匹彪悍的大黑马，该股的情况也如此。自1997年上市以来，它一直以箱体震荡的形式，在低位徘徊了一年多，直至1998年4月，其股价突破10元的箱顶，随后一路飙升，从1998年一直做到1999年的"5·19"的35元，整个行情跨年度。

从这类股票的飙升过程来看，在它们的启动初期，一个共同点都是长时间地在低位震荡，股价都相对较低。明白了这一基本点，你在选股时，也要遵循机构的选股思路，在涨幅不大的低价股中去寻找目标，就不会像有的投资者那样，去抢下跌中的正虹科技了。因为它是从6元的股价已经狂涨到22元了，不符合上述的两个原则，所以也就不应进入你的选股范畴。

跟踪5天换手率和5天涨幅前10名的个股。 5天换手率较高个股，往往是近期短线资金追捧的个股。5天内涨幅较大的个股（必须由盘整区刚刚启动，从起涨点开始，涨幅在20%以内），也比较容易引起短线资金的追捧。这类个股活跃，上升动能强，投资者可以逢低介入。

如2003年4月2日，刘鸿在盘中发现中信证券（600030）5天内的换手率达39.32%，换手率排名第三，5天的涨幅排名第二（除新股外），收盘价创出新高，短线上攻要求强烈，便果断介入。随后该股由7.10元上涨至9.28元。同天，上海航空的换手率达47.24%，除新股外，当天排名第二，收盘价也创出近期新高，上攻潜力很大。介入后，该股从8.19元很快涨至9.46元，使刘鸿短线获利丰厚。

需要说明的一点是，运用此方法介入时，有些人不易判断当时的股价是否处在高位，为安全起见，最好配合MACD指标低位金叉，这样不至于追高被套。

寻找"知错就改"的股票。 这类股票的主要特征是在股价正常运行时，突然出现一根大阴线，第二天马上收回。第二天的涨幅越大，说明股票上涨的力度就越强。这种形态的产生，往往是庄家的一种洗盘行为：利用第一天的大阴线，让持股的投资者感到恐慌和焦虑；第二天股价再次收回时，投资者怕再度被套，于是便将股票卖出。而这时庄家却正在收集筹码，为进一步的拉升"加油"。

如钱江生化（600796），于1998年10月12日在其上升途中突然下跌

5.97%，跌破了20日线，也就是说，20天内购买该股的股民全部被套。不料第二天，该股以涨停开盘，成交大幅放大至前一日的3倍。在头一天处于万分恐慌中的投资者，害怕再次被套，此时纷纷抢着抛出。而这时庄家则借机大举建仓。此后，该股由18.70元一路上涨到28.58元。

这种"知错就改"的股票，还有一个特点，庄家往往在1～2日完成建仓，成本较高，所以往往短线涨幅较大。当年"5·19"行情的领头羊之一上海贝岭就是如此。

在1999年6月15日经过强势整理后，向下突破5日和10日均线，使持有该股的股民误认为行情已经结束，股价将进行调整。第二天，该股却高开在19.58元（前日收盘18.89元），随即涨停。前一天被套的股民产生了"解套"的错觉，纷纷逢高卖出，而该股却连续涨停，一路上涨至40.50元。（图5.1）

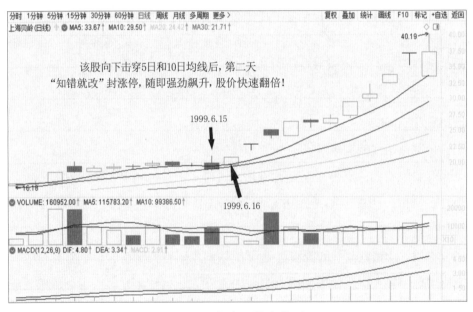

图5.1　上海贝岭走势图

关注长下影K线（扎钉）的股票。这是捕捉短线上涨个股的一种方法。股票在上涨前先扎一根"钉子"，而最好低点出现在上午。

大家都知道，庄家在拉升前往往有洗盘行为，而"扎钉"就是典型的盘中洗盘。它的标准形态应该是，低点出现在上午十点半之前。随后该股一路上涨。不仅当天收复跌幅，往往还以阳线报收。

这种做法常常是主力利用当天消息或基本面的变化，先制造一种恐慌气氛，然后缓缓推升，让持股心态不稳的人卖出，以达到盘中洗盘的目的。其实，投资者如发现这类股票，可于收盘前介入。

如福田汽车（600166）在2003年2月24日利用当天公布的该公司与关联方涉及40亿元购销计划的消息，在开盘之后突然将股价从10.74元打至10.50元，随后缓慢上涨，最终以平盘报收，洗盘行为明显。

随后，该股3天之内上涨至11.95元。3月11日，该股在其配股的除权日，开盘后于9：45将股价最低探至10.72元，随后一路收回，收盘价11.11元。从此，该股一路上涨，最终上涨至15.82元。（图5.2）

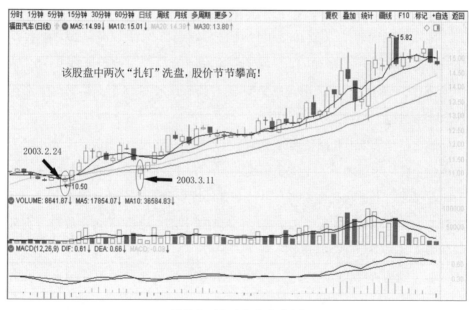

图5.2　福田汽车走势图

恒大地产（000502，曾用名：绿景控股，现已退市）也是如此。在2003年3月18日，其开盘价为14.38元，瞬间打压至13.45元，随后收在14.28元，股价自此开始上涨。该股最后上涨至18.54元。（图5.3）

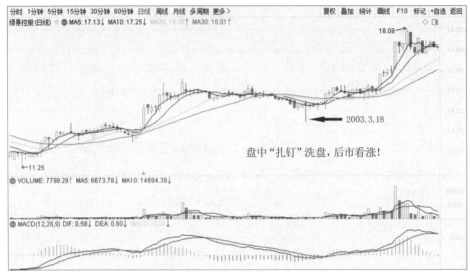

18.08

2003.3.18

盘中"扎钉"洗盘，后市看涨!

←11.25

VOLUME:7798.29↓ MA5:6673.78↓ MA10:14694.39↓

MACD(12,26,9) DIF:0.58↓ DEA:0.60↓

图5.3　绿景控股走势图

再如吉恩镍业。该股2003年12月15日收盘价为11.37元。2003年12月16日突然跳空低开，在10∶10左右下跌至10.88元。当天收盘价11.32元，依然维持在5日均线附近，洗盘迹象明显。其后该股在15个交易日内上涨至16.20元。这是典型的盘中洗盘形态。

关注在年线以上长期整理的股票。年线往往是个股强弱的一个分水岭。而一只个股从年线之下，上涨至年线之上，本身是资金介入的一个表现。如果能在年线之上进行长期横盘，并且震荡幅度保持在一定的空间之内，表明该股主力机构经过长期吸货和洗盘，已经完全控盘。当股票再次放量，突破震荡箱体时，个股就会展开主升浪。

如天津汽车（000927，曾用名：*ST夏利，现名：中国铁物）自2002年6月11日放量突破年线，主力吸货迹象明显。从2002年6月10日至2003年2月底，该股进行了为时9个月的震荡洗盘，成交量萎缩，后再度放量，一波主升浪便随之展开。（图5.4）

扬子石化在2002年6月25日放量冲上年线，之后股价一直在年线之上震荡，直至2003年1月14日，该股突破箱体，展开了一波主升浪。

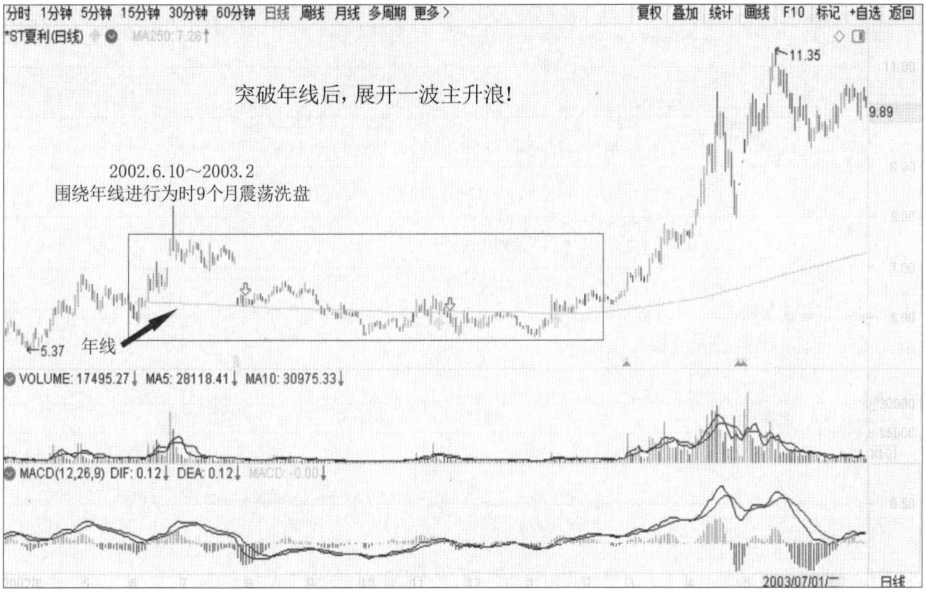
分时 1分钟 5分钟 15分钟 30分钟 60分钟 日线 周线 月线 多周期 更多 >
复权 叠加 统计 画线 F10 标记 +自选 返回
*ST夏利(日线)
11.35
9.89
突破年线后，展开一波主升浪！
2002.6.10～2003.2
围绕年线进行为时9个月震荡洗盘
5.37
年线
VOLUME: 17495.27↓ MA5: 28118.41↓ MA10: 30975.33↓
MACD(12,26,9) DIF: 0.12↓ DEA: 0.12↓
2003/07/01/二
日线

图5.4　*ST 夏利走势图

黑马过滤器

刘鸿说，从多年来的操作实践中，他发现月线是选取中线黑马股的一个重要工具，尤其要关注月线换手率50%以上的个股和低位连续月线十字星的股票，其上涨的潜力非常之大。

当年他选取金丰投资（600606，现名：绿地控股）这只黑马股的情景犹在眼前。那是1999年7月至10月间，大盘处于调整之中。而他发现金丰投资，大盘跌，它不跌，连续收出了4根月线的十字星，且十字星的中心不断上移。再翻看它的月线图，从1997年至1999年5月，几乎两年大都在收十字星。这证明主力一直不断地在洗盘，具有上攻潜力。后来，在经过漫长的等待后，它终于迎来“爆发期”，股票从4元左右涨到58.56元，竟涨了10倍多。（图5.5）

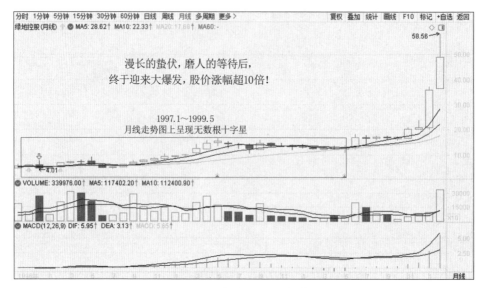

图5.5　绿地控股月线走势图

山川股份（600714，现名：金瑞矿业）也是如此。该股在2002年9月和10月连收两个十字星，成交量极度萎缩。随后该股从17元涨至25元。

风光出尽的亿安科技在启动前的日线和月线做出了许多的十字星，它是主力控盘的标志。它后来的强劲上攻，与诸多的十字星不无关系。

当年龙年启动的大黑马黑龙股份（600187，现名：国中水务）更是这样。该股在1999年12月放量启动，月线换手率达59.8%，随后该股由10元附近上涨到33元。

宁夏恒力（600165，曾用名：新日恒力，现名：宁科生物）在2000年8月放量启动，换手率达53.62%，此后，它由12元附近直逼28.73元。由此看来，月换手率超过50%，说明主力建仓的力度大，后续资金充裕，因为股价是钱堆出来的，所以此后的涨幅巨大，也是情理之中。（图5.6）

在运用月线选黑马时，还有一点十分重要，就是一旦出现"一阳包多阴"的现象，这只股票就很有可能大涨如上海汽车（600104，现名：上汽集团）。2003年1月，该股一根阳线涨幅虽只有17.96%，却吃掉了前面6根阴阳交错的小K线。随后，该股便从8元一路上涨至16.62元。（图5.7）

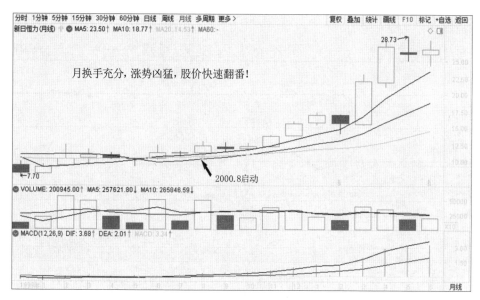

图5.6　新日恒力月线走势图

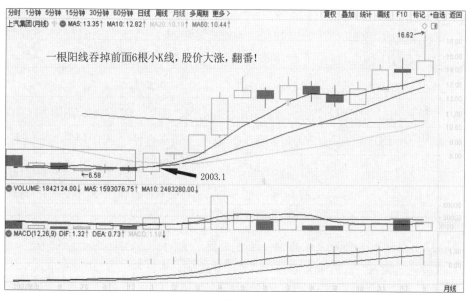

图5.7　上汽集团月线走势图

弘业股份（600128，现名：苏豪弘业）于2000年1月收出一根月阳线，同样吃掉了前面6根小的阴阳交错的K线。随后，该股从15元一路飙升至

33.98元。（图5.8）

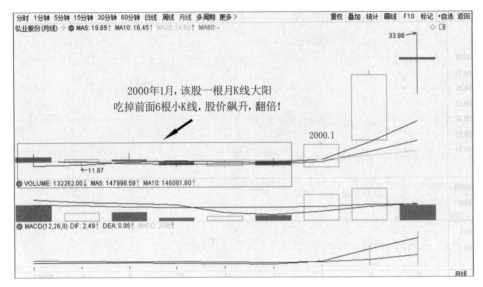

图5.8　弘业股份月线走势图

太极集团（600129）也是这样。该股在2000年10月一根阳线吃掉了前面两个月的月阴线，随后由17元附近一路上涨至34.01元。

在选股时，为了回避风险，选出黑马股，刘鸿常采用周线 MACD 和 KDJ 进行过滤，先把处于空头排列的股票通通过滤掉，然后再看在周 MACD 指标中，当 DIF > DEA，MACD 成多头排列，那么它便进入中短线可操作的区域。同时，周线 KDJ 指标中，也成多头排列。在这种情况下操作，盈利的概率相当大。因为长线的顶部，通常也是中线的顶部和短线的顶部，而长线的底部，也是中线的底部和短线的底部。

拿上海汽车（600104，现名：上汽集团）为例。在2003年1月17日，该股 MACD 和 KDJ 周线同时金叉，均为多头排列，2月28日成交量再次放大，并创出近期新高，形成了一个短线介入时机，当天收盘价是8.12元。随后该股一路上涨至13.47元，涨幅达60%多。

再如福建高速（600033）。2003年2月21日，其周线 MACD 形成低位金叉，周线 KDJ 也成多头排列。刘鸿在3月19日成交量温和放大时于9.10元买入，随后该股上涨至11.60元。

当然，周线MACD和KDJ金叉只是个过滤器，可以大大缩小选股的范围，并不代表所有金叉出现的情况下都能买入。至于介入点，还要通过日线系统再次选择。例如天津汽车（000927，现名：中国铁物）在2003年1月17日周线MACD、KDJ同时发生金叉，刘鸿把它列入关注的个股范围。直到2月27日，其日线系统也形成上攻前的形态，他才介入。

捕捉超跌强势股

"逢低埋单，守株待兔"是借大盘和个股调整之际，捕捉超跌强势股的一种做法。它是用系统交易的方式，防止产生盘中冲动，避免追高和买入不该买入的个股。在具体操作中，刘鸿一般每天预选两只股票，逢低进行埋单，以等待捕捉强势股。2003年4月24日，大盘已进入下跌的第7天，他当时的选股思路就是以捕捉超跌的强势股为主。

于是，他把目光集中在前期走势强劲的汽车板块和能源板块上，预先选出了两只股，一只是一汽轿车，另一只是深能源（000027，现名：深圳能源）。当时，他预测一汽轿车支撑位在8.80元附近，为了防止买价过高，避免盘中的冲动行为，他把单下在8.81元（20日均线附近）。同时选入的深能源，买点设在30日线附近的7.65元。

结果，当日的走势是，一汽轿车最低价为8.63元，深能源最低价是7.95元，两只股票成交了一只。买入的一汽轿车从8元多涨到了12.54元。

这种做法主要是针对无量下跌的强势股。买点事先决定，避免追高。不跌到点位不买，宁可错过，不可买错。大盘好时，一般埋在强势股的10日线附近。而当大盘调整时，应在20日线或30日线附近。用这种方法的好处是，往往能买在个股调整的低点附近，同时用系统操作方式克服了盘中的恐惧心理。

例如，一汽轿车在4月24日这一天下跌了7.91%，最低曾触及跌停板，假若不事先埋单，当时很可能会被市场的恐慌情绪吓退。有不少投资者当时正是见该股大幅下跌不敢买，而第二天见其大涨上去，却又后悔不已。

大盘暴跌，是中线最佳建仓良机

世界著名的投资大师彼得·林奇在《战胜华尔街》一书中曾说过："股市下跌就像科罗拉多1月的暴风雪一样平常。如果你有准备，它并不能伤害你。下跌正是好机会，去捡那些慌忙逃离风暴的投资者丢下的廉价货。"

利用大盘的暴跌，进行中线建仓，这几乎是所有机构的一个共同点。作为一个机构，要想在短期内收购到足够的筹码，就要找到这样一个位置，在这一位置上中小散户肯卖这只股。而散户愿意在什么位置上卖股票呢？一般都是个股在大盘影响下，短线快速下跌，市场产生恐慌气氛的情况下。只有这样，主力才能快速收集到足够的筹码。

也就是说，庄家建仓的个股，很多都在利用大盘和个股受利空消息影响快速下跌的阶段。有时，主力为建仓需要，还有意制造一些利空消息或故意发布一些利空谣言。

例如，在2003年10月30日，大盘已连续5个月收出阴线，这种现象在沪市从1995年以来从未出现过。连续的暴跌，引发市场一片恐慌。索罗斯说过，要做市场中最好和最差的股票。当时，盘中科网股成为主力杀跌指数的主要工具，而该板块中的老牌网络股上海梅林成为刘鸿的首选目标。

该股曾经是人尽皆知的网络股龙头，一旦反弹，十分具有市场号召力。而且该股的股价已从2002年"6·24"时15.90元跌至6元附近，特别是近期缩量大幅下探。盘中显示，该股自跌破12元后，已无获利盘，可见人为打压明显。另外，当日该股因季报利润下降继续应声下跌。市场越是恐慌抛售，越是中线建仓的好机会。

经过反复衡量，刘鸿认为建仓时机已到。他的操作计划是：大盘还没有止跌，建仓以逢低介入为主，6元以下可择机买入该股。11月6日大盘反弹结束，平开低走，再次步入下降通道。上海梅林也在开盘30分钟后击穿6元快速下探。为安全起见，他决定暂时观望，下午再考虑建仓。下午开盘后不久大盘再创新低，而该股却拒绝下调，显示已有资金悄悄吸纳。他便随即分批打入该股。

没多久，这匹大黑马便脱颖而出，奋蹄向上，仅14个交易日，股价便翻了倍，从5.47元涨至11元多，给予了他丰厚的回报。

还有2002年年初建仓操作的深深房这只股。该股从2000年的最高价16.15元一直跌到2002年1月的4.04元，只剩下四分之一的股价。买入后，该股于3月18日很快攀升至11.60元。

同样，在2003年年初，刘鸿趁大盘极度低迷之时，先后角逐一汽夏利、招商银行、凌钢股份等股票，都获得了很大的收益。

短线买点和中线买点：方法大不同

用小时图的KDJ和MACD是捕捉短线买点的工具。

当确定买入目标后，可用小时图的KDJ和MACD指标来确定个股的短线买点。

KDJ指标在低位出现两次金叉，个股将出现短线买入机会。 此时日线应为多头排列，金叉时d值在50以下，而且两次金叉相隔时间较近。

例如山东铝业于2003年3月20日再次回试20日均线后，60分钟图上KDJ指标形成两次金叉，出现短线买点。随后股价由9.60元上攻至12.31元。

MACD指标出现两次金叉，也是个短线买点。 金叉最好发生在0轴附近，而且两次金叉相隔时间较近。

例如，齐鲁石化2003年1月以来一直运行在上升通道中，4月23日开始主力展开主升浪前的最后洗盘，4月28日将股价打压至30日均线附近后再度拉起，收盘在5日线之上，短线有继续上攻的要求。该股4月29日小时图中出现了 MACD 的 0 轴附近两次金叉，此时是短线买点。随后 4 个交易日，其股价由 5 元上涨至 6.15 元，涨幅达 23%。

KDJ 指标和 MACD 出现共振，同时出现金叉，也是一个较好的买点。两个指标最好同时具备上述两个特征。

比如，大冶特钢自 2003 年 2 月 17 日增发新股上市后，盘中有主力建仓迹象。3 月 3 日 14：00，在该股 60 分钟图上，MACD 和 KDJ 指标同时形成两次金叉，这是一个绝好的买点。果然，该股在当日 14：35 启动，其后反复上涨，股价由买入时的 8.30 元上涨至 13.10 元。

值得注意的是，这只是一个寻找和确认买点的方法，并非个股的选股方式。

"好形态"突然遭破坏，中线的最佳买点

"在实战中，常有这样一种情形，就是一只股票的上涨形态走得好好的，突然会遭遇主力的刻意破坏。这种突发的破坏力度有时非常大，而此时有经验的实战者往往将其视为一个中线的最佳买点。"刘鸿说。

莱钢股份即是如此。2000 年年初，它在低位形成一个双底之后，成交量呈均匀放大之态，形成了一个完美的上升通道。从 3 月 17 日，该股缓缓的上升通道开始变得陡峭起来，成交量也进一步放大。从其形态看，有进入主升浪的迹象。

不料，5 月 10 日，该股却突然向下突破近期的上升通道，股价由 8.03 元一下跌到了 7 元。见此情形，很多持有该股的投资者纷纷卖出。但没有想到的是，该股此时却绝尘而去，从 7 元飙涨至 24.30 元。

其实，仔细分析，该股好形态突遭破坏，显露主力在拉升前洗盘的迹象非常明显。就在 2000 年 5 月 17 日，该股股价被打压至 7 元时，其成交量则创出当年 1 月份以来的地量，主力控盘度十分高。投资者如果能及时识破这一点，把卖出变成买入，则会赚一笔大钱。

历史上曾极其风光的亿安科技，当年在拉升前，主力也是采用的同一手段。翻开它的历史走势图即可清晰地看到，1997年该股一直在7元上下的一个箱体中震荡，之后缓缓攀升，在9元左右做了个高位的双平台。

在1998年12月，该股开始放量突破平台整理，主力实施向下"轰炸"，在4天内把股价由9.88元快速打压至7.30元。这实际上为聪明的投资者提供了一个中线买入的好机会。此后该股从7元一路涨上去，直至攀上126元的高峰。

需要注意的是，介入这种突破好形态的股票，有一个重要的条件，即一定要发生在低位。只有在底部启动时，主力刻意破坏好的形态，才是进入拉升段之前最后的震仓，这也是对这类股票，投资者"一卖就涨"的根本原因。

抓热点，不等于追涨

投资者在市场上都懂得抓热点，所以当市场热点出现，都迫不及待进去，而通常他们容易犯的错误是追高。2003年上半年，有不少投资者被套在了汽车股和钢铁股中。其原因就是主流资金在汽车、钢铁、能源和银行四大板块中进行大规模战略性建仓，形成了2003年上半年行情的热点，很多人见汽车、钢铁等热门股涨势强悍，心里痒痒，纷纷追进，以致被套。

正确的做法是关注主流资金的动向，耐心寻找好的买点。要知道，主流资金的战略性建仓产生的热点，绝不会轻易结束。投资者面对热点板块轮动，应保持清醒的头脑，绝不可见涨眼热而追高。

2003年以来，战略性投资者对整个钢铁板块进行大规模建仓。在大盘的配合下，马钢股份（600808）于2003年4月11日被推至9个月来的新高4.08元，当天涨幅达6.65%，换手率7.46%，放量收出一根大阳线。许多散户认为该股主升浪已到来，可能要连续上扬，大举买入。结果，该股在大盘上涨情况下出现滞涨现象，随后展开一波洗盘，使追涨的股民马上被套。至4月25日，该股已下跌至3.49元。

而刘鸿却认为该股建仓后没有充分的出货空间，判定此次下跌为洗盘行为，决定第二天在年线附近逢低介入，中线持有该股。第二天，该股果然探低至3.41元，随后整个钢铁板块行情再度启动，该股也上涨至4.99元。

　　其次，应该看到热点的形成和启动，并非齐头并进。它们启动时间不同，进入主升段的拉升时间也不一致，跟热点可以择机行事。记得在1999年"5·19"行情中，东方明珠率先启动。至1999年6月4日，该股已从"5·19"前的15元涨至33元，涨幅达120%。

　　而同一板块的上海贝岭（600171）则刚刚启动不久，股价从启动时的14元上涨至18.45元，涨幅为30%。于是，刘鸿决定果断换仓。该股最后用19个交易日上涨至40.50元，使他在热点中获得了双重回报。

用30小时线代替10日线

　　在一天4小时交易没结束前，当天的5日、10日均线往往是随股价的上涨和下跌变动的。而改用小时图均线，因其较敏感的特点，就可以在当天的盘中，当个股出现回调时，比较准确地捕捉到它的短线买点。

　　如在2003年1月8日，上海科技（600608，现名：ST沪科）在下午开盘后下探至10.45元，虽然日线图上股价离盘中10日均线10.24元还相差近2%，买点还未到，但其股价却突然探底回升。此时，如果不能在低点买入，就只好眼睁睁地看着股价绝尘而去。而此时60分钟图的30小时均线是10.44元，短线买点已出现，应及时介入。

　　第二天该股就上攻至11.50元。2003年1月10日，该股下午收盘前股价再次被打压至10.79元，下跌3%，日线图上股价离10日均线10.60元还相差近2%，但60分钟图30小时均线是10.80元，短线买点又现。第二天，该股开盘后一路上涨，6个交易日内由10.79元上涨至14.60元。

　　再如上海汽车。2003年4月9日，上午开盘后其股价下探至9.37元，日线图上盘中10日均线为9.28元，而此时60分钟图的30小时均线是9.38元，出现短线买点。该股午盘后一路上涨，6个交易日内由9.37元上涨至12.40元。

抓住收盘前的"牛尾巴"

一些个股启动前一日，往往在收市前利用大单将个股打压至跌幅前列。这类股票第二日高开的概率非常之大。投资者可以在收盘前5分钟关注盘中的5分钟涨跌幅变动较大的个股，及时抓住即将启动的"牛尾巴"。运用这一方法的前提是这些股票要处在上升通道中。

如华源股份（600094，现名：大名城）。2003年5月28日，该股庄家在尾盘将股价从7元附近打压至6.70元，第二天该股高开在7.03元，第三天冲高到7.89元，两个交易日上涨了17.7%。

第一铅笔（600612，现名：老凤祥）也是这样。该股在2003年6月16日下午收盘前将股价打压至最低9.91元，收在10.30元，第二天，股价高开在11.08元，随即涨停。至6月18日，股价摸高至12.22元，两天涨幅达18.6%。（图5.9，图5.10）

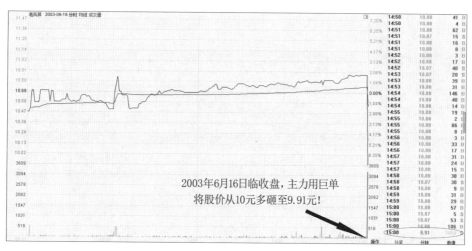

图5.9 老凤祥分时走势图

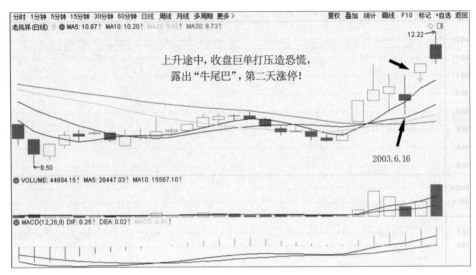

图5.10 老凤祥走势图

　　再如南方建材（000906，现名：浙商中拓）于2003年股价一直沿60日均线形成多头走势，6月20日，该股尾盘突然被汹涌而来的大单砸至跌停附近的10.37元，从盘口看，对敲迹象明显，这种人为造成的放量阴线，是典型的洗盘行为，也是短线介入的一个好机会。果然，该股于第二天跳空高开在10.73元，随后两天强势上攻至12元附近。（图5.11，图5.12）

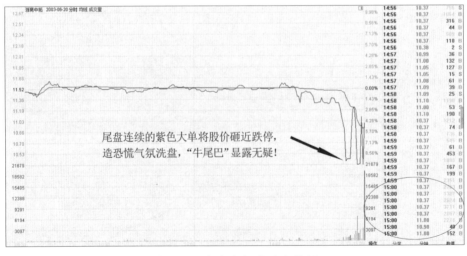

图5.11 浙商中拓分时走势图

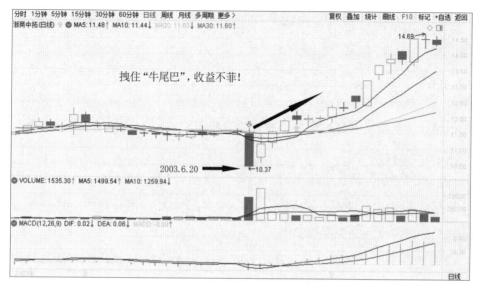

图 5.12　浙商中拓走势图

波段操作的好工具: 周布林线

这是一种适合于震荡市的波段操作方法。在实战中,许多投资者发现买股票不难,但是由于不知道该在什么地方卖出,却一次次地错过卖点,出现来回"坐电梯"的现象。而在操作中使用21周布林线,便可以较好地把握卖点。

先拿大盘来说。2002年6月25日上证指数上攻至1748点,当日收出一根长上影阴线。而此时的周线布林线在1735点附近,短线快速突破周布林线,大盘有回档要求,此时是减仓的最佳时机。

2003年4月11日,大盘周K线收盘在1576点,而周线布林线在1573点,股指已冲出布林线上轨,随时有回档要求,下周股指一旦出现反转形态,应坚决离场。

4月16日,上证指数冲高1649.60点,大幅下跌,尾盘收在1606.24点,日线呈现出阴包阳的形态，加之周线布林线判断，股指已中线见顶，必须马上清仓。

个股也是一样。如聚友网络在2003年4月16日冲高到10.71元之后回落，当日收阴。而周K线图中，股价已冲出21周布林线上轨，有回调要求，随后该股两周内下调至8.92元，布林线中轨在8.74元。这是一个短线补仓的机会。

该股回档后，再次上攻至12元，日K线在5月30日形成了一个长上影阴十字星，换手率11.26%，从周K线看，此时股价已冲出布林线上轨，个股将展开一轮调整，短线必须卖出。

再如恒大地产在2003年1月15日收出了一根放量的十字星。最高价为15.40元，已冲出周线布林线上轨15.18元，股价将展开短线回档，目标位为布林线中轨。2003年3月18日，该股开盘后下跌至13.45元，当时的布林线中轨为13.61元，股价回档中轨后将再次启动，此时可逢低介入。

此后，股价一路上攻至18.08元，直至4月24日，该股见顶回落，此时周线已突破布林线上轨并收出一根长上影，见此便可逢高卖出，以回避调整。

在价值增长型股票中建仓

进入21世纪，中国经济领域的改革正在轰轰烈烈地展开，特别是加入WTO之后，国际市场的规则正在向中国经济的各个领域渗透，沪深股市正在这场深刻的改革之中蜕变，面临着彻底的重生。

从投资理念看，市场的投资者越来越理性化，沪深股市很有可能告别长达十多年的做庄跟风盈利的模式，取而代之的是价值的发现。股价的高低最终决定于企业的价值，那些不能得到市场认可的上市公司，其股票就会失去活力。

从2003年上半年的行情分析，跑赢大盘的股票，仅占总数的20%，尤其是涨幅居前20名的股票，大多是汽车、钢铁、金融、能源类股票，它们多属价值增长型股票。由此看来，主力的选股思路已经发生了很大变化。他们的盈利模式已经由"概念＋资金推动型"变成了"价值增长＋资金推动型"。

所谓价值增长型股票，并不是简单地理解为每股收益高于0.50元或是市盈率小于20。价值增长型股票一般指那些具有较低的P/E（市盈率）、P/BV（市账比，市值与净资产之比）、P/SR（价格与每股销售值之比）、P/CF（价格与每股现金流之比），而且价格偏低，同时利润增长率为正的股票。

2003年年初，刘鸿正是根据主力选股思路的变化，而把建仓的目标锁定在了价值增长型的股票上，买进了一汽夏利、招商银行、凌钢股份和深南电这4只股票，与"庄"共舞，从而获取厚利的。

紧跟大资金进出

在股市里，影响行情走势的因素很多，而资金则是最主要的因素之一。因为股价都是靠钱"堆出来"的，所以从某种意义上说，资金的大小决定着股市的涨跌，尤其是主力的大资金在股市更是举足轻重。因此，全力挖掘主流资金介入的板块和个股，紧跟主力的大资金进出，才能获利。

从有关资料统计得知，2003年1月2日至4月16日，沪市大盘上涨了330点，而同期只有18%的个股涨幅超过指数。另外，2002年6月24日之后一周，战略投资者建仓明显，只要简单统计期间资金流向前50名的个股就可发现，这些个股在2003年1月2日至4月16日同期有60%的个股涨幅超过大盘。

当时，刘鸿在对这些股票的分析中发现主力资金建仓主要集中在大盘低价板块、银行板块和汽车板块，这些被主力资金提前建仓的板块，很可能是贯穿下一轮行情的主线。于是他将这些个股加入自选股中，在此后的行情中已有90%的个股涨幅超过了大盘。

短线操作中，个股跌幅达到买入价的8%时，应止损。刘鸿发现个股在正常上升通道或主升浪期间，其震荡幅度一般很少有超过8%的。所以，一旦个股的跌幅超过8%，往往是主力出货或将要进行大幅洗盘的标志，应及时离场。

操作中，刘鸿还发现80小时线是短线操作的生命线，个股一旦跌穿80小时线，往往会加速下跌，因此，当股价跌破80小时线，应毫不犹豫地止损离场。

无尽的追求

理想是无尽追求的动力。

采访中，我一直被刘鸿在股市那种执着的追求所感染。听着他丰富的操盘技艺和一个个成功的故事，我禁不住问刘鸿："你这么年轻，在股市里取得这么优秀的战绩，真令人羡慕。今后，在证券投资上，你还有什么目标和打算？"

"其实，我上学的时候并不想做一个投资家，而是想做一个像松下幸之助那样的优秀企业家。这些年来，尽管风风雨雨，但这一追求的理想始终没有泯灭。我想证明自己的能力，我的目标是创办一个投资公司，并争取上市。我知道，这条路很坎坷，但是人生应该为理想而活着。我相信，有目标，才会有动力！"刘鸿自信地回答道。

离开刘鸿的办公室，已是华灯初上，看着飘飘细雨中匆匆来去的行人，想着他最后说的那段话，我相信，拥有理想的人是幸福的，我从内心真诚地祝他成功。

马春弟:

> 摸清主力'忍受极限',
> 抢超跌反弹股!

马春弟的交易很少亏损，即使在弱市中也是这样。取得这惊人
成绩的关键在于，他只在市场所有条件都符合他的要求并对主
力的意图非常明了，确信时机已到时，才进场交易。

投资简历

个人信息

马春弟，男，1956年2月22日生。

入市时间

1997年4月。

投资风格

善于潜心研究主力动向，跟着主力的节奏运作。

投资感悟

想在股市取胜，就要掌握股票涨跌的规律；要掌握股票涨跌的规律，就必须摸准庄家的命门。

第6章

△

摸准庄家的命门

——记民间高手马春弟在博弈中
精准破译主力底牌的绝活

已经收盘好久了，但在华泰证券中山营业部二楼的一间贵宾室里，却还是一派热闹景象。许多人围着一位40多岁的中年男子问长问短：

"马庄主，你帮我看看这只股的主力是获利庄还是被套庄？"

"今天我这只股下跌，你给我分析一下，主力是出货还是在洗盘？"

他正在一一回答。这时，只见一个小伙子把他拽到自己的电脑前，用手有意遮挡住股票名称及时间，指着K线图说："马庄主，你别管这叫什么股，用你的眼力帮我看看，明天它是涨还是跌？"

大家一看这阵势，知道"好戏"来了，就一齐围过来观看。

"明天要跌！"中年男子端详了一阵后回答道。

"怎么会呢？今天它收了这么长一根中阳线？"

"我不会看走眼，这根中阳，是主力在做空前放的一个'烟幕弹'，不信你明天走着看……"

"哈哈，马庄主，你真是钻到主力肚子里的'毛毛虫'，了解得那么透，我真服了你啦！"说着，他把手拿开，把K线往后"拉"，一根接一根的阴棒顿时显现眼前。

原来，他调出的是江南重工（600072，现名：中船科技）在前一阵子下跌前的一张K线图，有意来"考"庄主的。在场的人见此，都把敬佩的目光投向了这位聪明的马庄主。

这位被大家称为"马庄主"的中年男子，就是在股海风云里，善于"与庄共舞"的马春弟！

输掉一部"桑塔纳"，换得一条宝贵经验

说起马春弟不同寻常的历练，还得从几年前他与股市结缘说起。

1997年以前，木匠出身的马春弟，做梦都没想到这辈子会与股票有缘，更没想到股市会这么"厉害"。

他原在一家香港老板开的装潢公司任工程部经理，后来自己出来单干，开办了一个装饰公司。他人机灵，又懂行，生意做得红红火火。几年下来，他腰包就鼓起来了。正在这时，照样火红一片的股市，进入了他的视野。周围朋友在股市大把大把赚钱的"示范效应"激励着他。最终，他下了这辈子最大的一次决心：关掉公司，咱也到股市里镀上一身金！那是1997年4月。

马春弟一入股市并没急匆匆地去买股票。他毕竟当过多年经理，在生意场上闯荡过的，没有八九成的把握，他不会动手。他不像有的投资者一入市就先挑只便宜的股票买，而是静静地观察，看哪只是股市的"头头"，就抓哪只。

他这种成熟的理念，让他一入市就逮上了一只大黑马——飞乐音响。这只沪深股市开创之后飘落的"第一片梧桐叶"，真是光彩夺目，王者风范尽显。

马春弟入市的那个月，正是"小飞"向上奋飞的日子，从10元一股，一下子涨到16多元。马春弟15元买的，到16元还不知道走。后来股价回落，

直跌到八九元，后来反弹到15.30元时，他抛了，好在没赔钱。其实他可以再忍一忍，因为"小飞"很快到了16.58元。

他说，他当时犯了股民容易犯的一个通病，就是炒了那只股票，出来后，就不再看它了，即使它再涨，也不再追。其实，"小飞"一年一波，1998年它从9元涨到19.25元，1999年它又从10元涨到19元，多次送配。到2001年它一路疯涨，最高涨到了43.60元。

那时，马春弟对股市还是十分陌生的，朋友说股市赚钱容易，他就来了。通过实践，他一点没感到赚钱容易，而是十分不易。不好好学习，不掌握一定的跟庄技巧，是不可能做好股票的。他在买"小飞"时，正处于它拉升前的洗盘，把他"洗"出来后，它的主升浪很快就开始了。

还有一只股票四川长虹，1999年7月，马春弟在17元左右买的。回头看，那是它在下跌途中的一个反弹，庄家明明在出货，他却听朋友说它曾涨到60多元，当时心里想，说不定它还会涨到那么高呢，就买进去了。结果一直抓到手上。跌了，他还不走，一直指望它还会走好。但它越走越糟糕，令他很失望，在12元时割掉了。当时捂了它一年，损失惨重。

第三只受庄家骗的股票是ST麦科特（000150，现已退市）。这只股在除权前庄家一路拉高出货，在高位横盘长达六七个月。马春弟是在26元买入的。后来它10送8，除权后，一路下跌，他还抓在手里。最后，他在八九元时割了。

说到底，因为当时马春弟没有识别庄家的水平。三只股票的损失，相当于他输了部桑塔纳，但给了他一个重要的启示：想在股市取胜，就要掌握股票涨跌的规律，而要掌握股票涨跌的规律，就必须摸准庄家的命门。

命门，生命之门。在股市里，一只股票的涨跌，起决定作用的，是主力庄家的运作，这是后庄股时代的一个显著特征。只有摸准庄家的命门，随时知晓主力的操作意图，才能立于不败之地。

为此，多年来，他遍访高手，刻苦学习，琢磨，总结，渐渐地摸索出了一套窥探主力动向的方法……

查阅"历史档案"，灵活设置均线

"介入一只股票前，一定要先查阅一下它的'历史档案'，看看这只股票历年来，特别是近年来的表现，然后再找出最实用、最适合于这只股票主力操作手法的均线，进行设置。这是我摸庄家'命门'的第一攻略。"马春弟如是说。

他在操作中通常设置的均线是5日、11日、30日、48日、55日、72日和99日。他说："在操作中，由于庄家手法不同，需要根据庄家的不同特点，进行相应的调整。"

2002年6月，马春弟先后看好三只股票，分别是青海明胶（000606，曾用名：顺利办，现已退市）、新都酒店（000033，现已退市）和深赛格（000058）。6月19日，大盘跌了6个百分点，而这三只股票的形态明显强于大盘，属于上升途中的洗盘。在马春弟看来，在弱市中走势强于大盘的，可以介入，后市的收益要大于风险。他在三只强势股中选了走势更强一点的青海明胶准备介入。

他在介入前，仔细地查阅了青海明胶的历史走势，发现它明显受制于99日均线。在2002年1月31日至3月5日，该股一直受压于99日线，"顶"了15个交易日，都没"顶"过去。直到3月5日该股带量站上99日线，回抽不破，才一路走高。但自6月11日始，股价在横盘数日后，突然以连续5根阴棒向下急打，6月19日，股价跌至14.38元。而此时99日线为14.40元（往往主力攻克了这条线后，此后这条线便是它洗盘的支撑线），他便在此时介入。

之后，青海明胶连涨9天，股价从14.38元一直涨至23.49元。从6月19日至7月3日，涨幅达63.3%。

寻找主力的"生命线"，是获取胜利的第一步。第二步是要摸清主力操作的脾性。从历史上看，青海明胶这只股票的庄家就很凶悍，狠洗，狠拉，一直围绕99日线，只要站上，就能赚钱。抓住了这条生命线，同时还必须善于识别主力洗盘的手法，发现其惯用的洗盘伎俩，否则，你很容易被洗出来。

青海明胶在2002年6月7日开始调整，股价从18.07元连跌8天，股价在6月19日收盘于14.78元。而99日线却从13.98元上升到14.40元，一点没有回头的意思。而此前的2001年5月，该股就曾凶狠洗盘，股价跌，99日线上涨。历史往往会重演，从它的走势上看，这个庄没有"下班"。马春弟就是从它的历史走势，找出比较适用的均线去对付庄家的。（图6.1）

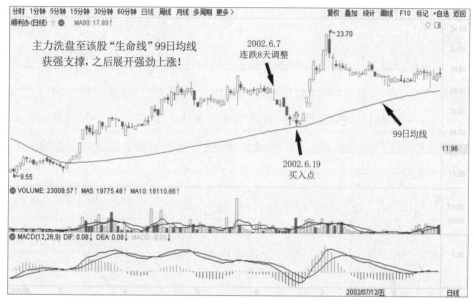

图6.1　顺利办走势图

根据这种方法，马春弟做过的股票还有很多很多。比如东方热电在2003年的春季行情中一直沿着30日线往上涨，而ST华靖则习惯于以15日均线为生命线，只要它们有效突破站上，就可买入，未有效跌破这条线，就一直持股。

中长期均线"两次开花"，在股价横盘的起涨点介入

马春弟在谈到自己的实战经验时对我说，灵活设置多条均线，除了可以

发现主力运作该股的"生命线"之外，还可以及时发现均线聚拢时的爆发性行情。

比如，一只股票主力往往有一个吸纳整理和蓄势的过程，表现为横盘的时间越长，日后起涨的爆发力就会越大。他从多年的实战中发现，爆发的起涨点，主力往往选择在多条中长期均线聚拢为一点向上发散之时。尤其是在突破多条中长期均线后第一次再回到均线附近时，则是介入的最佳时机，成功的概率也最大。

如南玻科控（000012，现名：南玻 A）于2002年4月下旬中长期均线全部汇聚在12元一线，均为向上的多头排列，这是该股2002年年初上穿这些均线之后第一次回到均线附近，引起他的重点关注。果然该股于2002年4月25日一根中阳确认支撑有效，随后引起一轮较大级别的上升行情，最高涨幅在80%，成为弱市一匹耀眼的黑马。（图6.2）

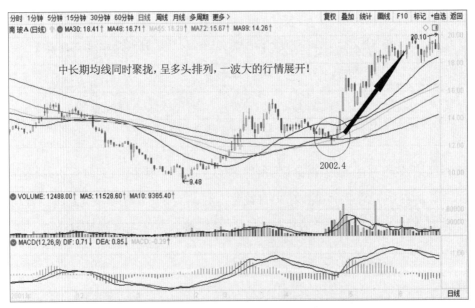

图6.2　南玻 A 走势图

再如，2002年年初，诚成文化（600681，现名：百川能源）在底部止跌企稳后，连续上涨上穿多条中长期均线，3月下旬开始横盘整理，到4月底再次回到中长期均线附近，5月8日一根放量阳线再次确认支撑，由此开始出现一轮较大级别的上升行情，涨幅在30%以上，再次成为弱市黑马。（图6.3）

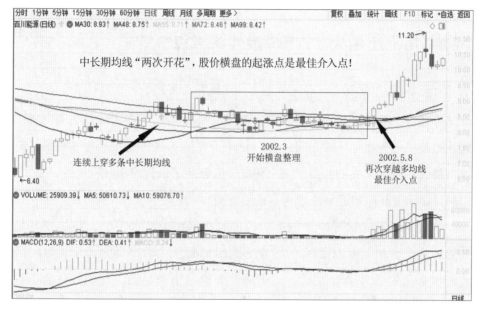

图6.3　百川能源走势图

介入这类股票应具备的条件：

◆ 中长期均线聚拢且向上呈多头排列。

◆ 股价上穿多条均线之后，第一次回到这些均线附近，往往会产生一段较为有力的上升行情。

◆ 在回档阶段成交量呈现逐步萎缩的态势，但在再度启动前有一个再度放大的过程。

◆ 股价上涨干净利落，回抽不破前期所有高点，此时介入收益可期。

另外，在实战中还需要注意的是，尽管多条均线聚拢一点时对股价的支撑力度非常强，但为了稳妥起见，还是应该等到确认支撑的中阳线出现之后再行介入。

判断其出货还是洗盘，选择最佳买卖点

马春弟说："虽然一只股票的生命线对股价的支撑非常有效，但在运行一段时间之后，必然会出现股价跌破生命线的情况。这时候可能是主力出货，也可能是主力洗盘，不管是哪一种，都应该在第一时间先行退出。如果是洗盘，那么在洗盘结束的初期，又是再次介入该股的最佳时机。"

"那么怎么能知道是洗盘而不是出货呢？"我问。

"主力持筹的状况以及他手中的筹码在运作中是否丢失，是窥视其是出货还是洗盘的一个重要标志。在下跌的初期，主力即便是出于洗盘的目的，也必须先丢失少量的筹码。但随着股价的止跌企稳，筹码往往会迅速收回。当股价再次回到生命线之上时，筹码会出现一个显著的增加。而若是出货，主力的筹码将大量丢失，即便股价有一定的反弹，筹码的增加也极其有限。"

"那么，你是怎么判断主力的筹码增减的？"

"监测的手段很多，多年来我采用的是'东北虎'软件所提供的一条多空筹码线，主力筹码每天的增减，一目了然。"

1999年9月30日前，紫光古汉（000590，曾用名：启迪古汉，现名：启迪药业）曾连续3次碰30日均线而不破，作为该股长期运行的一条重要的生命线，却在10月8日开盘之后被一根中阴线彻底击穿。

观察那一天的筹码，马春弟发现主力持筹有轻微的损失。随后股价在30日均线下运行了13个交易日，到10月27日股价重新站上了30日均线。多空筹码线显示，主力仓位大量增加，远远超过下跌前的持筹量。这说明此次下跌是主力成功的一次洗盘行为。

马春弟在10月28日一开盘以12元多的价格果断介入该股，到后来股价再次跌破30日均线时卖出，复权计算，股价已高达56元。（图6.4）

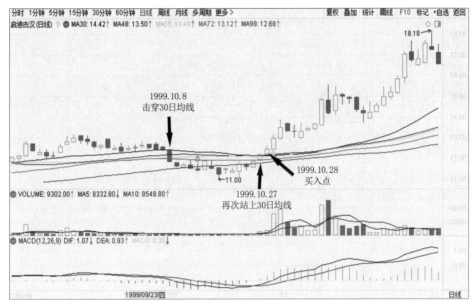

图6.4　启迪古汉走势图

2002年12月10日，横盘长达数月的天利高新（600339，现名：中油工程）突然盘中跌停，一根大阴棒赫然耸立。次日，股价再次下探。主力在"玩"什么？是在出货还是洗盘？

经窥视其持筹状态，马春弟发现12月10日股价往下砸时，主力筹码虽有微小的丢失，但经12月11日多空双方争夺大幅震荡后，主力筹码不仅恢复到前一天未打压前的数量，甚至有所增加。到12月12日，该股收中阳，主力筹码已创出近期新高。从而可以判断，这次下跌是主力的洗盘行为，而且效果明显，拿到了足够的筹码。明确判断之后，马春弟便在13日大胆介入，随后股价稳步上扬。（图6.5）

又如航天科技（000901）从2002年12月9日开始连续5个跌停。观察主力持筹却一直没有丢失，马春弟便将它选定为介入目标。但对这种连续下跌股票的介入要慎重，一定要在其跌停打开后方可杀入。跌停之后的第6个交易日，该股虽又以跌停开盘，但很快打开，他便在此介入。

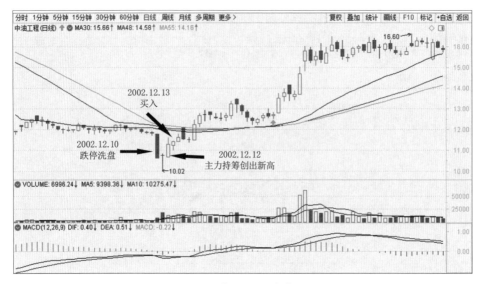

图6.5　中油工程走势图

当天该股从跌停直奔涨停报收。之后，仅7个交易日，其涨幅就达70%以上。丰厚的利润，完全源于他对主力持筹状态的正确把握。

紧跟主力思维，坚持反向操作

一只股票的上涨和下跌，离不开主力的运作。而在股市中，主力的运作，又往往与众多散户的行为相反。如果一只股票散户跟风多，往往上涨的幅度就很小，主力随时都会打压。而如果没有散户跟风，股价往往会连续上涨。因此，要炒好股，还得打好心理战，要跟踪了解散户行径，揣摩主力心态，从而做出正确判断，这也是在股市获胜的一个关键。

股市中许多股票的走势，都证明了这一点。如升华拜克（600226，现名：瀚叶股份）这只股从25元开始下跌，下跌途中散户跟风非常积极，股价就是不涨。你越跟，它就越跌。直到散户开始失望，割肉出局，股价才出

现止跌迹象。（图6.6）

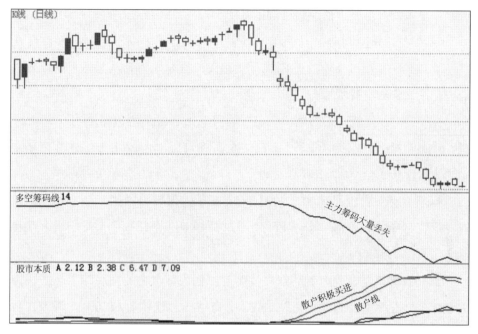

图6.6　升华拜克走势图

　　再比如民生银行，在除权前，股价上涨初期散户不仅没跟风，还有减仓行为。随着股价不断上涨，有一定跟风行为，但力度不是很大。但该股除权之后，在市场填权预期下，有大量散户进场，散户线急剧拉高，这时则是主力做空的最佳时机，股价果然迅速回落。这就是众多投资者最感到疑惑的地方，你不卖它不涨，你一卖它疯涨，主力往往与散户反着做。

　　在股票的上涨过程中，如果散户跟风多，主力就不愿让散户坐它的轿子，就会打压洗盘，此时股价连续上涨的力度就很弱。如果散户不敢跟风，主力就愿把股价继续拉高。为此，我们要根据主力的心态，随时调整自己的操作计划。当一只股票有散户大量买入时，主力肯定不会做多，就应抛弃；而当一只股票处于拉升中期，散户不敢跟进时，主力不会做空，就可以大胆跟进。

　　马春弟永远忘不了他成功操作的长安汽车（000625）和凌钢股份（600231），

就是"股市本质"线和散户线给他壮的胆。那是2003年3月14日，汽车板块的领头羊长安汽车股价已经接近翻倍。

自从它上了10元后，马春弟发现散户大多已"恐高"离场，而此时在"东北虎"中象征股市本质的白线开始翘头，这是主力要从与散户的胶着状态中摆脱出来的重要信号。

同样，"大智慧"中的散户线也开始向下，马春弟便勇猛地在11.20元冲进，与庄共舞。直到4月22日，白线在高位勾头，形成死叉，他方离场，从主力身上捡了个"大红包"。

操作凌钢股份也是这样。2003年4月9日，该股起涨前，散户和主力绞在一起，股价一直不涨。当日涨停后，4月10日一个长长的上影阳线，吓得众多散户纷纷借势抛出。

而马春弟正是在此时看到散户线向下，而象征主力的白线蹿了上来，在9元跟进，搭上主力的"轿子"。仅4个交易日，他就盈利30%。等散户再次跟进，股价早已随着主力的"勾头"而回落了。（图6.7）

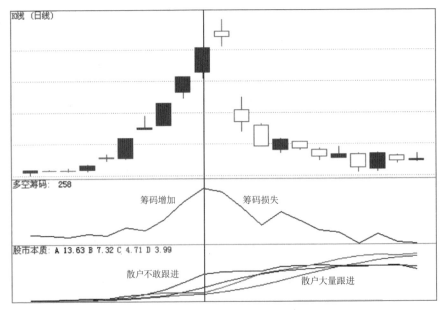

图6.7 凌钢股份走势图

摸清主力"忍受极限"，抢超跌反弹股

主力也是人控制的。它一旦被套，损失惨重，往往也有一个忍耐的极限。到了极限点，主力一定会"生产自救"。特别是超跌的股票，主力如果深套其中，一旦反弹，力度不会小。若能摸清这个"底码"，抓住它的痛点，在它忍受不了的极限位抢入，短线获利的机会就很大。尤其是在弱市中，这种抢超跌股的反弹，是不可多得的获利良机。

记得2002年11月份大盘还处在绵绵下跌之中，但在这种惨淡的行情中，一般投资者都很难寻找到获利的机会，但马春弟知道在那些主力深套的超跌股上，机会正逐步来临。

此时，他发现川投控股（600674，现名：川投能源）在经过连续下跌后，股价已沉到主力成本区之下很远。通过数据分析计算，马春弟估计其主力的最大忍受极限在6.28元左右，于是就等待着这一机会。11月22日，该股在连续跌出两根阴线之后，继续下跌，当天以6.60元开盘一路下行，盘中竟一再击破主力的忍受极限，把股价最低打到5.99元。

见此，他在6元左右果断杀进。当天该股即收在主力的"痛点"之上，以6.31元报收，随后便开始报复性的反弹，几天时间，就飙升至7元以上，让他在弱市中赚了一票。

对锦州六陆（000686，现名：东北证券）的超跌反弹操作也是这样。该股在2003年3月6日一举突破横盘了多日的13元平台向下跌，连续9根阴线，一下子把股价拽到了11元。而经测算，10.96元即是主力的一个忍受极限，此日即为最佳买点。果然，此后主力便忍痛反击，两天就把股价拉回12.56元。跟着它的自救行动，马春弟两天就获利14%。

在操作中，需要特别注意的是：这类股票在股价下跌的过程中，必须是主力的筹码没有减少，即其下跌不是由于主力出货所致。否则，即使跌幅再大，也不可盲目地去抢反弹，以免造成损失。

及时捕获重要市场信息，追击"三快股票"

提前获悉重要的市场信息，是主力拉升运作股票的前提条件，也是投资者能否捕捉到市场快速获利机会的关键。其原理是：若一只股票或一个板块背后有重大利好且这种利好消息很快要变成现实，主力没有充足的时间去吸筹，也不可能在低位拿到足够的低价筹码，只有快速地吸筹，然后快速地拉升，再根据题材的大小、力度、持久性以及跟风盘的情况进行派发，一般派发较快。通常他把这类股票叫"三快股票"：吸筹快，拉升快，派发快。

介入"三快股票"的原则应是：

◆ 追涨不追高。

◆ 在第一时间介入。

◆ 在大盘启动前介入。根据马春弟多年的看盘经验观察，这类牛股往往先于大盘见底，并率先于大盘启动。

比如在2003年年初率先于大盘起涨的上海科技（600608，现名：ST沪科）就是这样。它早在2002年11月大盘尚在下跌时企稳，11月27日正式先于大盘起涨，当日8.60元的最低价此后再未出现，仅仅两个多月，涨幅就达80%，可谓典型的"三快股票"。

同样，2002年年初的深深房（000029，现名：深深房A）也是如此。它上涨的速度和幅度都远远强于大盘，从1月23日至3月19日，大盘涨幅仅24%，而它竟高达187%。

介入"三快股票"还有3点注意事项：

◆ 一是及时发现和迅速捕捉重要的市场信息，特别要关注那些逆势而异动的个股，以便在第一时间骑上即将飞奔的快马。

◆ 二是要注意板块的联动效应，最好是抓某一板块的"龙头"。

◆三是要注意流通盘的大小。一般较小的流通盘，扩张的速度较快，但持续性较差，涨过之后会快速回落或巨幅震荡；而较大的流通盘，日 K 线连续涨停的可能性较小，但一般持续性会稍好。注意到这些特征，便可掌握所介入股票的操作节奏。

摸清"平仓线"，在"雷区"里面找利润

采访快结束时，马春弟突然向我提出一个问题："白老师，对于庄股的融资行为，您是否有所耳闻？"

"听说过一些，但这类庄股，投资者往往视它们为'雷区'，难道这里面也有什么玄机？"

"是的。大家都知道，以前的中科创业，2002 年的航天科技（000901），以及 2003 年的世纪中天（000540，现已退市）的连续跌停，都是因庄家的资金链断裂所致，是极少数主力融资的失败案例。对于不幸触雷的投资者而言，的确损失非常惨重。但这毕竟只是少数，大量成功的庄股融资行为，至今仍在持续不断地进行。只要把握得好，仍有获利机会。

"通常，这类股票的股价累计升幅已经很大，所以它的强行平仓线，一般都比较高。经过我们对市场的调研，发现在 1：1 融资的情况下，绝大多数融资的平仓线在 80%。即从出资方买进开始，股价如果跌破 20%，出资方为了保证自己的利益不受损失，就会进行强行平仓。这便是前面几只股票暴跌的根本原因。

"比如航天科技，在 28 元附近曾有过不规则的放量动作，应是主力融资对敲行为。初步计算，该股的强行平仓线应在 22.40 元。2002 年 12 月 9 日，该股股价跌破该价位后，迅速引发了平仓盘，导致随后出现了 6 个跌停板。"

"那我们怎么才能从这类股票身上寻找到获利机会呢？"我问。

"关键就在对这 80% 的强行平仓线的把握上。"马春弟答道。

通常情况下，包括主力在内的任何一方，都不希望看到强行平仓的暴跌局面出现。因此，当股价接近平仓线时，主力总会想方设法将股价拉离危险区域。这就为我们提供了很好的短线获利机会。

比如 ST 太光（000555，现名：神州信息）在 2002 年 12 月 2 日到 2003 年 1 月 27 日，有过明显的不规则放量，属于典型的主力融资对敲行为。马春弟初步计算，出资方的建仓成本应为 24.40 元左右。也就是说，该股后市绝对不会跌破 19.52 元。之前这只股票跌到 19.77 元时，就被主力迅速拉回，几天时间就回到 22.71 元。如果在接近平仓线时介入，短期效果还是比较明显的。（图 6.8）

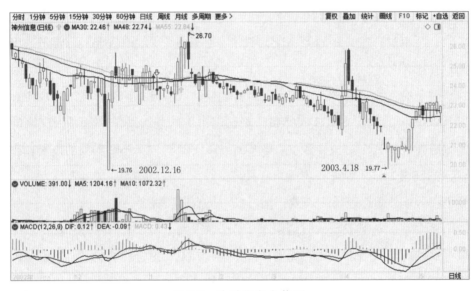

图 6.8　神州信息走势图

但是需要说明的一点是，一般的散户不适宜做这种"虎口夺食"的股票，毕竟失败的可能性还是存在的。一旦发生，后果不堪设想。只有那些对主力行为把握非常到位的投资者，才可大胆尝试这种获利模式。而且，庄股时代已经结束，庄股数量急剧减少，这种获利机会已经很少了。

杜军:

"逮一只黑马，胜炒十只股票!"

被誉为"黑马王子"的杜军，以自己不懈的努力和独特的悟性，在股海里磨砺出一双火眼金睛。他对上千只股票有过目不忘的本领，甚至一两年前哪一天哪只股票的走势异常，他心中都有一本账。这也是他盘中能及时捕捉到黑马的一个绝活。

投资简历

个人信息

杜军，男，1970年生，四川人，本科学历。

入市时间

1997年。

投资风格

力图从盘面和K线的微小变化，洞察主力的蛛丝马迹。

投资感悟

只要功夫到位，盘中的一匹匹黑马就肯定跑不掉，就一定能获取胜利。

第7章

△

我是怎样捕捉"黑马"的

——记"黑马王子"杜军凭借六大绝技
创造年均收益100%的传奇

　　"黑马王子"是华泰证券某营业部的投资者送给杜军的美誉。

　　时年30岁的杜军，虽然入市时间满打满算才6年，可他捕捉到的黑马却已成群。就是靠着这身绝技，他从散户，到中户，继而走进了大户室，成为股友们仰慕的一位股林高手。

　　也是靠着这手绝活，他的年平均收益率高达100%。

"神测"背后有功夫

　　杜军是个神奇的炒手。

　　相比那些经历过股市历史风云的老一辈，他还太年轻，却以自己不懈的努力和独特的悟性，在股海风浪中磨砺出了一身非凡的临盘功底和一双能"穿云破雾"的"火眼金睛"。尤其他在分秒之中能透过K线变化中那极不易被人发现的蛛丝马迹，洞察出轻易不显山露水的主力们的意图的硬功，更是让众人惊叹不已。

事实是最好的验证：

2002年9月26日15∶03，杜军在某财经网上发帖，提醒网友："明日深发展（000001，现名：平安银行）将带领大盘跳水！"

果然，第二天深发展一开盘就低开低走，全天大跌4个百分点，一根大阴棒赫然耸立盘中，大盘也应声而落。随后，深发展跌势不减，以锐不可当的6根阴线，硬是把大盘从1597点"牵"到了1509点。

再看个股。就在杜军预测深发展将带动大盘跳水的第二天，即2002年9月27日8∶17，他又发一帖提示："600338珠峰摩托今日将跳水！关注！"果然，又被他言中。这天开盘后，似飞马奔驰已久的珠峰摩托，不知怎么，像失了魂一样，一下子从"珠峰"顶上滚落"山崖"，几近跌停，最终，结结实实地摔在了跌幅榜榜首！

…………

其实，杜军并不是个神秘不可测的人。近年来，我曾多次采访过他，对他的特点颇有了解。他对1000多只股票有过目不忘的本领，甚至连一两年前哪一天的走势异常，他心中都有一本账。这也是他盘中能及时捕捉到黑马的一个绝活。

"谜底"就在"区区2分钱"

2003年3月5日和6日，我冒雨来到他所在的证券营业部采访他时，当面问起他几件事。

"你2002年9月26日网上发帖说深发展要带领大盘于第二天跳水，怎么预测得那么准？有内部消息？"

"没有。我从不轻信传闻，只靠盘口分析。其实，自2002年8月，我就看空大盘和金融股了。那时我就喊出了'大盘第一目标位1500～1520点，反弹后见1350～1380点'。"

记得 8 月 20 日那天，浦发银行、宏源信托，还有鞍山信托、民生银行等金融股集体放量突破。尤其深发展在这天放量突破了"6·24"以来的平台，创出新高。21 日、22 日、23 日，浦发银行连创新高（复权），而其他金融股却再也无力创出新高，且抛压极重。此盘面特征，已尽显金融股已是强弩之末。

再说 9 月 26 日这天，大盘下跌，而深发展却逆市上扬，盘中一直围绕 14.30 元的价位震荡，下午 2 点 30 分突然放量拉起，做了一个上升收敛三角形向上突破，但至尾市却快速回落。杜军紧盯它突破时的关键位 14.30 元，结果它于 14.28 元收盘。就凭它仅仅相差 2 分钱，收不到 14.30 元，他就断定它已是衰竭之态，必定大跌无疑了！

在 2002 年 8 月、9 月大盘下跌的情况下，珠峰摩托（600338，现名：西藏珠峰）却是逆势走高的好股，许多人都看好它，杜军咋就看出它要大跌的迹象呢？

杜军说，这是他的盘口感觉。主力常常在周末造个大阳线以诱多，珠峰摩托正是这样，在 8 月 30 日、9 月 6 日、9 月 20 日三个周末连续诱多。这三个诱多使杜军对它产生极度关注并开始警惕。当它 9 月 24 日击穿了 30 日线，25 日一个回抽，26 日再度下行，杜军意识到它已显出疲态。这些蛛丝马迹，都是它大跌的先兆，并非杜军随意猜测。

跌市中获利50%

"从网上记载中看到，自 2002 年大盘从 1650 点下跌以来，你不光没亏，还赚了 50%，是吗？"

"是的。我这个网上有名的'大空头'虽看空大盘，但我也不失时机做了几波反弹。"

比如 2002 年 10 月 31 日，大盘跌至 1506 点，杜军判断必有一波反弹，便于当天进场，且在网上发帖"对不起，我投降了"，表明自己全仓空翻多做反弹。在获利后，他又于11月8日开盘后全部抛空。

12月13日开盘后，杜军见华信股份和 ST 圣方科（000620，现名：*ST 新联）有机会，便分别于5.70元和4.50元介入，并立刻在网上推荐。华信当天就封了涨停，圣方科也有不小的涨幅。特别是2003年1月7日他满仓铲底，收益不菲。

"2002年12下旬到2003年年初，大盘跌得如此凶猛，你也不恐惧？"

杜军坦言，2002年12月25日收盘前，他曾感到一种莫名的恐惧，并在下午收盘前5分钟把自己的股票全部出空。26日一大早，他就通知所有的朋友把股票全出掉，而且也发了电子邮件通知几个网友，让他们空仓等待下一个机会。

其实直到被采访时，杜军也不知那一天为什么那么恐惧，原来他还认为反弹应延续一阵，可那天下午他就是这样恐惧，找不到理由的恐惧。也许这就是感觉吧，这种感觉让他又逃了将近100点的跌幅。

12月27日，杜军在某城市投资者交流会上提醒大家，大盘下周还要跌，但当时股价既不是头也不是腰，已处于膝盖位置，离脚（底部）已经不远了！

到2003年1月6日，大盘已形成双头破位，而上海梅林、聚友网络、山西三维等股票，盘中也看似摇摇欲坠。杜军静等它们破位，补跌，因为杜军认为它们的最后补跌，将会对大盘造成有力的杀伤，那才是最佳进场的时机。

结果，1月6日，这些股票涨起来了。这时，杜军的心里已经非常踏实：它们不跌了，大盘也就会企稳了，"脚"，也就找到了。所以，他就在1月7日果断满仓杀入。

杜军是1300多点进场的，大盘涨了这么多，应该说，不管买什么股票，收益少说也都在30%以上。他买的股票很多，先买的是东方钽业、海虹控股、聚友网络、上海梅林等股票，获利后又买入了浪潮软件、伊利股份和 ST 鲁银。1月17日在伊利股份冲高后获利卖出，他转手又加仓浪潮软件。

"为什么选这只股票重仓持有？"

"我做股票从不打无准备之仗。对浪潮软件（600756）这只股我也跟踪好久了。"

2002年12月26日大盘大跌时，浪潮软件也顺势放量收了一根大阴线，放了481万股的量。12月27日，大盘横盘整理，浪潮软件放量强劲反弹。随后，30日、31日大盘继续下跌，连创新低，而浪潮软件虽然仍然收出放量大阴线，但股价却不肯随大盘创新低。

2003年1月2日，大盘再度大幅下挫，而该股成交量却极度萎缩，股价仅仅微微下跌，收出一根长下影线，收盘价仍没创出新低。这时，杜军就倍加关注。

随后，该股跟随大盘连拉5根阳线，股价稳稳站在了12月26日至31日放大量的区域之上，形态上构成了由2002年11月29日到2003年1月9日的小双底，涨势呼之欲出。尤其是1月9日，几乎不用什么量，股价就站在了前4天量区之上，且突破60日线。

于是，在1月10日至13日，杜军在13.30～13.40元的价位重仓吃进，随后在1月16日至22日又继续加仓。1月23日大盘下跌，该股却逆市上扬，列涨幅榜前6名。次日，它更是一个放量突破。杜军在14.80～15元全部抛出。

"你获利的目标位，是事先定好的吗？"

"不是。完全是根据盘口变化。对年初这波行情我先只看1520点。所以，在这种上下震荡的行情中，不会像过去在牛市中抓个黑马至少等它涨50%～60%。行情变，操作的理念和手法都要跟着变。"

在操作ST圣方科这只股时也是这样。当时看到它经几波下跌，股价已跌到4元多，已无风险，杜军便在2002年12月13日买入，于25日卖出，获利近10%。到2003年1月10日，他再次吃进，待它突破上升小三角形拉升之际，于2月17日逢高派发，在它身上又赚了一笔钱。当时操作的实录，网页上都有记载。

听着这些经历，我感到眼前被大家誉为"黑马王子"的杜军，比过去更加成熟了。我多次追踪采访他的往事，此时又一次地浮现在眼前……

一天涨幅20%

2002年1月23日，在沪深股市10余年的历程中，可算是一个实实在在的"黑色星期三"，一个让人心碎的日子！

这一天，绵绵下跌的大盘再次创出了新低1346点，似在万千投资者的心头残忍地插上了一把刀！此刻，面对那"绿油油"流泪的大盘，许多投资者再次无奈地挥泪斩仓……

然而，就在这样一个悲凄的日子里，在许多大户室被抱怨声、打牌的吵闹声所萦绕时，我却在某证券交易所的一间贵宾室里，目击到了让人心动的一幕：

10点左右，就在无情的大盘往下沉的时候，一个眼明手快的操盘手不停地敲击着键盘，专心而迅速地翻看着他设定的自选股，丝毫不松懈地盯着它们在盘中的每一个微小变化。

"北方五环飘红了！注意！"他的一声惊叫，给正在漫不经心看报纸的两名同室股友提了神，他们也立刻调出五环的K线图，把目光一齐盯住这"万绿"丛中罕见而可贵的"一点红"。

"五环要涨停！看来低价股会有报复性的反弹动作！赶快跟进！"他边说，边把银广厦、ST九洲、重庆东源、天宇电气、中国七砂等一只只超跌低价股调出来紧紧跟踪。

接近十点半，当北方五环逆势强劲上攻，将要封于涨停之时，他看到低价股中辽国际（000638，现名：万方发展）仍处于跌停之中，便敲击键盘，毫不迟疑地以3.65元的停板价满仓吃进。

他真是慧眼识"英雄"。10点刚过，在北方五环率先封于涨停的"感召"下，连续几天封于跌停的中辽国际，再也不甘忍受"压迫"，终于在沉默中爆发，疯狂反攻，从跌停直拉涨停，一天涨幅达20%，成为弱市"明星之最"。第二天，中辽国际再次以凌厉的攻势上涨9%。当众多投资者整日抱怨弱市割肉赔钱之苦时，这位善捉黑马的操盘手，却在短短两天大赢29%

后，获利出局。（图7.1）

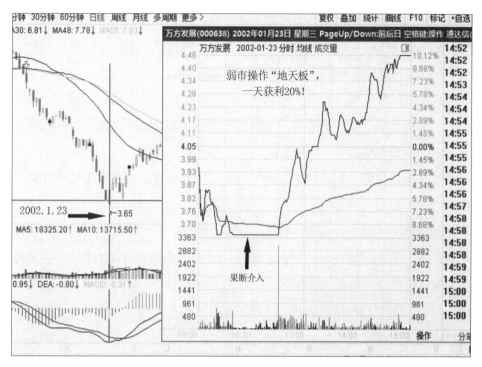

图7.1　万方发展日线与分时走势图

　　他就是杜军，一个当时30岁的职业操盘手。"黑马王子"是他所在证券交易所的大户们给予他的美誉。

两年的心血

　　2002年1月23日，杜军激战中辽国际只是他大战超跌股的一个序幕。

　　1月25日，他赴上海出差。上午车行途中，他每隔10分钟就向他的工作室打回一个电话。当得知北方五环当天以区区60万元就牢牢把股价封于涨停时，他的脑子里敏感地闪过一个信号：主力要炒低价超跌股！五环是率先涨停的。他立刻电话委托，再次杀入低价股。

当晚，他与上海一位著名股评家朋友一起喝茶。当他得知那位股评家朋友正准备在周末媒体上撰文推荐他看好的以清华同方为首的科技股板块时，便力劝他更改主题，提醒投资者关注超跌股、问题股。随即，大盘展开的一波以超跌股为首的波澜壮阔的报复性反弹行情，股价均达100%涨幅的事实，证明了他的判断正确。

"大盘跌成这样，我看到大多数人在赔钱，你却能在短短的时间内获利那么多，能谈谈感受吗？"我问道。

"其实，你都看到了。大盘跌得这么久，这么深，反弹是很自然的事。"杜军答道。

2002年1月18日沪深两市有800多只股票创下了750个工作日（3年）以来的新低。杜军一直在想：如果大盘破1400点，反弹随时可能来临，买进什么股呢？可以说，他每天都在寻找，密切关注着那些3～4元和5～6元的超跌低价股。如果场外资金进场，它绝不会在高位当慈善家，而首先会挑一些"便宜货"赚钱。

至于对北方五环这类超跌低价股的炒作，决断和取胜虽在一刻，但杜军关注它们的盘中"表现"，算起来已有近两年时间了。他从小对于数字和图形，有着一种过目不忘的特殊的敏感。

2000年7月3日，大盘低开低走，一根放量大阴线跌去了30多点，在市场非常恐慌的情况下，北方五环逆势上扬3%。这一幕至今还刻在杜军的脑子里。从那时起，他就对这只股密切关注了。而真正打它的主意，是在2001年的1月。

2001年1月11日至2月19日，大盘暴跌，北方五环则温和放量，再度逆势上扬，走势与大盘截然不同，并接近前期高点，形成W底即将突破之势。

随后的2月20日、21日，主力反手向下砸，进行最后的洗盘。而这时杜军已观察到它的60日、120日、180日线绞在一起且股价始终未破180日线，尤其在3月15、16日，大盘向上连涨两天，它却逆势连跌两天。3月16日（周末）大盘往上拉，它尾市却往下打，向下击穿30日线。但中期均线全部向上发散。

最后，该股果然从星期一连续上攻，震荡走高，杜军在3月15日、16日、19日买入。4月17日至26日，该股完成了2000年9月20日至2001年4月6日形成的上升三角形的颈线突破的回抽，便逐渐发力向上，股价从8元多直冲到14元多。这次能在大盘暴跌中对低价股炒作成功，可以说是杜军长期跟踪、细心观察盘面的结果。

拽着"牛尾巴"入市

杜军在操作中捕捉飙涨的黑马股的理念，始于他投资股票市场的初期。

他大学毕业后，原本在一家国营外贸出口企业当英语翻译，后调至省供销社，从事家电销售、大宗物资如白糖批发等工作，压根儿就没想过涉足股市。一个偶然的机会，使他与股市结下了缘。那是在1997年8月的一天，他和一个亲戚聊天。那位亲戚告诉他，自己在股市45元买的深发展已跌到33元了，严重被套。不过，她仍对深发展充满信心，认为它一定还能涨上去。这次交谈对杜军影响很大，勾起了他到股市试试自己智商的欲望。

当时他想，深发展这只大牛股跌这么多了，挺便宜的，刚好这时他在银行里的3万多元国债到期，就取出来买了100股深发展。结果买后，它又跌，跌到31.50元，他又买了100股。买后，它还跌，跌到30元，他就又买了100股，直到把钱用完。当时他一点也不害怕。之后，深发展跌到29.50元就止住了。后来，它实施送配后又填权，杜军熬了两个月。有一天，见它放了1亿元的天量，他便把它卖了，赚了30%。

拽着深发展这只大牛股的尾巴入市的杜军，在赚了第一笔钱之后，便对股市产生了浓厚的兴趣，从此一发而不可收。他的好运也不断，一只黑马卖了，紧接着他又逮住了另一只黑马——深能源（000027，现名：深圳能源）。

他在18元和20元买进后，深能源很争气，三个星期就冲到了27元。但他那时不懂获利了结，不懂止损，赚了50%没跑。当时深能源10送10，他一厢情愿地等它填权，结果它一直盘跌。这让他从获利到被套。这只股他一直持有到1998年的9月。在它跌到6.70～7元时，他进行了补仓，最后才摊低成本。

炒作深能源的失利，对杜军震撼很大。他开始学习操盘技术，盯盘中异动，了解庄家，观察盘面，增长了不少知识。他深深懂得了炒股千万不能想当然，更不能在下降通道中与庄家耗。

随后，在震荡的行情中，杜军试图采取快进快出的战术做些短线，但效果都不理想。最后他决定采取重拳出击的操作方法，抓住重点股炒作。对基本面和技术面研究之后，他看中了金花股份（600080）和东风电仪（600081，现名：东风科技）。经过进一步分析，最终他选中了盘子较小的东风电仪，一下买进了6000股。

没想到他刚买了东风电仪，金花股份却两个月不到就从17元到23元又10送7，股价翻了一倍。而东风电仪则慢悠悠的。当时它的流通盘1250万股，总股本也才5000万股。每股收益0.40元，净资产是2.60元左右，也比较高，盘子比金花小。但金花是马不停蹄翻了一倍，而东风电仪却像乌龟一样慢慢爬，8个月才涨了2元。

他一时感到很茫然，但他并未否定自己经过独立思考做出的判断。他坚信是金子总会发光，是黑马总会奔腾。

1998年6月大盘开始走下降通道，而东风电仪这时逆大势而走上升通道。"8·17"大跌，大盘连跌5天，东风电仪却连涨了4天，只跌了一天。

在东风电仪这只股上，杜军成功地躲过了"8·17"暴跌（从1400点到1000点），既赚了指数又赚了钱。大盘跌了近30%，他的股票反而涨了30%。1998年9月，东风电仪10送6后，到17.10元时他就卖掉了。（图7.2）

通过对东风电仪的成功操作，他学会了怎么选股，并通过盘中的蛛丝马迹，学会了怎样看强庄股。

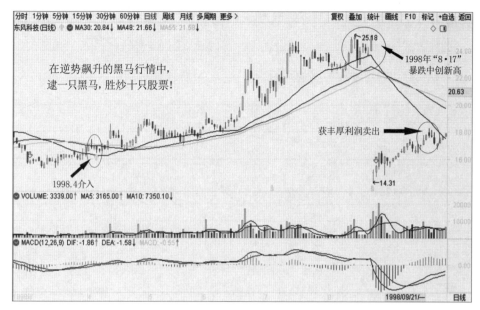

图 7.2　东风科技走势图

之后，他凭着对盘口的良好感觉，又瞄准了天山纺织（000813，现名：德展健康）。这只股他观察了很久。他在13.50～14元的价位，一点一点地买。果然，他独到的目光，又使他逮到一只黑马。打开K线图可以看到，大盘从1998年11月走下降通道，而天山纺织却扶摇直上。当时他真庆幸自己又找到了一只东风电仪。

这只股自1998年5月上市后，有明显的庄家在收集筹码。8月又出了一个很差的中报，结果不跌反涨。随后在9月份14元的横盘中成交量极度萎缩，像画心电图，偶尔出现一两万股，但股价却不下跌。杜军不光自己买，还让朋友买。那时他也敢推荐股票了。后来，他在18元多出来了。（图7.3）

操作这只股票虽然没赚多少，但躲过了大盘从1300点到1100点的暴跌。大盘跌了10%，这只股涨了20%，远远跑赢了大盘。操作这只股，培养了杜军的自信心。同时他深深感受到，在股市里若能逮住一只黑马，真是胜炒十只股票！

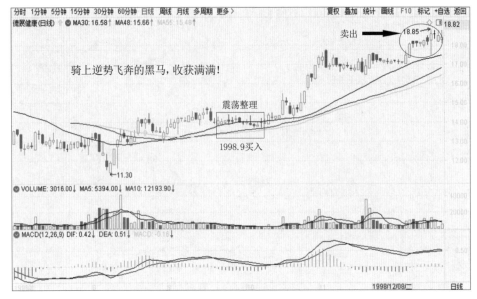

图7.3　德展健康走势图

一箭射双雕

　　杜军以他的聪颖和刻苦，在不到两年的时间内，就成长为一名老练的炒手。到1999年，他的炒技已渐臻佳境，捕捉到的黑马可说是成群，当年的收益率高达150%。

　　且看他的几个案例：

　　1999年"5·19"行情前夕的3月、4月间，大盘阴跌不至，跌得人心恐慌。人们整日哀叹股市不赚钱净赔钱，而小杜却高唱"战歌"，连抓黑马：他先杀入蓝星清洗（000598，现名：兴蓉环境），大盘向下，该股却逆势上扬，从14元直奔18元；接着，他又介入中国高科（600730）和厦门国贸（600755），获利均在20%。这在股市最黑暗的日子里，实属难得！

　　更为少见的是，他炒技高超，能一箭双雕，一天抓两只黑马：1999年6月14至16日，他以13元再度杀入蓝星清洗，17日该股14.73元拉涨停，他获利出局。凭他的眼力，迅即反身杀入跌幅已达2%的漳泽电力（000767，现名：晋控电力），结果该股像是"怕"他似的，从绿变红，冲到涨停。第二天，该股又高开高走，5分钟即上冲17.18元。杜军见其走势图有向下勾头迹象，立马于17元平仓，两天获利就达30%。

再拿他成功操作的南京化纤（600889）来说。2000年1月25日至27日，他分批吃进。3月16日，大盘暴跌，他反而以8.33元加码再度猛吃南京化纤。其后，该股整整上升了一个月，涨幅达80%之多。（图7.4）

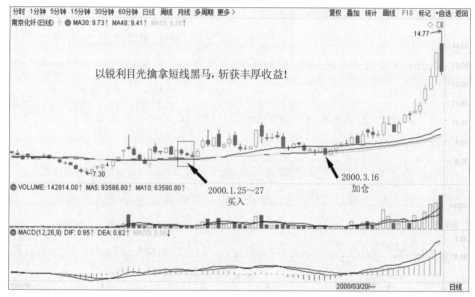

图7.4 南京化纤走势图

捕捉黑马有"六招"

一匹匹黑马，缘何对他"情有独钟"？

他为何本事这么大？有什么捉黑马的奥秘？

当我带着这些问题，走访杜军时，这位文绉绉、纯朴可亲的"黑马王子"却谦逊地说："我哪有什么奥秘，只不过几年来，我潜心研究出一些抓大牛股的方法罢了！"

"能不能透露一些呢？"我问。

"其实，没什么可保密的，"杜军诚恳地说，"概括起来，大牛股启动前常有以下6个特征，也算是我擒拿黑马的6个招法吧。"

特征1：没有经过充分炒作，从K线形态上表现为长期躺底或一两年内震荡幅度小于30%～50%。

特征2：经常有不规则的放量，时常逆大势上涨或下跌。

特征3：中期均线（60日、120日、250日）由下跌转为走平，在温和的成交量配合情况下均由走平转为向上，60日或120日均线上穿年线。

特征4：基本面较差或默默无闻，行业及业绩一般或较差，公布过较差的中报或年报。

特征5：在历史低位经常莫名其妙地放量下跌，或连续出现阴线。

特征6：重套出黑马。一般庄家被套牢的股，最易跑出黑马。

凡符合以上6点者均可做中线关注，可在13日均线或30日均线附近以中、短线的心态介入，再结合60分钟K线高抛低吸。

实战案例：中国七砂

中国七砂（000851，现名：高鸿股份）自1998年6月9日上市之后表现平平，在同年11月27日至12月16日大盘单边下跌市中，恰逢该股向基金配售的500万股上市流通，全部被抛售。但此时该股并未随大盘向下，而是逆势构筑平台。从这一坚挺的表现，足以看出有资金在悄悄吸纳（特征2）。

后来，该股在7.80元至8.80元做了一个长达一年的平台。在这一年当中，该股多次发布预亏或中报亏损公告（特征4）。

在平台震荡时，60日均线悄然上穿250日均线（1999年8月下旬）（特征3），结合该股在1999年"5·19"行情中曾温和放量而炒作力度小于大盘，甚至没有脱离8元的大平台，其上市一年半都在7～10元内震荡（特征1）。此时以中线角度在8.50元左右介入，其后虽在12月底有过跳水，但随后很快收复失地及伴之而来发起一波极有力度的拉升，升幅达70%～80%，收益颇为可观。（图7.5）

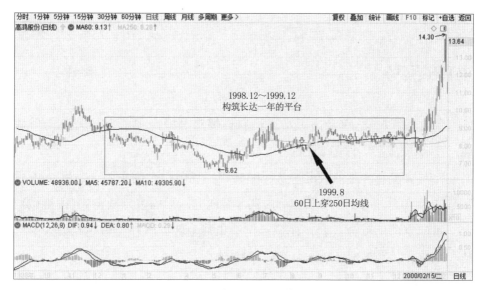

图7.5 高鸿股份走势图

实战案例：南京化纤

南京化纤（600889）自1996年上市以来总体随波逐流，表现平平。但翻开它的月线图，一个收敛三角形态已出现（特征1）。该股在1999年10月至2000年1月期间成交量骤然萎缩。

然而，在2000年1月11日大盘暴跌的情况下，该股却放巨量上扬，虽然尾盘收根阴线，实际上全天都在前一天收盘价以上运行（特征2）。随后，它的下跌看似摸不着头脑，但结合1月17日该股高开高走封涨停板，随后在3月上旬60日均线及120日均线上穿年线形成中期金叉（特征3），此时一个大牛股的形态已清晰可见。

关于特征5也很重要。比如1999年1月28日至2月8日的赣南果业

（000829，现名：天音控股）、1999年11月9日至16日的黑龙股份（600187，现名：国中水务）、1999年1月12日至19日的金狮股份、2000年1月24日至28日的华光陶瓷（000655，现名：金岭矿业）等股票均出现低位连续阴线。

之后，它们便逐渐震荡拉升。可见该信号常为一只股票吸筹完成即将拉升前的震仓，可在震仓结束后及时跟进。

重套出黑马

至于特征6——重套出黑马，这在捕捉黑马中，更要引起关注。俗话说："庄家敢做空，做多才更凶。"

杜军拿曾介入过的湖北中天（000627，现名：天茂集团）为例。该股于1997年10月至1998年6月温和震荡放量向上，后缩量急跌至9元附近做平台，可断定前期资金被套，庄家必定调集资金低位回补，做一轮极大的行情。后来，该股果然升幅巨大，超过300%。

华源股份（600094，现名：大名城）也是如此。该股从1997年7月3日上市后，一直在10元至12元之间震荡。1998年3月开始放量冲破12元，随后送配（10送2），庄家正准备往上做，不料又碰上8月份大盘暴跌，庄家被套其中。到1999年1月5日该股跌到7元多。2月8日，大盘创新低，它却没有破1月5日的最低价（7.11元），且底部放量吸纳，可视为庄家第二波资金进场。

5月18日，大盘再创新低（1048点），而该股始终平台不破。（在平台中，3月26日到4月7日，一串小阳线走得很有个性）。4月13～19日，大盘再次急跌，它却连涨5天，杜军开始留心。

在"5·19"的感召下，6月29日晚，一个朋友问杜军买什么股，他说买华源能源。它在"5·19"中涨幅不大。7月1日大盘大跌，而华源却在6月30日、7月5日逆势上扬，然后回抽，但始终不破8元平台。此时，可清晰看出120日均线上穿250日均线。随即，该股便不理会大盘，它利用利空传闻反身向上，一直不回头，冲至20元。

要"红包"还是接"阴棒"

"几年来，在操盘中我还体会到，要特别警惕'红色星期五'，关注'黑色星期五'。陷阱和花环都可能在这天出现。尤其是一些黑马股在飙升前，常常会制造'黑色星期五'，以迷惑投资者。"杜军说，这是他平时细心观察盘面发现的一种常见的现象。接着他举了几个案例来说明：

2001年3月9日，星期五。天创置业（600791，现名：京能置业）在走出下降通道之后在这一天临收盘前的最后一笔大单，把股价从18.30元砸到了跌停16.30元，使该股收了一根长长的大阴棒。结果，在星期一市场一片看跌时，它竟一开盘即封涨停（17.93元），第三天又是跳空高开，直往上攻。不久，该股便狂飙至24.85元。（图7.6）

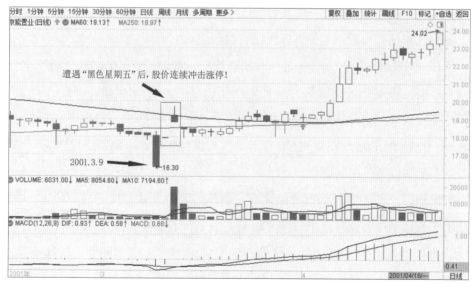

图7.6 京能置业走势图

再拿北方国际（000065）这只股票来说。2001年10月10～27日，K线是收敛三角形，成交量却先不规则放大再逐步萎缩，呈圆弧顶。10月28日、29日放量且股价站在30日线上。11月30日，星期五，收盘前盘中不断有单子砸17.01元、17.02元，而股价并未破从1月21～28日构筑的平台。

杜军考虑到它是从27元跌落下来的小盘股，准备接"阴棒"，抢反弹。于是，他果断于星期一（12月3日）在17元和17.01元买入。买入后，它就立刻上扬，冲至19元。而当时大盘却正处在单边下跌之势。

清华同方（600100，现名：同方股份）也是杜军亲自参与的。2002年1月18日，星期五，大盘仅做强势调整，而清华同方却收了一根放量大阴线。第二天的媒体到处是清华同方出货的消息，一个上海股评家朋友得知杜军要买此股，劝他勿踏地雷。

而杜军考虑到这只股是从50多元跌下来的，股价跌去了三分之二，已创上市以来的新低，如果庄家出货，它为何在周末做了一根放量的大阴棒呢？过去，庄家几乎没有利用利空在低位出货的先例。它的目的就是制造假象，诱空。于是，他还是在17.50元以下果断买入。买入后，该股始终没跌破18元，他在20元以上抛出。

与此相反，再看看星期五收大阳线的股票：

1999年7月9日，星期五。当时从周线看，盐湖钾肥（000792，曾用名：*ST盐湖，现名：盐湖股份）放量创出历史新高。那年大盘在"5·19"末期已见顶回落，它却逆势拉升，创出新高。于是，星期六、星期天，报纸、电台、电视台等众多媒体，还有较多的咨询机构和股评家都纷纷推荐它。该股被列为本周最热门的股票。

然而，人们没有想到这只最被看好的热门股，却从星期一高开低走，展开了它长达半年的调整，把星期一跟进者全关在了里面。（图7.7）

再如燃气股份（000793，现名：华闻集团）。它在2000年3月20～23日连拉4个涨停，随后调整4天之后于3月30～31日再度上攻，星期五收出一根漂亮的阳线，一举突破前期高点，并创出历史新高。当众多的投资者刚刚接过它周末这个"大红包"，它却在星期一开始，扭头向下，步入了漫漫熊途。

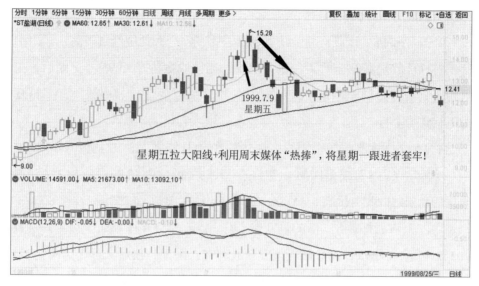

图 7.7 *ST 盐湖走势图

"为什么会有这种现象呢，是种巧合吗？"我问。

"不是巧合，而是主力在出货和洗盘时惯用的一种手法。许多人常依靠报纸推荐买股票，特别是星期六的报纸。如果星期五收根大阳线，它会受到众媒体的热捧，好吸引更多的跟风盘。相反，星期五把图形做得很难看，很吓人，舆论也不会看好，众人闻风出逃，正达到庄家拉升前洗盘的目的。"

关注放量大阳线的收盘价

"在炒作中，我还发现有一种股票中容易跑出黑马。"采访中，杜军一边敲着键盘，一边对我说，"那就是它在走出下降通道之后，在底部经过震荡整理，突然放出一根大阳线，这根大阳线的收盘价你一定要关注。之后再经过充分调整，且股价站在 EXMPA 之上，不低于前期放出的那根大阳线的收盘价，这只股就有极大飙升的可能。"

接着，杜军举了几个他操作过的实战案例说明这一点。

实战案例：信联股份

2001年年初，该股从高位跌下走出了低谷后，在低位经过震荡，于2001年2月27日放量涨停，收了一根大阳线，当天收盘价是15.95元。随后，又进行了近一个月的充分调整，股价均在30日线上运行。其时该股30日线已由下行转为上行。

4月6日，该股收根小阳线，股价站在60日线之上，并且在EXMPA之上。随即，4月9日缩量回抽（注意它当天的最低价为15.96元，比2月27日放出的大阳线的收盘价高1分钱），杜军在4月10日以16.20元买入。

第二天该股即放出3倍的量开始上攻，第三天（4月12日）放量拉涨停收18.54元。4月13日，该股借增发新股利空，瞬间打压后又迅速拉起。4月14日，该股跳空高开再封涨停，黑马飙升的强劲势头不减，仅仅又过了4个交易日，股价就冲上了26.97元。两周不到，涨幅高达68%。

实战案例：中商股份

中商股份（000882，现名：华联股份）在2000年8月5日从34元开始下跌，一直跌到2001年1月16日10送4后的12元，股价接近拦腰斩。2001年1月19日始，大盘连续4天大跌，此股连拉5根小阳线，2月9日缩量涨停。盘口显示有短线资金进场，杜军便开始关注。

2月14～22日，主力再次洗盘，股价几乎又打回原地。随即在2月23日又拉了一根放量大阳线，涨停，收14.64元。2月26日～3月20日股价在30日、60日线上横盘，3月21日一根小阳线，使股价站在了EXPMA之上，股价最低14.64元（与2月23日放的大阳线收盘价同），3月22日杜军在14.75元买入。仅两天，股价便冲高至16.63元，卖出。

实战案例：天创置业

天创置业（600791，现名：京能置业）于2001年3月13日放出一根实质是阳线的阴K线，突破了自2000年11月13日以来形成的长达4个月的下降通道，收18.80元，杜军开始跟踪关注。经6天小阴小阳调整，股价始终未跌破3月12日涨停板17.93元的价。随后，3月22日、23日，该股放量拉至年线以上，并站在EXPMA之上。调整5天后，4月2日最低价为18.81元（比3月13日收盘价高1分）。4月3日开盘19元时杜军介入，两周左右，该股冲至24.85元，收益达30%。

坚持逆向思维，判别真假"逆势"

"在几年的炒股生涯里，我在炒作思路上还一直坚持做到独立思考，克服从众心理，采取与众不同的逆向思维方式。这也是我在操作中屡屡取胜的一个原因吧。"杜军说。

2000年7月3日至6日，杜军经过判断，看到宇通客车（600066）这只股票K线图上的W颈线位放量向上突破在即，便买入。果然，7月11日，该股放量突破。他原本看高一线，但就在这一天，他看到中证报上登了一篇夸赞宇通客车的文章《宇通客车：十年磨一剑》，便先行出局观望。没几天，它中期利润下降的利空消息公布，股价下跌。

早先炒作过的飞龙实业留给杜军的印象也很深，至今他还清楚地记得这只股在1998年5月22日、25日连续两天换手100%。伴随着利好，10送5转2配3，那时杜军已有非常朴素的逆向思维。在19元左右该股放量上涨。许多媒体把它作为热门股推荐，他的几个同事都认为是庄家在吸货而纷纷买入，而他不为所动。他提出一个观点：

这只股从6元涨到20元，股价翻了两番，筹码应在庄家手中。此时放量，筹码只会出，不可能吸。经过盯盘面，这只股果然从20元阴跌到15元。杜军劝朋友赶快出，他们认为下跌无量，不要紧。他说这是最后的逃跑机会，击穿15元，这只股要跌到10元钱。后来它果然加速下跌到10.33元（出了亏损公告，股价当天封跌停）。

当几个朋友在跌停板上排队卖股票时，杜军觉得这正是人弃我取的吸纳机会。他全天盯着它，看它什么时候打开跌停，他就什么时候买。果然下午两点半，100多万股的买单把封在跌停板上的卖单全部扫掉。杜军成功赚了一票。

"小杜，我注意到你成功操作的股票，特别是你捕捉的许多大黑马，都是逆势上扬的。那么，你认为盘中逆势的股票，是否都是强势股呢？"我问。

"许多黑马股能在逆势中上扬，的确表现出了强势股的风范。如我炒过的昆明机床、泰山旅游、河池化工、思达高科等强势股都是这样。但是我认为，逆势的却不一定都是强势股。有的主力常常为了吸引跟风盘，掩护其出货，有时也经常采取逆势上涨，做出飙升的样子，这是要加倍提防的'地雷'。"

接着，杜军举例说明这一点。比如2002年1月下旬大盘创新低，而隧道股份（600820）则不肯创新低。大盘从2001年12月10日开始跌，它从12月10日至2002年1月10日不仅不跌，还温和放量。他从盘口上感到主力逆势拉升，实际上在出货。

再比如金宇集团也是如此。2001年12月5日至31日大盘单边下跌，而它却走上升通道拒绝下跌。2002年1月，在大盘创新低的情况下，它却未创新低。随后大盘涨，它不怎么涨。从2月到3月，该股始终围绕半年线震荡。4月2日，大盘跌，它在半年线上收了一根小十字星，拒绝下跌。4月3日，再收十字星。

4月5日，趁回荡时杜军于16.80元介入，当天收17.32元。4月12日，星期五，该股一路走高，收一根长阳收盘18.28元。他凭感觉，主力在诱多，判断这只股要跌，便立刻果断抛出。果然，星期一，一开盘该股仅瞬间冲高便绵绵下跌，不久，又跌回到16元附近。

由此看，逆势上拉的股票，并不一定是黑马股。而区别两者的关键，杜军认为首要的条件是股票的价格一定要处于低位才行。当年昆明机床是从8元跌到4元多而逆势拉升的，它的历史低位才3元多。而高位逆势拉升，则应怀疑是主力派发。

操作原则及介入时机

当我问杜军，在实际操作中应如何把握他所谈及的捕捉黑马的条件时，他回答，除了弄懂这些条件的含义外，操作原则和介入时机也很重要。具体有以下几点：

一是所选的股票。 优先选择可做中期的股票。

二是中线介入的时机。 一般选在年线走平趋上的时候，此时中期风险较小。

比如杜军曾炒过的泰山旅游、莱钢股份，均是在年线趋上之际，展开一轮逼空行情的，涨幅都在150%以上。华光陶瓷也是如此。在2000年3月23日于年线处收出一个"十字星"，24日大盘下跌，它逆势上扬，杜军便果断跟进。该股从此一发不可收，从14元直炒到23元多。

浙江东日更是神奇。2000年3月1日，杜军惊讶地发现，它的60日、120日线上穿250日均线，出现惊人的同一价格11.69元。这一标准的、奇特的金叉，说明庄家志在长远。加上该股此前没有充分炒作过，盘中不时出现边打压边吸货现象，他便断定该股处于世纪大底，必将上攻，于12元介入。其后该股果然攻势猛烈，跟进者均获大利。

三是不要追高。 拉升幅度超过20%的股票一概不碰，而确实是大牛股的话，也应当等它拉升第一波后经过调整后再介入。

四是操作心态要稳且要严守操作纪律。 赢了要总结经验，输了要总结教训；对了要见好就收，错了要"见不好也要收"。获利就跑，见势不妙也要跑。

2001年1月4日，杜军买入清华紫光，它当时的股价是54元。杜军看到它中短期均线全部支撑且形成W底，便介入。可第二天它却低开低走，他见势不妙，立刻在53.60元止损出局。之后该股一路狂跌到十几元。

又如在2001年8月6日，杜军于14元买入昌河股份。8月7日它放根大阳线，然后三根十字星，做出一副蓄势上攻的样子。到8月14日，指望它上冲，不料它却平开低走，杜军便在14.60元逃走。后来该股一直跌到7元多。

一个"变"字，功夫在盘外

在采访杜军的日子里，我为了能更真切地感受他成功的操盘经验，经常到他的大户室"蹲点"，从开盘到收盘，一直守在他身边，目睹他炒作，总想从中找出些道道，但很难。有些东西，连他自己至今也说不出个道道。

比如他在买银鸽投资时，我问："为什么买它？"他回答："凭感觉！"看着金宇、西藏天路等股票涨得好好的，他却要卖，问原因，他还是说："凭盘口感觉，它们涨不动了！"

他对我说："炒股没有教科书可循，关键是一个'变'字。情况不断在变，主力的操盘手法也在不断地变。过去长庄多，后来则短、平、快的手法多；过去一只股可翻几倍，后来在行情不好的弱市，对收益率就不可要求很高，几天时间，百分之一二十盈利后就要考虑跑。股票越来越难炒了，要捕捉主力的蛛丝马迹，就要求除了盘中功夫外，在盘外还要多下功夫。"

杜军说，一千多只股票他每天晚上都要全部翻看一遍，选出合适的，在第二天打入自选股重点关注，开盘时全神贯注，关注盘口异动。另一台电脑时刻查看涨、跌幅排名，3分钟的涨、跌幅排名，以及量比、委比排名等，从中发现从盘后K线无法知道的其他异动股票。另外，眼睛不能光盯住涨的股票，还要注意盯住一些跌的股票，看看哪些股票做空对大盘会有大的影响。

比如在2002年5月下旬，杜军就非常关注大唐电信、聚友网络、长江通信、诚志股份等股票对大盘做空的动力。而同时他对大盘的判断以及推荐的股票，其准确度和涨幅在某著名咨询机构评选中，屡列榜首。总之，他觉得，只要功夫到位，盘中的一匹匹黑马就肯定跑不掉，一定能获取胜利！

吴海斌：

> 炒股，不做麻雀，要做印度豹！

他，尽管没有透露操盘的绝技，也没有讲述什么制胜的秘诀，但他以正确的投资理念和独特的视角"点穴"成与败的根由，足以给人深深的警醒，同样会助你走出失败的"沼泽地"，踏上成功的坦途！

投资简历

个人信息

吴海斌，男，1972年生，大学学历。

入市时间

1995年开始股票投资，同时兼做期货交易。

投资风格

善于静观待变，以极大的毅力和耐心等待进攻时机！

投资感悟

做个独立思考的投资者。当众人踏上最后的"危险之旅"，去抢夺最后的"快乐"时，有人早已含笑离场！

第8章

△

远离谬误

——职业投资经理吴海斌以独特视角
透析投资成败与种种误区

美国华尔街高手马克·威斯坦在讲他的成功经验时说："我的交易很少遭逢亏损，是因为我总是选择最适当的时机进场。"大部分人不会等到市况明朗才进场。他们总是在黑夜中进入森林，然而吴海斌则是等到天亮才进去。

找寻走向"失败沼泽地"的根由

一日，我在华泰证券中山营业部采访时，曾对在客户服务工作岗位上度过近十多个春秋的吴海斌提出这样一个问题："为什么有不少的投资者，他们怀着一腔热忱走进股市，却连遭挫败？你认为他们怎样才能摆脱赔钱的命运？"

"远离谬误！"他果断地回答道。

"你认为他们在投资策略、操作方法还是什么方面出了问题？"

"我认为最主要的是投资理念上出了差错。多年来，我接触了成千上万的投资者，看到过他们中有不少的成功者，也目睹了太多人的失败经历，成功与失败，赢与输，其本质的差别，就在'理念'这两个字上。正是在投资理念中存在着误区和盲区，导致他们最终走进了失败的沼泽地。"

卖涨买跌，一个错误的抉择

在采访过程中，吴海斌给我讲了他遇到过的一个投资人的故事：

这个人原本是个精明的生意人。他在一条街的东面和西面各开了一个店，经营不同的产品。街东的店生意很火，而街西的店，生意却很清淡。于是，他把街西的店很快转让了，而把大量的资金都投向了街东的那个店。结果，街东那个店生意越来越红火，他的盈利也越来越多。

后来，这个人走进了股市。在他身上发生了一件类似的事。一次，他买进两只股票，结果一只涨，另一只跌。他看着天天涨的股，合不拢嘴，而一见到跌得"绿头绿脑"的那只股，心就酸。后来，他做出一个抉择：卖掉正在涨的那只股，去"营救"那只正在下跌的股票。

"他的这一举动，难道不对吗？"我问。

"不能算是一个明智的选择。"吴海斌说。

他认为，炒股与做生意是相同的道理。股市里有一句话，叫作"大胆地赚，小心地赔"，意思就是：对于下跌的股票，在下跌初期就要止损，而对于上涨的股票，要尽可能获得最大的利润。

那位精明的生意人在生意场上正是运用了这一正确法则，而他在股市中"卖涨买跌"的举措，正是陷入了"越跌越买"的误区。他不是去立即止损下跌的股票，把损失减小到最低程度，相反，为了"营救"正在下跌的股票，却卖掉了正处在涨势中、可能给他带来更大利润的股票。这不能不说是一种错误的抉择。

一位著名的投资家说过这样一句话："我做股票只要有50%成功率，就已经非常不错了。"乍一听，还有50%的失败率，他怎么说不错了呢？那是因为对于失败的股票，他已在第一时间止损出来了，损失很小；而对于上涨的股票，他会尽可能获取利润。

现实中，吴海斌遇到过的大多数散户则正好相反。许多人在高位买的股票，跌幅超过50%或更多，还捂在手上；而对于那些上涨的股票，稍有一点点获利，便急忙变现。对这类投资者而言，别说预期50%成功率，就算奢望再高，最终的结果，可能还是赔得多，赚得少。止损的重要性，可以通过下面一组数据加以说明：

10元——–10% ——→ 9元——+11% ——→ 10元

10元——–20% ——→ 8元——+25% ——→ 10元

10元——–50% ——→ 5元——+100% ——→ 10元

10元——–75% ——→ 2.5元——+400% ——→ 10元

从上文可以看出，亏损面越大，将来扳本的难度也越大。在实践中，许多投资者当初三四十元买进四川长虹，跌到后来，要想再回到当初的价格，或换一只股票扳本，已经几乎是不可能的事情了。

那么，在亏损面小时止损出来，实际上是为将来扳本创造一个最有利的条件。事实上，投资者买入股票后，这只股能否上涨，涨多少，完全由市场或完全由主力决定，投资者是无能为力的。但是股票下跌，投资者允许自己赔多少，则完全由自己做主，而且这是投资者唯一能够在股市中做主的事。如果不把它做好，又怎么指望能把股票做好呢？

股票做错了，本不是一件可怕的事情。错了认错改正就行了，下次再来过。但许多人往往错了，还死不认错。尤其对于大多数人来说，是禁不起犯错误的，因为一次错误可能就是致命的。

所以，在平时与投资者接触中，如果遇到这类投资者，吴海斌原则上是不给他们推荐股票的。如果他们向他咨询能否买进时，吴海斌也总爱先问一句："如果跌了，你会怎么办？"如果他们说"跌了，就等等"，或说"再看看"，那就说明他们的理念还有问题，不适合买进股票。

补仓？假如让你重新选择

"对于下跌的股票，人们不是常说要'补仓'来摊低成本吗？"我问吴海斌。

"是的。很多投资者当股票出现一定幅度下跌后，总爱问这样一个问题：'可以补仓了吧？'他们交流时，也时不时会冒出这样的话：'这股票都跌了3块钱了，还不赶快补仓？'但在实践中，我们看到的绝大多数情形是，股票越补越跌，越跌越补，最后甚至到了'粮尽弹绝'、无法再补的地步。"

"那么，什么是正确的补仓行为呢？"我问。

"补仓，说白了，就是一种买进。它应该符合买进股票的理由。一只股票之所以值得人们去买进，是因为它买进后会上涨，或者说它的趋势是向好的。这个时候我们才会决定买进这只股票。因为原来就持有这只股票，所以称之为'补仓'。

"简单地说，补仓不是因为有这只股票才去做买进，而是这只股票值得买进才去补仓！在实际中，当投资者问我这个问题时，我会问他：'如果你没持有这只股票，假如让你重新进行选择，你还会买这只股票吗？'当然多数回答都是否定的。因为下跌的趋势还在继续，这时谁都清楚，后市继续下跌的概率要远远大于上涨的可能。"

吴海斌进一步解释说，许多人把补仓理解错了。他们想的是：因为我持有这只股，而这只股下跌了，我就买进，以摊薄成本。乍一听，似乎很有道理。但他们往往忽略一点，补仓本身就是一种买进行为，它首先要具有买进的理由，也就是说，当时买进能否赚钱。离开了这个前提去谈补仓，就只能越跌越补，越补越跌，陷入恶性循环。

其实，没有在第一时间内止损出局，就已经是犯了一次错误，而错误的补仓，就等于错上加错。

有一只股票股价从5元涨到7元时，一个投资者来问吴海斌："7块钱能不能卖？"

吴海斌问他："你什么价位买的？"

他讲："是以前在15元买的。这只股跌到12元时，我补仓，跌到10元时，又补。跌到8元时，还补过一次。"

吴海斌问他："它跌到5元时，你不买，从底部涨到6元、7元时总该买一点吧？"

他说："我以为它还要跌，没敢再补了，而且没有钱补了。"

其实股价到7元，连他最后一次补仓的价格都没到。这种操作上的错误，教训是很深刻的。

她哭了，不知卖哪只股好

在2002年"6·24"行情中，吴海斌在交易大厅遇到这样一件事：大盘一片火红，许多人都高兴得合不拢嘴，可这时他却发现一位中年妇女急得跺着脚在哭。他一问，才知道，她手上一共有32只股，想卖股，不知卖哪只好，一时急得没了主张。

类似这位女士的这种情况并非罕见。股市中常见许多投资者持有十几只或几十只股票。当然，他买进每只股时，都是有原因的：有的是朋友推荐，有的是小道消息，还有的是一时冲动等。当别人质疑这种做法时，他总是会说："东方不亮西方亮嘛！不是说'鸡蛋不能放在一个篮子里'吗？"

这是一个屡见不鲜的老问题。这种做法，是为避免某只股票突然出现意外造成损失，而通常不把全部鸡蛋放入一个篮子，但这是对"鸡蛋不能放在一个篮子里"这句话的误解。因为养那么多的"孩子"，肯定哪个也养不好。

等待他的只能是一个结果：当大盘涨时，他的股票涨多跌少，总体会有一定的升幅；但是当大盘下跌时，则正好相反。这样，他要想在这个市场上获得超过大盘的利润，或者说损失幅度小于大盘的跌幅，是不可能的。因为股票多了，就算侥幸有一两只股票表现较好，但大多数股票走势会与大盘差不多。

另外，股票多了，也不便于管理。对于一般中小投资者而言，两到三只就足够了。当然最好也不要满仓买一只股票。那样的话，一旦这只股票的基本面出现一定问题，投资者的损失就会比较惨重。

阴天看不准时，不妨多带一把伞

"市场上现在有两种说法：一种说法是：'大势不重要，关键是个股。你看，在熊市的时候，不也有几只牛股吗？'另一种说法是'大势非常重要，大势决定一切。你看，当大盘暴跌时，95%的股票不都在下跌吗？当牛市到来时，大多数都在涨，不就是涨多涨少的问题吗？'"我问。

吴海斌答道："这两种说法，其实都有一定的道理。我觉得大势与个股的关系，不能简单地用'决定'与'被决定'来分析，中间应加上一个仓位的控制。也就是说，当大势走熊时，我们应该半仓或者以更小的仓位操作。至于选什么股票，还是依据个股的操作原理。当大势走牛时，可以大半仓或满仓操作，同样，选什么股票，仍然根据选股标准执行。"

为了通俗易懂地阐述这一点，吴海斌打起了比方：我们在生活中，会根据一年四季中天气的变化，通过不断添加衣服去适应气温。其实，我们并不需要知道具体在某一天应穿多少衣服，在某一天应该增减衣服，只要按照气温变化的趋势做就行了。

做股票也是如此。我们不知道大盘从哪一个时点变成牛市，或在哪一个时点变成熊市，但我们可以根据趋势的变化，逐步增加或减少仓位。与此类似的另一个例子，就是某天可能下雨，也可能不下雨，我们怎么办呢？如果是晴天或雨天，大家都能做出正确的选择；但如果是阴天，看不准时，那么，就不妨多带一把雨伞，以备不时之需。对于大盘，每个人都有自己看不懂的时候，这时，我们不妨也"多带一把雨伞"，适当地控制仓位。

如2003年年初，大盘从1311点启动，在最初的上涨阶段，大家都比较容易看清楚，但是从1月下旬到3月下旬，这段时间大盘步入调整阶段，市场上对于大盘后市走势的看法，出现很大分歧。这时，其实只需要半仓操作就行了。如果大盘当时彻底跌破了60日、90日线，我们就进一步减仓，以控制风险。但后来股指在3月27日以一根中阳宣告调整结束，那么我们就做加仓处理。

实际上，在股指的不断变化中，理性的投资者总是不断调整自己的仓位，做到进退自如。一般人不知调整仓位，不注意减仓，甚至越跌越买。而在牛市来临时，许多人又不敢适时跟进加仓操作。

如2003年年初的一波行情有获利机会，而有的投资者只动用了不到1/6的仓位。同样，在2002年的熊市中特别在"6·24"行情爆发之后，许多投资者错误判断形势，不知调整策略，满仓度过了下半年的弱市，遭受了不应有的损失。

不做麻雀，要做印度豹

"做短线就是要频繁买进卖出！"这是股市中短线客的一种误区。吴海斌所在营业部有两个"快枪手"。一个是一天不做就难受，每个星期下来，他的成交量最大。另一个是一两个星期有可能不做一笔。而做一笔，一般持仓也不会超过3天。但这种短线成功率，往往超过每天频繁进出的投资者。

事实上，我们做个简单的计算，如果按佣金标准，一个来回是1%，如果一个投资者每次满仓进出，一个月按20个交易日算，那么，他光为成本就要支付20%，而行情并非什么时候都有。这种操作，在牛市时也只能获得微薄利润，熊市时必出现一定亏损。

印度豹虽然是世界上跑得最快的动物，可以追得上大平原上的任何动物，可是，它总是等到有十足的把握捕捉到猎物之后，才会发动攻击。它也许会在草丛中躲藏一个星期，等待合适的猎物与适当时机的出现。

选择与等待万无一失的机会发动攻击，就是吴海斌的交易原则之一。真正的短线客，应该像印度豹那样，对于那些把握不大的股票，宁可错过，而对于那些有很大把握的股票，也敢于满仓杀进。这样的话，在牛市时也能获得比较大的收益，在熊市时，基本上并不怎么操作，从而规避了很大的风险。

短线投资者还容易犯的一个错误，买进一只股票后，第二天如果下跌，会抛掉，但如果第二天上涨，往往耐不住寂寞，早早地获利了结。事实上，很多的股票总是一涨再涨，比如2003年汽车板块的领头羊长安汽车，还有钢铁板块的龙头凌钢股份，等等，许多短线投资者都买进过，但真正把鱼身吃到嘴的寥寥无几。

真正的短线投资者并不是为了做短而做短，对于那些有机会获取更大利润的股票，他们也敢放胆去搏，以获取利润的最大化。

如大盘有20%的升幅，这应是一个不错的局部牛市。对第一类投资者，吴海斌见到的是，他们往往只有微小的盈利，甚至部分还出现亏损。

而对于第二类投资者，据吴海斌所知，在汽车板块上涨过程中，有位投资者满仓进出一把，获取了10%以上的利润。这对于整个汽车板块的升幅来说算不了什么，但随后他在钢铁股中又投机了一把，再次获得10%的利润。在4月份，当医药板块上涨时，他又跟了一把，同样也获得了10%的利润。虽然相对于整个板块的整体升幅，他每次的获利并不算什么，但这种看准了、满仓杀进的做法，累计下来，也能获得较为可观的利润，而风险却很小。

而另一种认为"短线就是要快进快出"的投资者，犹如麻雀捕食一样，每次只吃一点点，叼了就走。这样虽然说吃饱要几十趟，上百次，每次被猎人打中的概率都很小，因为它叼食时间很短，但吴海斌觉得这里有个误区，每次被打中的概率固然很小，但为了填饱肚子，必须要来回几十趟，累计下来，被打中的概率也还是比较大的。

所以，短线投资者应该向印度豹学习，在没有把握之前可以耐心地等待，等几天甚至于数周的时间。但一旦看准了目标，有了十足的把握，就会全力以赴。这样，成功的概率就非常大。

猎豹追击猎物的时间一般不会太长。因为在激烈的奔跑中，猎豹的体温会迅速上升，达到一定的警戒线后，可能会导致猎豹瞬间死亡。所以，聪明的猎豹，也懂得在必要的时候选择放弃。

吴海斌给短线投资者的忠告是，对于那些风险极大的股票，应该选择放弃，不要为了获取微小的利润冒着大幅亏损的风险。比如说，那些连续暴跌的股票，如一些崩盘的庄股，每天在跌停板上或多或少有一定成交，买这种股票的投资者无非是希望跌停板打开后有一定的反弹，然后获利出局。没有人是冲着它的基本面做长期投资的。

但我们知道，这样的风险是非常大的。那些买进的投资者在后面的跌停中连认错的机会都没有。为了获得10%的利润，却冒着下跌30%～50%的风险，显然非常不明智。

还有的投资者在股价已上涨了很多以后还去搏取微小的差价。比如，2003年4月民生银行除权以后，市场上很多投资者认为它会填满权，该股在除权以后最初几个交易日也出现了一定的上涨。但理智地分析会发现，对该股复权计算，累计的升幅已经很大。那么，此时介入，必然将面临很大的风险。

然而，据吴海斌所知，许多人就是在这时介入被套牢的。类似的情况还有凌钢股份，除权后也有大量投资者以为要填权而介入该股，结果不幸被套。

失利根源：不明顶底还是不重趋势

许多投资者常问吴海斌一个问题："你说大盘能涨到什么位置？"或问："大盘要调整到多少点？"他们的愿望是好的，问得似乎也有一定专业水平。

这时候，吴海斌往往会给他们强调趋势的重要性。股市中有句俗语"牛市不言顶，熊市不言底"说的也就是这个道理。事实上，在一波上涨的趋势中，只要买进或者持仓，都是对的。在趋势的末端，也就是上涨的顶部，这样做就可能错。那我们只要记住，一旦错了，及时止损就行。同样，在下跌过程中，也是如此。

要想卖到顶，或买到底，概率总归是非常小的，理智的投资者不要指望或不要过于追求买底卖顶。

同样，还是股市中的一句俗话："要想把整个鱼全部吃掉，是很难的事。只要把鱼身吃到嘴就足够了。"那么，做股票应看大势，跟着趋势去做，在趋势没有破坏之前，不要轻易地改变方向。

当时虽然有一些判断市势顶部和底部的方法，比如说黄金分割法、中长期均线法，甚至于有些民间高手用开平方根、立方根的方法判断底部，似乎也有不错的效果，可以借鉴。但必须明确指出，这些只是一种参考，提醒我们在某一阶段提高警惕，但并不能够成为买卖股票的依据。

这些道理很多投资者也明白，但总不能自觉地运用。就像上文那位投资者在明白了趋势的重要性之后，还是忍不住问："没关系，你说会跌到什么位置，说错了，不会怪你的。"其实，吴海斌是怕说错吗？

许多人不明白趋势的重要性，而总是把自己炒股的失利，归咎于没有判断出大盘的顶部和底部。他们的精力不是放在把握趋势上，而是去寻找支撑和压力。这样一种心态放在个股操作上，最易犯的错误是：他买了一只股，开始下跌后，不是按趋势及时止损出来，而是自我安慰"股价可以在××地方有支撑，在××地方有反弹"。

如一个投资者在2003年3月5日买入了天龙集团（600234，现名：科新发展）。买了个当天的低位，他挺高兴。没想到，买入后第二天该股就下跌，第三天继续跌。这时，他想到30日线有支撑。随着股价破了30日线，他又想到60日线距离不远，可能股价会在这个地方反弹。但随着股价继续下跌，破了60日线，他就只希望股价在前期低位企稳。当股价又再次跌破前期低位，实际上这时他已比较绝望了。但后来几天股价开始反弹，这时他又在想：这波反弹会到什么位置？这是他喜欢问的一个问题，又开始犯前期止跌位同样的错误。

后来的事实是：股价反弹很快夭折，股价继续暴跌。如果没有及时止损出来，短短两个月跌幅已达30%以上。

当买股理由已不存在时

常见一些投资者在盲目买进一只股被套后，非但不立即认错止损，反而去翻看它的基本面，去"挖掘"该股基本面中的一些"优点"，以此来安慰自己。还有一种人是按技术面买的股，一旦这只股下跌，破了当时买入的技术位，也就是说，他当初买入的理由已不存在了，他却去寻找支撑基本面的理由，说什么它的基本面好，盘子小，可能这只股票后市会走好，为他的持股找借口。

在这样一个前后变化的过程中，许多投资者并未意识到当初买股的理由和后来持股的理由已根本不同，甚至于当初买入的理由已完全不成立了。其实，我们并不反对从中长线角度去挖掘个股的潜力，但因不同的选股方法，买入的点位是不一样的，止损位也是不一样的。

投资者在买入或卖出一只股票时，大部分理由应该是一致的，可以有微小的调整。比如我们依托30日均线买进一只股票，如果该股出现较大幅度的上涨，我们可以在股价跌破5日、10日均线时卖出一部分或全部，提高我们的止盈位。如果没有卖出，要牢记：既然是依托30日均线买进，那么当股价跌破30日均线时，应当做卖出处理，因为当初买进股票的理由已经不存在了。

还有许多投资者买进股票时，其实根本没有明确的理由，有的是道听途说，有的干脆就是凭5分钟的冲动，许多投资者甚至在买入一只股票后才来找吴海斌咨询。

经过咨询，他们才发现自己连这只股的流通盘大小、业绩好坏等因素都没有搞清楚。甚至有位投资者在一只股票退市前最后一个交易日，看到这只股票涨得不错，就冲动地追进去，到第二天公布退市公告，他才后悔万分。但此时他又会寻找该股重组的理由安慰自己。这种犯错误后的"阿Q精神"是不可取的。

买跌不买涨吗

在股市里还常见一种现象，就是一只股票处于上涨初期，你让他买，哪怕涨势再好，他也总是犹豫再三，轻易不敢动手。而当看到一只连续下跌的股票，他却情有独钟，你劝都劝不住，他硬是往里冲，而且胆子特大，不计成本，不计后果。他的理由就是"买跌不买涨"。他想的是，这只股跌得那么多了，随时都会有反弹的。

2003年4月，一位投资者见世纪中天已有6个跌停板了，股价也从21元跌到12元了，自认为到底了，便"勇敢"地冲了进去，结果第二天又是一个跌停。他一边补仓还一边动员周围的朋友在暴跌中"捡皮夹子"。没想到，一连串的跌停，使他深陷泥潭不能自拔，让他苦不堪言。

如果说，对于股票基本面和其他因素把握明确，可以明确知道股价下跌是主力洗盘，那么这种买进，可能还有利润可图。但遗憾的是，多数情况下，股价的连续下跌或暴跌，往往是因主力大举出货或上市公司基本面出现了比较大的问题。这时买进，风险是非常大的，多数情况下都是买到了下跌的中途，损失惨重是避免不了的。

群体的安全感和个体的恐惧感

"在股市里，人们都知道要买低卖高，尤其是要想做个赢家，就要会'铲底''逃顶'。但是，实际上能真正做到的人太少太少了，这是为什么呢？"我问。

吴海斌没有直接回答这个问题，而是先给我讲了这样一个故事：

有人把一只小鸡放到一个陌生的稻谷场上去。尽管谷子很多，因为怯生，这只小鸡东看看，西瞧瞧，就是不敢吃。

第二次，当他把两只小鸡放在那个稻谷场上时，小鸡尽管还有怯生感，但因有一个伴，开始吃一点点稻谷了。

第三次，当他把三只小鸡放在稻谷场上，情况好多了，小鸡能吃上六成饱了。

第四次，他把七八只鸡一块放在稻谷场上，小鸡的恐惧感已很弱了，个个都能吃八成饱。

最后，当他把一群小鸡放到那个稻谷场时，尽管谷场还是那个陌生的谷场，可小鸡因为"势众"，没有了恐惧感，都争先吃食。正常吃十成饱，这时能抢着吃到十二成饱。

这就是个体的恐惧感和群体的安全感的效应。

在股市中这种现象也存在。当连续下跌之后，底部来临时，人们仍十分恐惧，不敢进场，到涨势的初期，又犹犹豫豫。而当大势走到了顶部，对于先期买入者已是减仓时，而更多的人看到红红火火的涨势，蜂拥着去抢买股票，此时他们完全忘记了恐惧。

吴海斌的一个朋友在2003年1月8日打电话给他，吴海斌让他买进股票，他说还要跌，不敢买。后来等到大盘起来了，他还在犹犹豫豫。真正即将步入调整期了，他却"勇敢"起来，杀入已近尾声、正要拐头的汽车股中，结果一入场，就被套了进去。

吴海斌说："市场的从众心理和群体的'安全感'，是导致人们犯错误的症结所在。这就是明明知道'铲底''逃顶'，却极少有人做到的原因。因此，在股票市场，要想做一个成功的投资者，就要学会孤独。不要和大多数人一样，不要人云亦云。要独立思考，克服孤独的恐惧感。只有这样，你才能在孤独中享受别人享受不到的快乐。而当众人踏上最后的'危险之旅'，去抢夺最后的'快乐'时，你却早已含笑离场！"

高竹楼：

> 炒股只两招，就是买和抛。
> 趋势向上买，趋势向下抛！

股市有千条万条法则，按市场规律办，是第一条。多年来，职业投资人高竹楼在探寻股市规律的漫漫征途上，以他不懈的努力和智慧，终于在多年前成为揭示这一规律的第一人，并得到中国证监会有关部门的首肯。

投资简历

个人信息

高竹楼，男，1947年11月生。

入市时间

1996年。

投资风格

善以短线目的进，中线目标出，进行高抛低吸。

投资感悟

铁定执行股市的"市场规律"，顺"规律"者赢，逆"规律"者输！

第**9**章

△

探寻股市规律之谜

——记股市"规律派"创始人高竹楼探索股市规律的传奇故事

多年前一个秋天的下午，股市刚刚收盘，一个来自北京的长途电话打到了高竹楼的工作室。

引子: 一个来自证监会的电话……

那是中国证监会某部门负责人刘先生打来的。他告诉高竹楼，后者寄给中国证监会有关领导的信函及股市教材收到了，有关领导看后觉得有一定价值。沪深股市走过了多年的历程，有不少人都在试图研究和寻找股市运行规律，但至今没有找到。高竹楼所做出的探索是积极有益的。但刘先生在电话里说，他认为高竹楼的"股市规律"之说只是发现了它的表象，还是表面的，建议找到它的理论根据。这就像潮汐的涨落受到月圆月缺影响一样，股市的"运行规律"也应当有它的动力。

听到来自中国证监会的声音，高竹楼激动不已。

这不仅是来自高层对第一个提出"股市规律"之说的探索者的肯定，更是对他多年来探索股市的"市场规律"付出的艰辛劳动的肯定。

这，让他不禁想起自己走过的坎坷之路……

摸透股市的"脾气"

糊涂买，糊涂卖，眼睁睁看着自己的血汗钱被无情地吞噬，他决意冲破股市迷雾，摸透它的"脾气"。

高竹楼原是铁道部大桥工程处的一名普通工人。在生活动荡的年代，他四海为家，转战南北，在铁道线上漂泊了20多年。直到1993年，他才回到故乡和亲人团聚。已到不惑之年的他，肩负着生活的重荷，可是一个月仅有的几百元微薄工资难以维持生计，他终于下决心辞去公职，到商海里闯一闯。

那时，他见汽配生意好做，便拿出家中的积蓄和从亲友处借来的钱，租了间门面房，自己当起了老板。由于他诚实、守信、薄利多销，开店以来，生意一直都做得很红火。可是到了1996年，由于汽配生意竞争激烈，利润越来越薄，钱也越来越难赚，高竹楼决意另辟蹊径。

也正是在这时，股市如火如荼，正展开一波大牛行情。高竹楼终于禁不住那"一夜暴富传奇"的诱惑，怀揣做生意挣来的几十万元，开始涉足人山人海的证券交易所。

他是一个头脑清醒且极其谨慎的人。刚一入市，他并没盲目地去买股票，而是先把资金投入稳赚不赔的"打新股"上。没想到，他的运气出奇地好，仅一个月，他竟中了8个签，资金账户连拉大阳。他真感谢股市给他带来的好运。

不久，带着在一级市场大获胜利的喜悦，他开始在二级市场搏击。那时，他一点炒股的常识都不懂，只是跟在别人后面糊涂买，糊涂卖。有时好不容易抓到一只"黑马"，刚一获利卖掉，它又"奋蹄狂飙"。

他不能忘记1997年年初，他曾在22元买进当年的领头羊深发展（现平安银行）。没过多少日子，深发展大发神威，一下子蹿到了49元。妻子对他说："资金都翻倍了，赶快卖了吧！"可他听股评家说"深发展很快会冲上60元大关"，就信心十足地持股不放。

然而，市场有市场的规律，行情不是吹出来的。当深发展在1997年5月12日创出最高价后，就再也无力上涨了。再往后，它一天比一天"疲惫"。高竹楼看到仅十几天股价就跌去了10元多，曾抱定的"不到60元不撒手"的信念终于动摇了。在股价跌到38元时，他心有不甘地出局了。

之后，他又炒了四川长虹等指标股。虽说赚了不少钱，可他却感到股票越来越不好做了，尤其是股市的阴阳不定，个股行情难以把握，让他伤透了脑筋。

当时，他所在的证券交易所有一个为大户服务的工作室，不断发信息指导大户做股票。高竹楼根据他们的指令开始频繁地操作，想从中摸索出些炒股的窍门。可是，几个月下来，他的资金急剧地缩水，账面余额已不足百万。眼睁睁看着自己多年辛苦赚来的血汗钱被无情的股市吞噬，他心急如焚。

在这个险恶的市场上如何才能趋强避弱？其中有没有规律可循呢？他决心要冲破股市迷雾，寻找市场运行规律。

他开始下真功夫了。他发誓：不摸清股市的"脾气"，不研究透所用的钱龙技术指标，决不再买卖股票！

"一招定乾坤"和"一式见分晓"

发现稳操胜券诀窍。"一招定乾坤"和"一式见分晓"告诉他，股市有其恒定的运行规律！

探索的路是艰苦的。为了打开股市的神秘之门，高竹楼到了痴迷的地步。他日思夜想，整天趴在电脑前，废寝忘食地琢磨。

一次偶然的机会，他受某证券报一篇关于"成交量组合"的文章启发，便天天趴在电脑前潜心研究成交量与 K 线及其他指标的相互关系。

1998 年 7 月上旬的一天，高竹楼依旧趴在电脑前专心地研究钱龙软件的各种技术指标。突然，移动的光标在某一点位定格，一道灵光在他的脑海里飞速地闪过：这就是最佳买点！他急不可待地用同一方法翻看了每只股票，包括大盘 A 股、B 股、H 股，只要光标移至某一点位，股价便开始拉升。

他兴奋了，觉得自己发现了股市波动的规律。于是，他迫不及待地找专家交流。

高竹楼当时所在的营业部是全国有名的营业部，那里藏龙卧虎，高手如林。营业部的经理对他的发现进行了仔细验证，发现用钱龙软件的 K 线、成交量、MACD 以及 KDJ 四个指标分析，只要大盘或个股的其中三个指标在同一天出现金叉，都会有一波行情。如果出现"四点为一线"图形，则必有一波大的行情产生。

当时，营业部经理随意调出大盘 1998 年 3 月 26 日、深市大盘 1998 年 3 月 17 日的走势，有此图形出现后，都有一波上涨行情。再调出第一铅笔、深华源、甬城隍庙等股票，当出现此图形后，都有 20% 以上的涨幅。他建议高竹楼将这一规律整理成文字，向所在营业部的股友及社会推广。

高竹楼沿着自己的思路继续钻研，一步步地提高。就在整理这一发现的过程中，他又一次完善了自己的思路。他不但寻找到了"一招定乾坤"的最佳买点，还找出了"一式见分晓"的最佳卖点。

一招定乾坤（最佳买点）

打开任何炒股软件，一般都有 K 线图、成交量图、MACD 图、KDJ 图。当这些图形出现以下情况时，其中三种必须在同一天出现，这时，不管是大盘或个股都会有一波行情：

◆当 K 线图（以 5 日、10 日、30 日三条平均线为准）的 5 日均线向上交叉 10 日均线时；有 30 日均线支撑最好，这样股价上升概率更高。

◆当成交量图（以 5 日均量、10 日均量为准）的 5 日均量线向上交叉 10 日均量线时。

◆在 MACD 图（时间参数以 12、26、9 为准）上，当 DIF 向上交叉于 MACD 且第一根红色柱状线出现在 0 轴线上时。

◆在 KDJ 图（时间参数以 9、9、9 为准）上，当 K 线、D 线、J 线出现三线金叉时。

对于大盘，K 线、成交量、MACD、KDJ 四个指标同时发生金叉，说明市场卖压已经很轻，市场的买入情绪开始发酵，在金叉的地方有紧密的支撑，不容易跌破，多头行情开始显现。所以每当大盘走势图中出现"一招定乾坤"的图形，往往会开启一波牛市上升行情。

下面以上证指数的几个历史走势来验证。

例如，在 2003 年 1 月 9 日和 2003 年 3 月 27 日，沪市大盘走势图中都出现了"一招定乾坤"图形，后续都展开了一波上升行情。（图 9.1）

还是同一年，在 11 月 20 日，沪市大盘走势图中 K 线、成交量、MACD、KDJ 四个指标均在同一天发生了金叉，出现了"一招定乾坤"图形，2003 年年末的一波行情也就此而展开。（图 9.2）

再如，在 2007 年 7 月 19 日，股指在 3900 点左右，沪市大盘走势图中又出现了"一招定乾坤"图形（KDJ 提早几天出现金叉），同时展开了一波大牛市上升行情，至 2007 年 10 月 16 日止，股指上涨到 6124 点。（图 9.3）

又如，在 2009 年 3 月 18 日，股指在 2200 点左右，沪市大盘走势图中再次出现了"一招定乾坤"图形，新一波大牛市上升行情就此启动，至 2009 年 8 月 4 日止，股指上涨到 3478 点。（图 9.4）

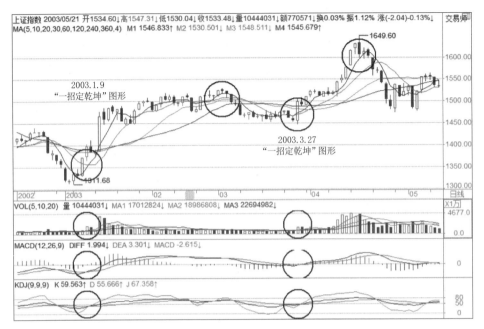

图9.1　上证指数走势图1

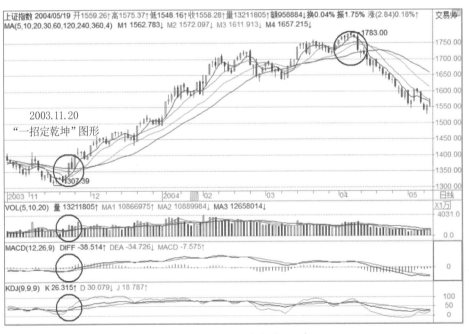

图9.2　上证指数走势图2

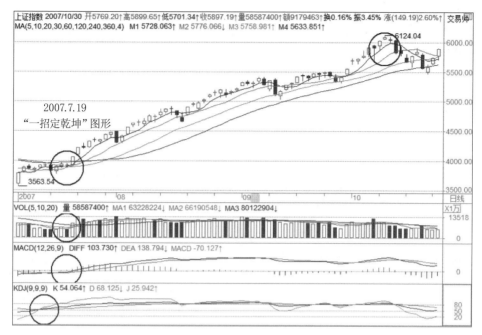

图9.3 上证指数走势图3

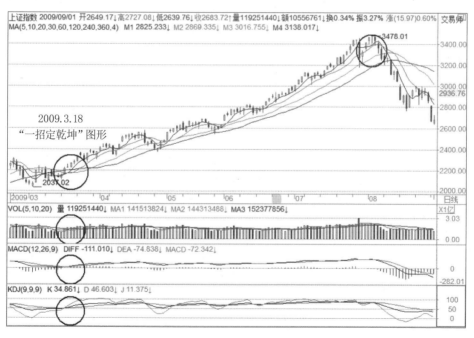

图9.4 上证指数走势图4

对于个股，不管大盘在低位还是高位，只要图上出现"一招定乾坤"的图形，庄家就会做一波行情。这个方法的准确率达90%～95%，这就是所谓的"最佳买点"。大盘在相对低位时，移动平均线出现5日线、10日线向上交叉，有30日线配合，个股的上涨率达10%～50%，甚至更高。大盘在相对高位时，个股上涨率达10%～20%。

下面来验证一下个股是否也正确。

例如，个股中国联通（600050）于2003年10月8日出现了"一招定乾坤"图形，股价从当时的1.75元上涨到2004年2月2日的3.07元，涨幅高达76%。（图9.5）

图9.5　中国联通走势图1

同样，在事隔16年后，2019年2月12日起，中国联通的走势图中又出现K线、成交量、MACD和KDJ四个指标发生金叉，股价从5.30元起一路震荡上行，至2019年3月12日止，股价最高为7.52元，上涨幅度已达42%。（图9.6）

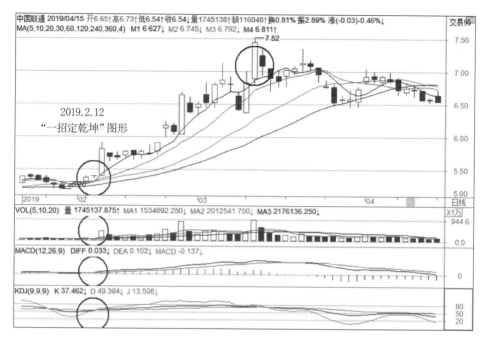

图9.6　中国联通走势图2

事隔多年后的2020年6月，我在南京重访高竹楼。

他对我说："以上都是股市的昨天，关键是股市的今天和股市的明天！股市的昨天是历史，股市的今天是现实，股市的明天是幻想！"

交谈中，他对着电脑，列举了许多最新的案例给我看。

实战案例：深证成指

2020年4月2日深证成指走势中，形成"一招定乾坤"图形。之后，股指从2020年4月2日的9896点，经过40天震荡拉升后，至2020年6月18日，股指处于11474点的相对高位，涨幅为16%，主力还没有进行洗盘。（图9.7）

实战案例：贵州茅台

2019年8月9日，贵州茅台（600519）走势形成"一招定乾坤"图形。之后，该股股价从2019年8月9日的960.40元，经过67天震荡拉升后，至2019年12月19日的1241.61元的相对高位，涨幅为28.82%。至此，主力才进行洗盘，为下一阶段上涨做准备。（图9.8）

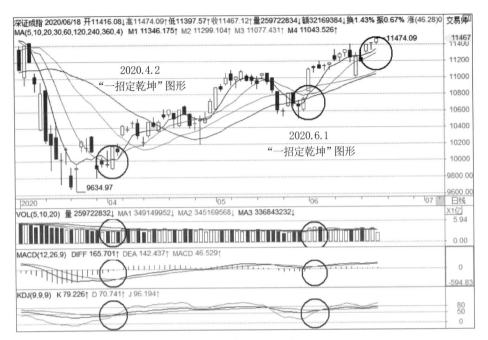

图9.7　深证成指走势图

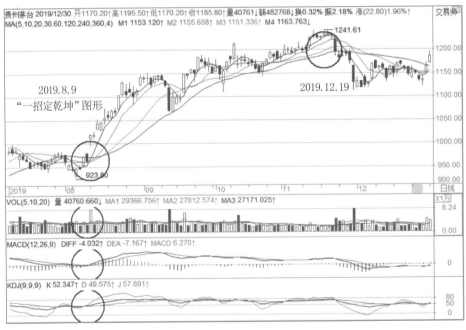

图9.8　贵州茅台走势图

实战案例： ST 步森

2020年4月21日，ST 步森（002569）走势中形成"一招定乾坤"图形，股价从2020年4月21日的9.00元，经过33天震荡拉升至2020年6月11日11.60元的相对高位，涨幅为29.00%。之后主力才进行洗盘，为下一阶段上涨做准备。（图9.9）

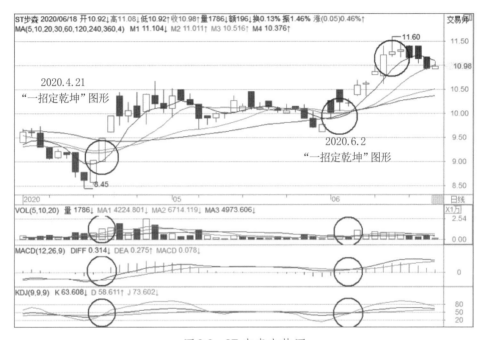

图9.9　ST 步森走势图

接下来，再举美国、日本及法国三国股指为例。

实战案例： 美国道琼斯工业指数

2020年3月26日，美国道琼斯指数形成"一招定乾坤"图形。股指从2020年3月26日的21425点，经过49天震荡拉升至2020年6月8日27580点的相对高位，涨幅为35%，主力还没有进行洗盘。（图9.10）

实战案例： 日经225指数

2020年3月25日，日经225指数走势形成"一招定乾坤"图形。该股指从3月25日的18511点，经过47天震荡拉升至2020年6月9日23185点的相对

高位，涨幅为25%，主力还没有进行洗盘。（图9.11）

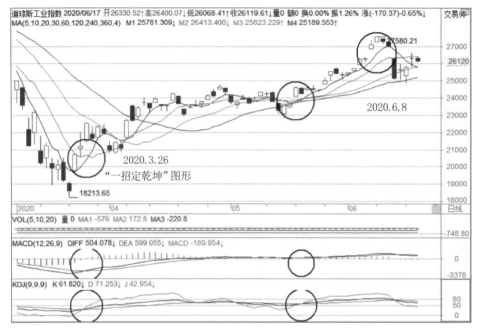

图9.10　美国道琼斯工业指数走势图

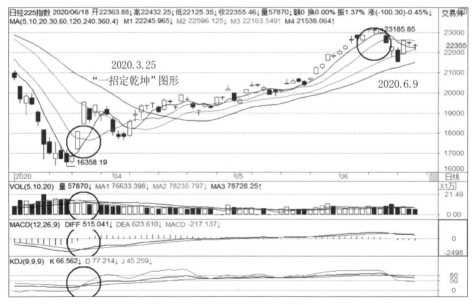

图9.11　日经225指数走势图

实战案例： 法国 CAC 指数

2020年3月25日，该指数走势形成"一招定乾坤"图形，股指从当日的4242点，经过76天震荡拉升至2020年6月8日5213点的相对高位，涨幅为29%，主力开始进行洗盘。（图9.12）

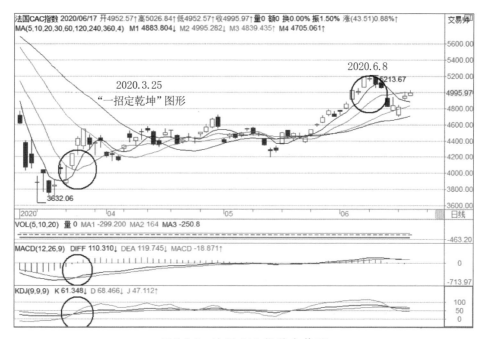

图9.12　法国 CAC 指数走势图

借助以上6个实战案例，读者可自己验证一下"一招定乾坤"指标的可靠性、可行性、可用性及准确性。

不过，需注意的一点是：在实战操盘中，四种指标中的1～2种指标可前后相差1～2天（1～2周、1～2月），相差太多者，该定律不成立。

一式见分晓（最佳卖点）

当一只股票拉升一段时间后，由于庄家力不从心或资金不够等，短则3～5天，长则8～12天，其股价会下调、回落。那么，用什么指标进场，就用什么指标出场。

具体在操作中，当打开任何炒股软件图观察，看 MACD 红柱是变长还是缩短。要注意，每天上午开盘打开任何炒股软件图时，只要 MACD 红柱比前一日长，就可以大胆持股或建仓；只要发现红柱比前一日短，且 KDJ 分时图处于相对高位，可先卖出 1/2 或 1/3 的股票，确保一部分盈利。

若庄家打压 2～3 天后再拉升一次，MACD 红柱还会放长。等再次发现红柱比前一天缩短，并且当日的 K 线基本以阴线收盘，当日的成交量基本也以阴量收盘时，就要全部抛出，落袋为安，再换另一只股。

实战案例：中国联通

2004 年 1 月 9 日和 2004 年 1 月 13 日，炒股软件上中国联通（600050）的 MACD 红柱均比前一天缩短，发出了卖出信号。之后，股指、该股股价均出现向下调整。（图 9.13）

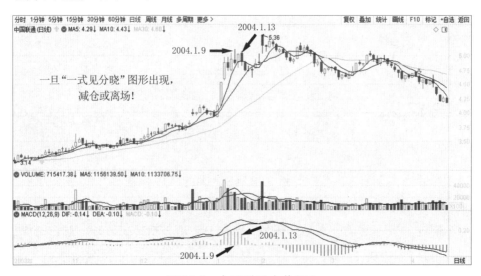

图 9.13　中国联通走势图 3

实战案例：卓胜微

2020 年 2 月 26 日，在炒股软件上，卓胜微（300782）MACD 图的红柱比前一天短，发出了卖出减仓信号；2020 年 3 月 4 日，该股 MACD 图的红柱转变为绿柱，发出了卖出空仓信号。之后，该股股价开始向下调整，表明主力

在进行洗盘或出货。（图9.14）

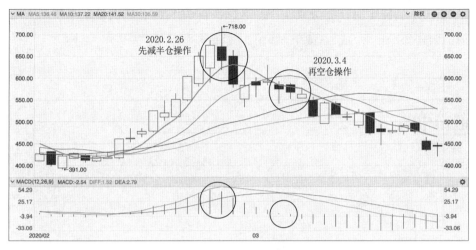

图9.14　卓胜微走势图

实战案例：申通地铁

2020年6月2日，在炒股软件上，申通地铁（600834）MACD的红柱出现比前一天缩短现象，发出了减仓信号；2020年6月9日，出现MACD的红柱转变为绿柱现象，发出了空仓信号。之后，该股股价开始向下调整，表明主力在进行洗盘或出货。（图9.15）

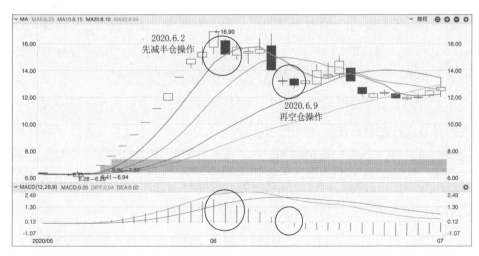

图9.15　申通地铁走势图

总之，不管大盘在高位还是在低位，个股只要出现"一式见分晓"（当日 MACD 红柱比前日缩短或红柱变绿柱，同时 K 线及成交量基本收阴）图形，就应该抛出 1/2 或 1/3 或全部抛出，这就是最佳卖点。

股市中的"1+1=2"

> 他要像陈景润研究"1+1 为何等于 2"一样，找出"股市规律"的理论依据。

自高竹楼发现了股市"涨有涨的规律，跌有跌的规律"后，25 年来，他探索的脚步始终没有停止过。从 1998 年至 2004 年，他先后给中国证监会历届主席和有关领导以及中国证监会机构监管部、中国证监会政策研究室去信达数十封，阐述自己的观点。然而，在当时能理解他的人并不多。

正如他对我说的："我觉得，发现股市'波动运行规律'虽属偶然，但不可否认这是个有价值的发现。我跟许多人交流过我的观点，但当时人们似乎并不太理会，甚至于大多数人认同'股市杂乱无章，无规律可言'的观点，我觉得这是不客观的。然而，只知现象而不知本质，这种说服力显然是不强的。就像人人都知道 1+1=2，而为什么 1+1 必须等于 2，这个问题让陈景润研究了一辈子。同理，研究股市规律也是个任重而道远的课题。"

在得到有关领导和部门肯定后，高竹楼决心要从表至里地去研究股市，去探寻其运行的理论依据。那段日子，他说他像祥林嫂寻找她的孩子一样，见谁都问"股市规律"的出处何在，但都没有人能说出个所以然。他翻阅大量的中外股市运行的资料，仔细地研究各种软件及其指标，然而规律的理论依据仍如水中月、镜中花一样让他摸不着，看不明。

一天，他得到消息，钱龙的创始人邱先生在某市讲课，他欣喜地赶去听课。这堂课他听得格外认真，笔记也记得格外详细。邱先生在讲到指标时，不经意提到了"能量"两个字。

能量！他只觉得心灵深处的一种东西被唤醒了：是啊，他日思夜想，千呼万唤的"规律"理论，不是正体现在"能量"之中吗？

回到家，他紧闭房门、苦思冥想，又找出有关书籍认真阅读，再与儿子一起探讨。渐渐地，一个闪烁着阳光的七彩的通道在他面前打开了。

"你认为股市涨跌的市场规律从理论上应该如何理解呢？"我问。

面对电脑，高竹楼把他的研究成果向我和盘托出："股票一个周期涨与跌的过程（现象），从物理学的量子力学理论而言（本质），就是力从上升到下降的过程，也是量能从聚集到释放的过程。"

"为什么说股票走势形成经典技术组合时（即'四点一线'的'一招定乾坤'图形）是一个最佳入市时机呢？"

高竹楼认为，可以从以下方面分析：

首先分析一下最佳入市时机是怎样形成的。 这是因为，高竹楼"一图定乾坤""一式见分晓"四大技术指标系统中各种值的运用依据来源于K线理论、形态理论、波浪理论及道氏理论。

当5日平均线上升，说明市场5日之内成本价在上升；当5日平均线（价）超过10日平均线，说明10日平均价也在上升；当5日平均线（价）与10日平均线（价）向30日平均线推进，且5日、10日平均线超过30日平均线，说明30日平均价也在上升。由于市场上的成本价越来越高，势必造成对股指（股价）的支持，会进一步推动股指（股价）的上涨。这跟"水涨船高"的道理一样。

从理论上来讲，在市场价低于5日、10日、30日均价时，其力能、量能都在开始聚集；当股指（股价）经过一段时间的波动后（也就是投资者俗称的"筑底""盘整"）开始向5日、10日、30平均线（价）冲击时，量能和力能也同时由"小而少"逐渐上升，聚积到"大而多"。这是与股指（股价）同步的。

当股指（股价）低于5日、10日、30日市场价时，量能和力能因力量不足而无法推动股指（股价）上升。经过一段时间的聚积，一旦量能和力能超过一定的能量，就会毫不犹豫地把股指（股价）推向另一个高度。

从现象上看，量能和力能把5日平均线推向10日平均线，再把5日平均线和10日平均线推向30日平均线。有时因能量不足，推不过30日平均线便掉头，再一次聚积能量。一旦能量充足，量能和力能就再一次向30日均线发起攻击。

由于股指（股价）被充足的量能和力能推高，市场买入气氛越来越浓，成交量系统会立即做出反应。从现象上看，一般当日的成交量比前一日（周、月）放大1～4倍，有的甚至更高。同时，5日均量线向10日均量线推进或上穿10日均量线形成金叉。

从理论上来讲，这说明，当成交量在5日均量之下时，量能和力能开始聚积。一旦聚积到足以把5日均线推向另一高度时，量能和力能就会毫不犹豫地把5日均量推向10日均量或超过10日均量。从现象上看，就是5日均量线粘连10日均量线1～3日后，再上穿10日均量线。

但是，单是均价线系统和均量线系统的量能聚积到一定程度，仍不能推动大盘或个股做一波像样的大行情。根据高竹楼的"一招定乾坤"的原理，还必须有KDJ（短线技术指标）和MACD（中长线技术指标）两大系统相配合。也就是说，当KDJ和MACD的能量也聚积到一定程度时，一波大的行情才能展开。

再谈一下股市一个周期的下跌，与理论上量能的下降及释放的关系。当量能越积越多，力能越来越大，把股指（股价）推向另一个高度之后，就会物极必反。当量能和力能到了一个周期的顶部时，便要开始释放能量。这时，力能会随着量能的释放而下降，股指（股价）也就随之而下。

根据物理学的量子力学，任何物体上升时都要力的推动与支撑，而下降时则都不需要力的推动与支撑。也就是说，股指（股价）下跌，是不需要成交量配合的。与此同时，均价线、均量线、KDJ、MACD四大系统也都会立即做出反应：

◆K线图会在相对高位出现阴、阳十字星，长十字星，吊顶，射击之星等变盘信号。

◆均价线系统中的5日均价线也会有走平或向下掉头的迹象，向10日均价线靠拢。

◆成交量系统中的5日均量线也会走平或掉头向下，靠拢10日均量线。成交量有可能放大，也可能缩小。

◆从KDJ系统短线指标看，K值、D值均会走平或向下掉头。J值也会从钝化（超过100）快速向下掉头，或从相对高位向下掉头。

"四季择时法"选择买卖时机

新释MACD"六大功能"，采用"看季、观月、定周、择日"法，坚持"四不进场"，免受套牢之苦。

在潜心钻研股市规律过程中，对各种炒股软件的每个技术指标，高竹楼都进行了深入研究，尤其对MACD指标，他有独特的认识和新的发现。

他对我说，经过长期观察，他发现MACD有一定的先知先觉作用。一般来说，一开盘，根据MACD图形，他就可看出大盘或个股的当日、当周、当月的走势，且基本成定局。除非在当日震荡特大，能改变其形态，从而形成反转，否则一般情况下都较为稳定。在他发现的"一招定乾坤"中，MACD指标起着决定性作用。高竹楼发现它有六大功能：

◆MACD能判断一天、一周、一月的走势。

◆在大盘及个股一波行情开始后，MACD能判断主力和庄家洗盘、打压的情况。

◆MACD能判断大盘及个股一波下跌行情的开始，以及大盘和个股主力、庄家给散户第二次、第三次出货的机会。当一波下跌行情刚开始时，如股指出现反弹（K线出现阳线，而MACD红柱继续缩短），就是庄家给投资者第二次出货的机会。这时，投资者千万不要抱着侥幸的心理，否则会贻误战机，后悔莫及，白白赔了时间又赔钱。

◆当KDJ指标中J值发生钝化时，投资者可再观察MACD的变化。只要MACD当时、当日、当周、当月红柱继续比前一时、前一日、前一周、前一月放长，投资者即可大胆放心持股。一旦J值钝化几时、几日、几周后开始回落，投资者可考虑出场或减仓。

◆MACD第一次在0轴线之下出现金叉时，股指、股价会有一定的涨幅。第二次在0轴线以上出现金叉时，股指、股价涨幅会比前一次更大。

◆每一次行情始末与MACD指标均有相辅相成的关系。具体如下：

看一下MACD日线的DIF线，如果它向下拐头是短线见顶信号。

看一下MACD周线的DIF线，只要它不向下拐头，可大胆持股。如果它向下拐头，说明是中线见顶信号。

再看一下MACD月线的DIF线，只要它不向下拐头，做长线的投资者仍可放心持股。如果它向下拐头，说明是长线见顶信号，这时应彻底清仓，离场换股。

以上各种情况与MACD柱的长、短关系很大。

以上是高竹楼对MACD新的发现、新的解释、新的应用、新的判研。请投资者千万不要按书本中的教条死搬硬套，一定要将他所说的融会贯通之后灵活运用。根据以上所说，投资者就不难判断大盘及个股的走势，对于牛市何时能到来，熊市何时会出现，也基本上可以做到心中有数。这样就能先人一步，跑赢大市。

以上方法，高竹楼简称为"看季、观月、定周、择日法"，即"四季择时法"。

另外，还要特别注意遇到以下情况时，不要进场：

◆ MACD 柱在 0 轴线以下时不要进场。

◆ 没有周 K 线配合不要进场。

◆ 当 5 日与 10 日均线在 30 日均线下方发生金叉时不要进场。

◆ 凡除权（10 送 5 以上）股票，除权前已放量的，除权后不进场。

◆ 个股趋势向下确认后，不要进场。

那么，当以上情况出现时，想进场怎么办呢？这时可用分时图进场，而且要快进快出，否则风险较大，获利不大。请投资者牢记：绝大部分股票是随大盘而上，也随大盘而下，只有少数是逆势而行的。因此，高竹楼的策略是"庄拉升我进，庄未退我退"，与庄共舞，享坐轿之乐，免被套之苦。

用"高氏公式"算出最佳买卖点

何时点位进，何时点位出，他用"高氏公式"把握今天，预测明天，算出最佳买卖点。

在采访中，高竹楼还向我透露了他在多年来炒股实践中，摸索出的一个如何把握第二天进出点的公式。该公式根据当日开盘价、收盘价、最高价、最低价位，可计算出次日的相应价位。当日各价位分别用不同的字母表示如下：

A = 当日最高价　　B = 当日最低价　　C = 当日开盘价

D = 当日收盘价　　E = 常数 = （A + B + C + 2D）÷ 5

F = 次日开盘价

预测次日上升突破价位 a：

$$a = E + (A - B)$$

如次日股价的最高价超过此价位，则有上升行情产生，可当日买入，或观察几日后逢低吸纳。

买入条件如下：

◆ 成交量必须超过当日一倍以上。

◆ 以收阳为标准。

◆ 前期股价以横盘或小幅上扬为主，收益10%～30%，不可追高。

预测次日上升阻力价位 b：

$$b = 2 \times E - B$$

如第二日股价运行到此价位遇阻不过，可短线抛出，或在当日相对高位卖出。

卖出条件如下：

◆ 成交量基本平稳。

◆ 次日该股在此点位形成阻力，没有超过前日上升的突破价位。

◆ 如果近期走势趋强，此阻力位近几日数值不断上移，可先不考虑卖出。

操作建议：短线为主，次日如符合条件可卖出；若想再买入，可在下跌支撑价位处买入。

预测次日下跌支撑价位 c：

$$c = 2 \times E - A$$

如次日股价下跌至此价位附近不再下跌，可考虑买入。

买入条件如下：

◆ 成交量变化不大。

◆ 股价运行比较平稳。

操作建议：可在次日此价位吸纳，超短线为主。

特别注意：如此支撑价位连续3日下移，则先不买入，可能还会有更低价出现。

预测次日下跌反转点价位 d：

$$d = E - (A - B)$$

如次日此股下跌的最低价超过此价位，则要逢高出货。

操作建议：如果次日此股下跌突破此价，则坚决卖出。

特别注意：如在底部突破此价位并放阳量，则是底部的反转信号，可考虑买入，可能此时就是底部价。

预测次日开盘价位 e：

$$e = (E + a + b + c + d) \div 5$$

如次日开盘价在此价周围震荡，则可考虑在1～2日高抛低吸。如相差较大，则可能该股有上下行情产生，可综合参考其他几个数值后，再考虑进出。

预测次日收盘价位 f：

$$f = （e + F）÷ 2$$

根据公式计算出来的价位，如收在5日均线之上，可继续持有；反之，则逢高减仓。

长、中、短线操作，哪种适合沪深股市

股市亦有春夏秋冬。中线波段最适合中国国情。高竹楼每年年初介入、年中出手均屡试屡中。

高竹楼认为，世上万事万物都有一定的运行规律，一旦规律形成，绝不以任何人的意志为转移，股市的规律也和季节的春、夏、秋、冬一样，四个阶段相互转换。不管是大循环周期还是小循环周期，筑底（春），上升（夏），顶部（秋），下降（冬），哪一个阶段都不会少，也不能少。投资者只有理解季、月、周、日、分等各种循环周期之间的互换关系，并贯通运用，才能在股市中立于不败之地。

"在这些循环周期的操作中，有短线、中线，还有长线，你最看中的是什么？"我问。

高竹楼答道："我最看中的是短中线结合，而不是纯短线或长线。可以说，自从有了股票，它就与'炒'字连在一起。一种非常流行的观点是：炒股就是炒短线，每天都要买卖股票，否则就浑身不自在。"

高竹楼用统计数据来说明这一点：数据表明，国外股市只有极少数短线高手真正获利，绝大多数投资者亏损累累。况且，沪深股市还没有做空机制。有关资料显示，从事短线操作的著名投资家选股的准确率只有40%。这说明短线获利只是瞬间的，而不是持久的。

中线波段讲究一年获利20%～30%，如果10年累积下来，获利就相当可观了。它放弃了短线的日波动，放弃了小的机会，而抓住大的机会，因为日线的波动在周线里只是一个小小的浪花。而且，在拉升阶段，庄家制造的陷阱就是洗盘，短线特别容易失误。同时，因为一些上市公司会撒谎、造假，中线操作还避免了长线"请把我的股带回你的家，请把你的钱留下"的风险。中短线操作，可以规避一些系统性风险。

另外，中线操作的周期基本与大主力操作周期吻合，适合持续、稳定获利原则，与大盘走势共振，该做多时做多，该空仓时外出旅游。一个操作周期所选的股票不超过3只，买进之后一直追踪，直到卖出。事实证明，这种模式是最适合沪深股市行情的。

至于长线波段操作，高竹楼认为，对于国外的高增长公司而言，它还是可行的，但对当时沪深两市的上市公司而言，这种操作模式还稍欠火候。比如，前些年被市场称为"蓝筹股"的许多上市公司，以及所谓的"高科技公司"，都名不副实（当时部分表现出色的蓝筹股，使投资者逐步地改变了对它的认识）。就算个别上市公司业绩没有出现滑坡，但长线投资者大多还是被深套其中。

所以，高竹楼认为，短线、长线操作都没有抓住股市的本质，绝大部分以亏损告终，唯有中线波段操作最适合沪深股市，也才会创造"10年100倍"的神话。

设立股市咨询电话

> 他设立股市咨询电话，24小时为投资者排忧解难。

在采访过程中，我得知高竹楼和他儿子在2018年1月创建了"南京高老师粉丝群"。通过这个"粉丝群"，他把自己研究出来的最新成果、股市心得和每天大盘的走势图——无私奉献给大家。

由于信息披露，每日，高竹楼都要接到数十个咨询电话。他均按"智能软件"反映的实情，如实——回答各地投资者的种种提问，基本无错。后来，他突发奇想，开通了股市咨询电话，博得广大投资者的一致信赖和赞誉。

听到此，我不禁问高竹楼："为什么这么大岁数了，你对股市的研究仍有这么浓的兴趣？为什么还专设股市咨询电话？不怕麻烦吗？"

高竹楼深情地对我说："沪深股市经过了几十年的风风雨雨，无数英雄折断了腰；无数机构、庄家主力及大中户消失在股市中；更有无数的中小投资者伤痕累累。我是第一个给有关管理层提出'股市是有规律的'，而且是'涨有涨的规律，跌有跌的规律'的人。"

他接着说："在股市不断变化的今天，我一直在琢磨怎样用现代高科技的手段，通过软件编程，把自己所想的在大盘走势图中反映出来。这就是在普通的K线图中，找到不寻常的股市运行规律，力求把大家通常所说的箱体论、波段论、高抛低吸论、趋势论及规律论五大理论合而为一，通通在一张K线图中反映出来。

"这样，从复杂到简单，让所有的投资者一看就懂，一学就会。只要照图买卖，就是赢家。经过几年的努力，我这个夙愿终于实现了。我要达到的最终目的只有一个：让所有投资者'牵着股市的手，永远跟着规律走！'"

然后，我要高竹楼谈谈他对这一软件的心得。他想了一会儿，告诉我一副对联：

上联：线段变红就满仓，胸有成竹有主张

下联：线段变绿就空仓，心中有底不慌张

横批：永远是赢家

我听了，深深感到高竹楼最后总结的这副对联，确确实实反映了他的劳动成果和多年来对股市规律的苦苦追索。从他身上，我也看到了数千万股民对股市孜孜不倦的研究精神和对股市做出的贡献。但愿随着本书的出版对高竹楼研究成果的推广，能给更多在股市中艰难跋涉的投资者带来更多的益处。这也正是他所企盼和最终想要的回报。

股市警世格言

> 殚思苦虑，剖析股市"运行规律"。总结股市警世格言，让规律了然于心。

在多年的实践中，高竹楼还把自己发现的一些股市规律性的东西编成了顺口溜和格言，读起来耐人寻味：

◆炒股不与天斗，不与地斗，不与人斗，与电脑斗。

◆长线：绝不在股市的春、夏季节卖出股票；决不在股市的秋、冬季节买进股票。

◆短线：绝不在上午日出（指短线上涨阶段）之后卖出股票，绝不在下午日偏西（指短线下跌阶段）后买入股票。

◆底是跌出来的，不是测出来的；顶是涨出来的，不是想出来的。

◆A股的上涨，是人民币堆出来的，不是股评文章吹出来的；B股的上涨，是美元、港币堆出来的，不是教授、专家吹出来的。

◆股市有千条万条：按"市场规律"办是第一条；以"万变应万变"是第二条！

◆股市中只有相对论，没有绝对论！

◆股市没有神仙，只能自己救自己。

◆个人、机构、主力、庄家及基金均不能对抗或违背"市场规律"办事，否则均会受到"市场规律"的惩罚。

◆股市大忌：明知是错，仍存侥幸，屡教不改。

◆股市最大的天敌是自己，明知错，偏为之，存侥幸心理，认为"别的股票下跌，说不定自己的股票会涨"，最终一错再错，由浅套变为深套。

◆大盘走势是什么？它像一个大哑谜，凭投资者自己去找谜底；它又像是一部无字天书，任凭投资者自己去想象、去发挥、去破译。

◆每一只个股的走势都像是一部无声的电视剧。投资者在相对底部买票进场，看的是喜剧，股价一路震荡向上；投资者在相对高位买票进场，看的是悲剧，股价一路震荡向下；剧情发展到一定程度会物极必反，由喜剧转变为悲剧，或由悲剧转变为喜剧。

◆投资人要理解季、月、周、日等各种循环周期之间的互换关系，并要贯通运用，才能在股市中立于不败之地。

◆炒股人一定要先"投资"：智力投资、时间投资及设备投资（电脑和好的股市分析软件）后才能有收益。在科技日益发达的今天，从生活至方方面面，高科技为人类已做出巨大贡献，炒股也不例外。只有高科技＋高智商才能有高的收益。

◆当投资者在股市亏损后，不要怨天尤人，怨管理层，怨上市公司，怨股评家，怨政策，只能怨自己没本事，股市的学费还没交够。应该吸取经验教训，找出失败原因，学习、学习、再学习；总结、总结、再总结。

◆从有股市交易的第一天起，政策、消息、基本面、宏观面、微观面、上市公司、股评文章、个人观点、软件开发商等，均是为股市"涨、跌、平"三个字服务的。

◆炒股到底炒什么？有人说炒业绩；有人说炒未来；有人说炒重组；有人说炒心态；有人说炒题材……正确的说法：炒股应该是炒"上升趋势"！炒"上升规律"已形成的个股！一个字，炒"涨"

字！反之，结果可想而知。

◆ 股市一涨遮百丑，一跌露百"陷"。

重访的最后，当我问起他"作为投资前辈，对广大中小投资朋友有何嘱托"时，高竹楼仍用他一以贯之的幽默和多年来的投资智慧总结出了一段经典"顺口溜"，奉献给大家：

炒股其实很简单，紧跟市场是关键。
趋势向上你就买，趋势向下你就卖。
炒股要炒强势股，买到手后要能捂。
只要趋势不改变，赚到钱后去跳舞。
永远不炒熊市股，这种股票不能捂。
越捂资金越缩水，最后让你吃大苦。
为啥赚钱难上难，战胜自己太困难。
只要跟着市场走，钞票很快赚到手。

另有一段股市心语如下：

炒股就要简单化，一定要听市场话。
如果你还不赚钱，说明不听市场话。
炒股要听市场话，走到哪里都不怕。
炒股跟着市场走，钞票很快赚到手。
说一千来道一万，涨跌谁说都不算。
政策技术相信谁，市场规律当裁判。
信也好不信也好，事实摆在你眼前。
要想股市来获利，学习掌握并执行。
要问到底怎么办，市场规律说了算。

要按市场规律办，中线操作最实际。

等到没有行情时，彻底离场最合算。

在采访高竹楼的那段日子里，我时时刻刻都在为他多年来孜孜不倦地探寻股市规律的执着精神所感动。他不仅把研究的成果运用于实践，还热情地指导众多的投资者按照"市场规律"操作，取得了良好成绩。

2009年后，他陆续在海天出版社（现深圳出版社）出版了两本书《炒股就是炒趋势》《看对趋势操对盘》，受到广大股民朋友的欢迎。

尾声：永远做遵循股市规律的快乐投资人

2020年7月3日，下午三点半。雨后中山大道两旁的梧桐树，苍翠挺拔，生机勃勃。

当我来到位于南京中山北路最繁华的路段，一栋被绿树遮掩的高高写字楼前时，早已等候良久的高竹楼热情地迎上来，握住了我的手："白老师，我们有10多年没见面了，欢迎！"

他带我走进位于这栋大厦30多层的"高竹楼工作室"。室内简朴温馨，桌上的几台电脑和满书柜的证券及金融类书籍，最为显眼。

从2003年第一次采访，到后来的几次重访，再到分别十多年来的再次相见，我们老哥俩，有着说不尽、聊不完的话。

我感觉他一点没有变。尽管10多年过去了，他已是70多岁的老人了，仍然谈笑风生，思维敏捷，活像年轻人一般。

在中国几亿股民中，高竹楼是第一个向中国证监会阐述"股市规律"的投资人。入市25年来，他不仅倡导并亲自践行，而且一切操作，均严格按照这一股市规律执行，从迷茫走向成功。他执着追求，付出了许多艰辛与汗水。

上天终会给付出者以丰厚的回报。交谈中，他笑着对我说，南京城里他拥有的5套房子，都是这些年在股市盈利给"买单"的。如今他不愁吃，不愁穿，就是喜欢在股市和股友们一起淘个"乐子"。行情好时，他就做做股票；不好时，他就出去旅游。

在他的手机微信上，我看到他参与了40个交流群，有什么"同舟共济""A股精英""赚不停""短线飞行""股市一路长虹""智能分析交流群"，还有什么"牛股群""股市一飞冲天群"……

为了帮助更多的股友，高竹楼每天下午3点收盘后，还要架起三脚架免费为股友们搞直播，分析每日大盘走势，并对第二天如何操作给出自己的明确观点，每次10分钟左右。我在现场听了几段，发现他的演讲和电脑操作水平都很高。他还边讲边画，有图有"真像"，颇受大家喜爱。

"高老师，你这么大年纪了，精力还这么旺盛。天天这样辛苦，忙得过来吗？"见此，我感动地问他。

"多年来习惯了。"他笑呵呵地对我说，"如果整天太清闲，我倒是有点不习惯了。人忙一点，交往多点，心态也会年轻很多。股海很辛苦，我要做一个快乐的投资人！"

20多年的股市征程上，他年年如此。难怪看上去，他整个人始终是那么充满活力，那么快乐。

我从内心祝愿：他的追求与愿望早日实现，也希冀股市有一个美好的春天！

聂明晖：

> 炒股必须要有一股子狠劲。
> 买，要狠；卖，也要狠。

简单，实用，是职业投资人聂明晖多年来坚持的一种实战操作方法。他仅仅凭借"一根线"，成功的获利概率即达到85%，令人惊叹。

投资简历

个人信息

聂明晖，男，1975年生，陕西宝鸡人，大专学历。

入市时间

1994年开始股票投资，1995年起同时兼做期货交易。

投资风格

追求操作上的"简单"，喜炒强势股。

投资感悟

机会是等出来的。一个人要想成功，就要能耐得了寂寞。

第10章
△△

我炒股就靠"一根线"
——记民间高手聂明晖股海博弈的制胜密码

算起来，到2005年，聂明晖入市已有11个年头了。

上经贸大学时，他学的是财经专业。上大二的时候，因为喜欢下围棋，他加入了学校的围棋协会。学校的围棋协会会长炒股票，而且炒得很棒。聂明晖围棋下得好，是学校里的围棋尖子。会长挺器重聂明晖，常指导他。慢慢地，在会长的影响下，聂明晖也开始涉足股市了。

那时候，家里给他的一个月生活费只有150元。头一次买股票，他钱没有，胆倒挺大。他拿出半年的生活费，又借了同学的几百元钱，共1200元，买了100股的诚成文化（600681，现名：百川能源）。没想到当天就跌去了100多元。借给他钱、陪他去炒股的同学，一看股票跌成那样，当时脸都绿了。第二天，股价又回来了一点，亏了20元，他就赶快逃了。当时是1994年大盘从900多点向325点大跌的途中，炒股赔钱，是自然的事。后来，行情好了，聂明晖也开始挣钱了。到大学毕业时，他炒股已经赚了好几千元。

大学毕业时，期货公司招人，刚好聂明晖也在那儿实习，从那时起，他就喜欢上了投资这一行。他放弃了去当公务员的工作分配机会，潜心钻研技术，并替客户操盘。

那时，聂明晖每天都要画"线"。每一个品种的趋势，都是他天天画出来的。每天，他常常要画30张图。所以，这么多年，聂明晖对均线有一种特殊的感情。

聂明晖的第一个客户是个炒股大户，当时该客户拿了5万元到期货市场来试试。可刚一出手，他就赔了1.8万元。他很伤心，让聂明晖来做。聂明晖就拿他剩下的3.2万元买了4手海南天胶（每手保证金是8000元）。只3天时间，就到5.6万元了。后来，他越赚越多。最多时，一天能赚30多万元。最终，他让这个客户的资金上了千万。

许多人问聂明晖在操作上靠的是什么绝招，其实，很简单，他用的就是普通的均线。因为他画了几年的"线"，对它的脾性很了解。什么时候该卖，什么时候该买，他心里都有数。而运用到炒股中，10年来聂明晖制胜就靠"一根线"，即30MA这根移动平均线。

说起来似乎没人信，看起来也似乎太过简单，但多年来，聂明晖追求的就是这种看似简单的东西。人们司空见惯，但并非人人都能运用好它，就连他也没有完全做到。他说，假如有一天，他真的严格做到了，才算真的成功了。

抓住"一根线"，掌握买卖点

在聂明晖的盘面上，他把所有的"线"都去掉，只剩一根30MA线，简单明了。他使用的方法是：经过较长一段时间下跌之后，股价会上穿30日均线。等30日均线走平后，聂明晖就开始关注它。等股价再次击破它，然后再次上穿，且站在30日均线之上，就是聂明晖的重仓买入点。而经过一段时间上涨后，30日均线开始走平，股价会跌穿它。等股价再次反抽，不能站在30日均线之上时，就是卖点。

2001年7月22日，正是一波上升行情结束的一个卖点。聂明晖带领他工作室的股友们，正是靠着这根线的指引，在这一天空仓逃离险境，避免了之后凶猛跌势造成的损失。

2002年1月，也正是从这根移动平均线上，聂明晖看到了希望，紧紧地抓住战机。当时，他把目标盯在了一批超跌股上。1月29日，有色鑫光（000405，现已退市）经过半年多的下跌之后，在60分钟的30日均线上，出现最佳买点。随后，聂明晖满仓杀入，仅几天工夫，就盈利40%。

在运用30MA这根移动平均线时，聂明晖常习惯于看30分钟和60分钟的分时图。在弱市中，他一般以60分钟为主要买入信号，以30分钟为主要卖出信号。

2002年"6·24"之前，在聂明晖的买卖系统上已出现买进信号，预示着有一波行情出现。从30日均线的走势看，大盘在经过较长一段下跌后，股价在2002年6月6日这天上穿30日均线（60分钟图），到6月14日再度下破30日均线。行至6月18日，股价再次上穿30日均线，到6月20日开始放量。

在6月20日这天，聂明晖以5.53元的价位满仓杀入深圳本地股深宝安（000009，现名：中国宝安）。其第二天、第三天、第四天连封涨停，6月26日冲高至7.60元派发。短短几天，他获利25%。（图10.1）

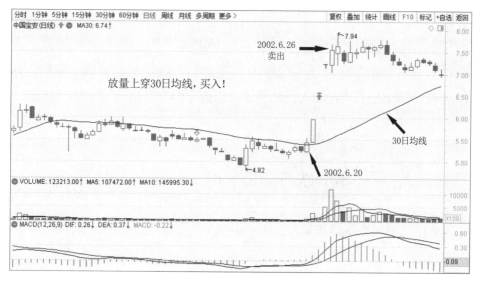

图10.1　中国宝安走势图

2002年10月，厦门信达（000701）在大势下跌过程中逆势上扬，于25日股价上穿30MA，聂明晖便开始关注它。到11月12日，它再次下破30MA，12月20日再次上穿30MA。2003年1月2日，该股逆势放巨量上涨，聂明晖随即跟进。到3月5日30MA发出卖出信号离场，他获利34%。（图10.2）

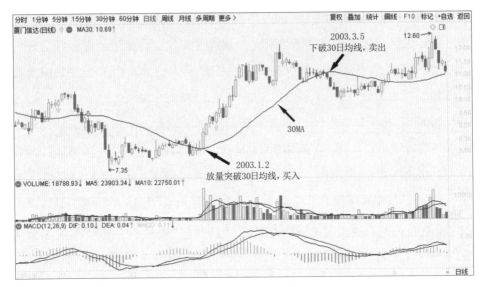

图10.2　厦门信达走势图

类似这种例子很多。2003年12月31日大盘下跌，但在下午2点左右上海石化（600688）在60分钟图上股价打到30日线，是最佳买点。同样，在2004年1月2日它再次出现买点，若买入，两天内会有5%以上的收益。

严格买入条件，30日线方向是关键

运用这根30日线操作要想获胜，还必须严格遵守买入条件：

◆ 前期有过涨停板的强势股票，或连续几日上过涨幅榜等，最好是上升通道个股。

◆ 该股30MA保持向上，30MA角度较陡峭为好，但也不能过于陡峭。

◆ 价格缩量调整至30MA，或略破，但要重新站上30MA。

◆ 相对应指标处在低位。

◆ 价格向30MA调整过程中，不应有较大的反弹。

◆ 比较安全的位置，是股票放量上涨后头两次的回落低点。第一次风险最小，向上力度大；越往后风险越大，向上力度越小。

在实战操作中，还应注意：

◆ 实际买入点位一般比30MA的价格略高，要保证自己能买到。

◆ 买入时机可以是调整接近30MA时，也可以是碰30MA开始反弹时。

◆ 一般来说，强势股建议用60分钟图；较强势的股可以放宽条件，用30分钟图买进；当大盘强劲，凶悍个股甚至可以用15分钟图买进（激进型）。

◆ 按此条件买入后，若大盘太弱，则获利后即可考虑退场；若大盘较强，可以适当持有。

◆ 若不幸套牢，价格不能站上30MA，要立即止损。

如果严格按照上述条件操作，成功率可达85%以上。

在选股和实战操作中运用这根线时，聂明晖体会到30MA的方向十分重要。日线30日线向上，周线也要站在30日线上，最好也向上。

聂明晖在2003年9月30日介入的中海发展（600026，现名：中远海能）即是如此，这只股让他获利50%。（图10.3）

还有一个令人印象深刻的案例，在2003年7月30日，聂明晖对ST中燕（600763，现名：通策医疗）成功操作。当时该股已连续9个跌停板，但聂明晖发现它的30MA却是继续向上的，于是在当天股价打到上一波行情启动时第一次的洗盘点时，他果断介入，短短两个星期就赚了30%。（图10.4）

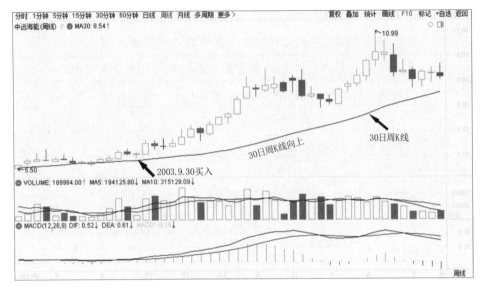

图10.3 中远海能周线走势图

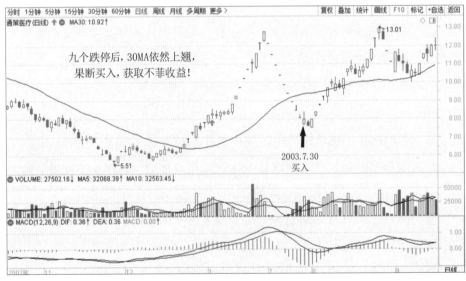

图10.4 通策医疗走势图

大盘也是如此。从2003年6月指数跌破30MA，30日线拐头向下开始，一波跌势一直持续到11月。在此期间，每次触到30日线，指数随即向下。到2003年11月中旬，指数有效向上冲破30MA，且30日线拐头向上，一波涨势行情展开。

同理，在2003年9月底，从中关村（000931）的日线来看，它的走势良好，各大媒体竞相推荐，但它最后却向下跳水，为什么？原因就在于它的周线30MA一直是反压的。

炒股票要有股子"狠"劲

这些年，聂明晖体会到，确立了交易系统之后，剩下的就是心态了。有人说，高手的较量，最后就是心态的较量。这句话不无道理。聂明晖在操作中的亲身感受是，炒股必须要有一股子狠劲。买，要狠；卖，也要狠。否则，就很难在这个竞争激烈的市场中立足。当然，这个狠劲，不是盲目地操作，而是来自准确科学的判断。

在实战中，一旦看到60分钟的30MA指标发出买入信号，聂明晖就勇敢地往里扑；而一旦它发出明确的卖出信号，他就毫不犹豫地离场。

聂明晖一个非常要好的股友，在2001年7月以32元的价格买入银广厦（000557，现名：西部创业）。没多久，该股便开始下跌，但他不忍心走。没想到，后来这只股开始了史无前例的狂跌，一口气十多个跌停板，股价很快一落千丈，把所有持股者关在里面出不来。

2001年9月，该股股价跌到9元左右时，跌停板曾一度打开，是个逃跑的机会。但此时聂明晖朋友一看，已亏了75%，更狠不下心来离开，总想着"它跌得差不多了，该不会再跌了吧"。然而，银广厦竟把他无情地抛向深渊，股价最后一直跌到2元多。

假如他在9元左右抛掉，在2元多再买回，等它涨到6元多再卖掉，将盈

利200%，还能弥补原来的损失。但是，正由于他炒股缺少狠劲，便错过了止损以至盈利的机会。（图10.5）

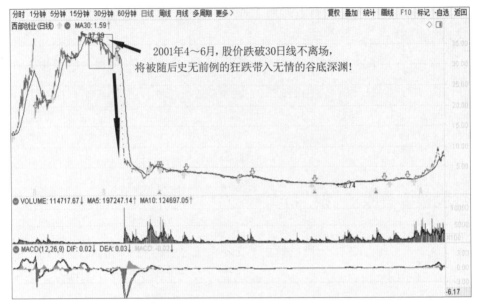

图10.5　西部创业走势图

大势往下的时候出局要狠。跌到底时，铲底买进也要狠。

2002年1月29日，股指创出1339点新低，许多人惊恐不已，不敢买股。而聂明晖在这一天却满仓杀进。

同样，2003年年初，眼看大盘跌无可跌了，聂明晖想，再不狠着劲买股票，不傻吗？1月8日，他见股价上穿了30MA，符合他的买入信号，便挑选了皖通高速（600012）和吉电股份（000875）两只次新股勇敢介入，获利均在15%以上。

还有，聂明晖会紧跟市场热点"穷追猛打"。2003年11月28日，上海梅林（600073）60分钟回调30MA，跌幅超过7%，但他还是勇敢介入，两天获利18%。

同一时期，聂明晖发现深市钢铁板块的领头羊鞍钢股份（000898）30MA的日线和周线均向上，便紧抓不放，获利也近50%。（图10.6）

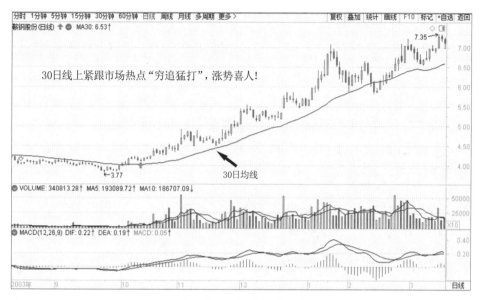

图 10.6　鞍钢股份走势图

有时股市等的就是那一分钟

在多年的实践中，聂明晖还有一个体会，就是炒股票要学会忍耐。他虽然喜欢做短线，但一年中他有一大半时间是空仓，处于等待状态。

聂明晖认为，机会是等出来的。一个人要想成功，就要能耐得了寂寞。就像做菜一样，要想炒得一手好菜，就要掌握好火候。火候不到，夹生，不出味；火候过了，会烧焦，烧糊。而炒股，也得有个火候。火候不到，不能动手；火候过了，又会错过节拍。

要真正做到这一点，就要能忍，能等。其实，有时股市等的就是那一分钟，特别是在火候不到的时候，要以极大的耐心等待。聂明晖曾看到过这样一则故事，让他多年来难以忘怀：

在海边的一个渔村，一个村民因极度贫穷，常年向菩萨祷告。

菩萨终被感动，于是在某个晚上托梦给他，要他在春天驾船出海到某个小岛。岛上有一座庙，庙里有四十九株花，其中四十八株开白花，只有一株为红花。在红花下面，埋着一大坛金子。

梦醒后，该村民将信将疑。不过，在春天来到后，他还是驾船出海了。按照梦中的指点，他果真找到了一个岛，并发现了庙，也看到了四十九株花，但这四十九株花却全是白色。他认为菩萨戏弄了他，极度失望地返回了。

回村后，他无意将此事透露给了另一村民。后者给了他一点钱，换得了到小岛的路线。在接下来的春天，他独自去了小岛。在庙里，一株树赫然开着红花。于是，他得到了一坛黄金。

对于得到菩萨指点的村民来说，缺乏耐心让他错过了财富。只要多等一年，财富就会属于他。

在这方面聂明晖也曾犯过心急的毛病，吃过不遵守纪律的苦头。2002年，他从7月开始空仓，一直没有做股票，在耐心地等待。可是几个月坐下来，他真有点难受。10月25日，见大盘出现反弹，聂明晖手痒了，便贸然买入了宁波富达（600724）。当天该股只涨了1个百分点，就收在了他的买入价上。第二天它继续跌，第三天它几乎跌停，聂明晖马上止损出局。短短3天，它损失了1万多元。

这次的教训在于，他违反了自己定的操作章程：这时大盘30MA并未发出买进信号，而他却贸然而进，怎么能不失利呢？

一根主线，KDJ辅助

在运用30MA这根移动平均线时，聂明晖并不排除其他技术指标。他常用KDJ作为这条主线的辅助判断指标。也就是说，当30MA移动平均线发出买入信号，而此时 KDJ 又在低位形成金叉，就进场，若是高位就不能进。

　　比如，2003 年 2 月 10 日，大盘股价跌到 30MA 上，他为什么不买？因为 KDJ 此时处于高位死叉。相反，在 2003 年 1 月 13 日，30MA 发出买进信号，且 KDJ 在底部形成金叉，就可以买进。

　　有时还会出现这样一种情况：大盘已发出了卖出信号，而个股的 30MA 尚没有发出卖出信号，怎么办？聂明晖通常采用的办法是减仓。

　　比如，2002 年 8 月，他曾买入综艺股份（600770）。当时大盘走弱，而该股却逆势走强。9 月 20 日，根据 30MA 的提示，聂明晖建了第一批仓。之后，9 月底股价下破 30MA 之后，又很快再次上穿 30MA，他建了第二批仓。由于当时大盘在下跌途中，所以，虽然该股在 10 月下旬并未发出卖出信号，但聂明晖仍把控制风险放在第一位，减半仓持股，直到 11 月全部抛出。

　　一般来说，大盘 30MA 向下时，个股操作空间很小，这时一定要注意控制好仓位，不可过重。而大盘 30 日线向上时，可满仓操作。每当大盘回调 60 分钟 30 日线时，都是一个好的买入时机。

　　另外要说明的是，运用 30MA 操作时，聂明晖习惯于用 KDJ 做辅助，读者朋友们可根据实际情况灵活运用其他指标，只要是自己熟悉的即可。

邓一伟：

❝ 必须学会多变的赚钱术，具有弹性的交易风格，方可成为市场的常胜将军。**❞**

"多翻石头的人，才能发现宝藏。"在投资交易生涯中，邓一伟以他不懈的努力和热情，钻研和掌握了一套多变的操作技艺，使他在风云变幻的股市中，时时把握战机，终而成就非凡。

投资简历

个人信息

邓一伟，男，1967年生，大学学历，双学位。

入市时间

1998年6月开始股票投资，同时从事期货交易。

投资风格

讲究投资艺术的多元化。

投资感悟

研究，才能出成果！

第**11**章

△△

邓一伟和他的多变赚钱术

—— 记民间高手邓一伟稳健盈利的十大操盘绝招

2003年1月2日,寒风刺骨。

新年伊始,"熊步"沉沉。这一天,沪深两市大盘不顾人们对新年行情的美好企盼,创下三年半来的新低。

投资者在哀叹,券商在哀叹,一些散户大厅被撤,许多原本"忠诚"的中小投资者早已足不出户了。就连平时热闹的大户室,此时也是一片寂静,坚持"上岗"者已寥寥无几。

"严冬"里的"一把火"

然而,就在沪深股市经受残酷严冬考验的时刻,当我冒着凛冽寒风走进申银万国的一间贵宾室时,眼前却出现另一番热闹景象:已经收盘快两个小时了,满屋的人还在守着"大智慧"没有离去,正在聆听一个年轻人"讲课"。而且,不时还有从其他证券营业部匆匆赶来的人走进这间贵宾室。

这么惨淡的行情,他们如此热烈地聚在一起,在干什么?

原来,这里是某共同基金的一个"营地"。"基地成员"们面对绿浪翻滚的大盘，正在研究新的一年的操作计划，筹划捕捉新的战机。他们的规模不大，堪称"袖珍型基金"。正因如此，这只基金"小船"从成立起，尽管生不逢时，遇到滔滔恶浪，但它在基金经理人、年轻"舵手"的指挥下，凭着其多变灵活的战术，闯过道道险关，在2001年成立的当年，收益仍然达到了所定的年盈利目标30%。2002年在大势日趋走"熊"的情况下，他们仍难能可贵地坚守在盈利线之上，着实令人惊叹！

他们是怎么操作的？制胜的秘诀又在哪里？带着这样的疑问，我专访了这只袖珍基金的"掌门人"。

他叫邓一伟，时年36岁。

初入股市，被"带刺的玫瑰"扎疼了

> 博士后妻子"激"他入股市，他发誓要解读"带刺的玫瑰"究竟是什么。

具有经济管理和外语双学位的邓一伟，原本是一家外贸公司的负责人，在生意场上是个能干的闯将。几年来，不少外资老板曾多次以高薪"挖"他，他不干，但连他都没想到，自己会神使鬼差似地踏上股市这条"风浪船"。

他入市，完全是被博士后妻子"激"下"海"的。

1997年的一天，将去做博士后研究的妻子在家歇着。邓一伟的一位朋友来家做客，说股市火爆，动员他去炒股。可那会儿，身任经理的他，忙生意忙得像个陀螺，哪能抽得出身，便让妻子小杨去。没承想，这一去，真让小杨给撞上好运了。她开户后，当天买的西飞国际（000768，现名：中航西飞）连拉涨停，一个月下来，赚了好几千块钱。

一个月后，邓一伟送妻子到北京博士后科研流动站工作。妻子把自己炒股的户头交给了他，他也想抽空到股市找找感觉。"说来也真没面子。在外，人家都说我娶了个高成长性绩优股的老婆，就连炒股我也比不过她。我操作半年下来一算账，竟亏了4000块钱，那会儿别提有多苦恼啦！"邓一伟说道。

初次下海的苦涩和难堪，让他耿耿于怀。1998年6月，他终于放弃收入不菲的工作，像众多散户一样，携带家中所有现金"杀"入股市。很快，他凭着自己的关系，迅速融进一笔4倍于自有资金的资金。融资过程没有任何章程，仅凭口头承诺，以及朋友们对他的信任。不料，股市一次猛烈的下跌，使他的总资金一下子就损失了30%多。恰在此时，一位债主朋友急需资金回笼，无奈之下，他只好将股票低价抛售，所得资金，连同自购的2万余元养老保险一齐赔上。这让他立刻成了穷光蛋。

邓一伟反思道："损失20万元算不了什么，但它确确实实证明我是多么单纯和无知。在进入一个陌生的又是高风险的行业之前，没有做任何准备，是多么弱智，多么可怕！父母、朋友都劝我离开股市，夫人更是连连责备。可我不想带着眼泪和忧伤告别'摧残'我的股市。我发誓要弄清这'带刺的玫瑰'究竟是什么玩意。我坚持着，思考着，研究着。"

创立袖珍型共同基金

建立共同基金，众人拾柴火焰高。他把重点放在提高资金的回报率上。

在"苦难"的日子里，邓一伟没有被失败吓倒。这期间，他几乎读遍世界著名投资大师的书，立志把投资当作自己一生的追求，决心以崭新的面貌开创自己的投资生涯。

他想，凡事一开始就要走在正确的道路上，以后发扬光大就容易一些。在风浪迭起的股市，一个人的力量太单薄，只有众人拾柴才火焰高。他开始筹划成立共同基金，要使它规范、合理、科学。无论开始是多么弱小，多么不起眼，也要有章法。他说，任何一项事业都是由小变大，由弱变强，都需要真诚的态度和不竭的热情。

在美国，有许许多多各式各样的基金。这些基金个性化特征非常明显，有按品种划分的，比如股市的、期货的；还有按投资地区划分的，比如亚洲基金、欧洲基金等。许多基金都是从很小一点点开始的，只要你才德俱全，总能把它变大，因为事物发展到一定阶段，会产生强大的辐射能力，会引发质变。邓一伟认为，我们的服务业、商业、工业等领域有许多民营企业，到适当的时候也会开放私募基金的。只要监管得当，会给证券市场乃至整个国民经济带来积极影响。

2001年，邓一伟着手创立了一个小型共同基金，作为自己事业的雏形——他给它取名叫"1+1共同基金"。那是他向夫人、哥哥、弟弟及亲友募集的第一笔基金款，设定的年度递增比率为30%左右，盈利的70%归投资人。

"你的基金目标很诱人，但在这种惨淡的行情中，你是否完成了目标？"我问。

邓一伟回答："为了完成所定目标，我把一年分别划分成月度、季度和半年完成比例，而通常的做法是根据未来的一年行情特点来设计。一般来说，我总是在年末收集各方面的信息，结合自己的研究，在市场发出转折信号时，重仓杀入拟定的个股。有时收益会大于30%，有时会小于30%，但不管多还是少，来年还是以30%作为既定目标。从基金创立起，行情就一直不好，但大盘也并非天天在下跌，总有许多机会，个股的行情更是如此。"

他接着说："多年的实践告诉我，牛市能赚钱，熊市照样也能赚钱，就看你能否把握机会。2001年，我们的收益超过了制订的30%目标，还第一次分了红。2002年稍差一些，也达到了近20%。能做到这一点，是大家出谋划策的结果，也是我们在个股操作上不失时机地把握了一些重要机会。还有一点，就是船小好掉头。由于我们的基金是袖珍型的，操作起来比大基金更灵活、多变：有机会，重拳出击；有风险，逃得也快！"

十大操盘绝招

> 把握投资机会，讲究投资艺术，十大操盘绝招，助他走向成功的彼岸。

"几年来，你走过了一条从失利到成功的路。听你的基金成员们说，你这个'司令官'肚子里有好多'道道'，投资艺术很有一套，能否透露透露？"

"要我说，投资艺术在实战中也很简单，就是在适当的时候，用适当的方法购买或出售适当的股票。但这种'简单'，来源于对股价波动规律的深入研究和熟练运用。你研究得越多，投资方法越正确，你的投资艺术品种也就越多！"

接着，邓一卫给我详细介绍了他常用的几种操作方法。

中期投资：自上而下的选股思路

众所周知，能否选好股票，是炒股票能否制胜的关键。

多年来，在选股时，邓一伟采取的是一种自上而下的选股思路：先看国家宏观经济状况和趋势，再看具体的上市公司及产品。

在实践中，他深感这种自上而下的选股思路比较符合沪深股市的现状，有着普遍意义。

投资者做股票，对国家宏观经济趋势和政策，必须有一个非常明晰的了解。总体而言，中国经济仍会保持继续增长态势。明白了这点，接下来就要研究哪些行业在未来最有发展前途，哪些行业是政策支持的重点，然后加以关注。任何产业都有生长、发展、成熟和衰退的过程。处于不同发展阶段的行业，其潜力也不同。一旦市场出现对某行业的巨大需求或更新的需求，该行业很可能获得非同寻常的发展，其业绩无疑也会迅速增长。选股的最后一项工作，就是确立该行业中的优质上市公司。

比如，国家"十五"规划指出，2001～2005年，让轿车和电脑进入家庭是重点工作之一。于是，从2001年2月9日起，邓一伟开始关注和研究轿车业的现状和趋势，收集了许多信息和资料：

轿车大量进入家庭的标准和时机。 全民平均年收入达到轿车售价一半的时候，轿车就可能大量进入家庭。

2000年我国人均GDP为7080元人民币，2001年变化也不太大。当时汽车售价10万～30万元，价格收入比相差很大，不可能大规模进入家庭。但是城镇人口有4亿多，数目已相当庞大，但中国轿车总产量尚不足百万辆。在政策支持下，在道路交通设施得到巨大改善的背景下，特别是在居民购车欲望十分强烈的情况下，该行业将进入一个快速发展期。另外，中国加入WTO之后，在经济全球化和入世承诺的压力下，仰仗国内业已存在的巨大需求和政府的正确决策，封闭了多年的中国汽车产业必定一步一步壮大，而当时正是加速壮大的时刻。

回顾历史上的消费热点。 20世纪50～60年代，消费热点是手表、自行车；70～80年代，消费热点是洗衣机、电视机、冰箱等；90年代，消费热点是电话、空调、电脑、高档彩电、音响。21世纪，消费热点将会是住房、轿车。这是一个自然的逻辑和经济发展的必然过程，也是社会需求的必然。了解这一点，便会明了应该投资何种产业。

选择相应的上市公司。 中国有三大汽车厂商，汽车股票品种比期货还少。加上一些中型汽车厂家，包括客车、卡车也屈指可数，不存在太多的选股困难。但是，为了防范不必要的风险，搏取更多的利润，仍有必要做公司分析。分析的首级重点是揭示目标公司在未来的市场竞争中将会有什么表现；次级重点是了解当时影响公司股价的一些客观存在的市场指标，如流通盘比较、市场主力介入的程度等。

经过这种自上而下的详细研究分析之后，邓一伟在2000年11月在6.50元附近买入了长安汽车（000625），在2002年5月再次加仓。他选择该股的原因有以下几点：

第一，重庆长安汽车收购了南京凯旋汽车厂后，生产微型面包车，销售量和趋势都十分喜人。

第二，控股股东与民生轮船、美集物流（美资）等成立长安民生物流有限公司，目的在于降低产品原料的物流成本。邓一伟了解到，大型汽车厂家的物流总成本是十分巨大的，有很大的下降空间。成本降低，利润就会上升，反映到股市上，每股收益就会增加。

第三，与美国福特汽车厂商合资，上了一个年产10万辆轿车的生产线。2002年4～5月，首辆车下线，预计全年产量可达3000辆，市场供不应求，这是新的利润来源。公司是地处西部最大的轿车商，占得地理优势。所以，邓一伟加仓买入其股票。当时股价是5.50元/股，因为预期利润肯定增加，且幅度不小，所以邓一伟持股坚定。

第四，2000年5月至2001年6月，该股股价从历史底部上扬，有12根周阳线，无一根阴线，成交量明显放大，价格从4.38元升至9.18元。成交量显示，该股有大主力介入，投资者也踊跃介入其中。

2001年下半年大市走熊，该股顺之，但回调无量，显示主力持筹信心足。所以，邓一伟才敢在回调的第一波结束时杀入。尽管在2002年大势一再走熊，但长安汽车坚挺的王者风范，直令市场投资者赞叹。在惨淡的行情中，邓一伟创办的共同基金从操作这只股中获取了不菲的收益。这皆源自他自上而下的选股思路。（图11.1）

不过，在投资汽车业时也要注意一些事项。记得地产业经过5年的高速发展，也带来了过热的问题，数千亿资金陷入其中，对银行造成不小的压力。所以国务院开始规范地产业，因而地产业的增长势头可能会减弱。汽车业也一样，投资者要睁大双眼，多了解跟踪该行业的发展状况和最新动向，一旦出现过热，要注意中短期风险。另外，也要评估入关及关税逐年降低的情况下，进口对上市公司销售和利润的不利影响。没有业绩的增长，不可能有股价的持续上扬。

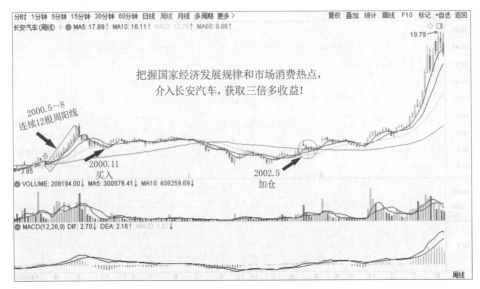

图11.1 长安汽车周线走势图

依照自上而下的选股方法，在2003年的行情中，邓一伟还选择了环保产业、外资并购、国内重组并购、银行业以及跟随纳斯达克指数变动的一些电子信息业股票来投资。

把握股票处于什么阶段

把握循环阶段，就是在交易的时候把握股价是处在上升、下跌阶段或整理阶段。对此有明确的判断之后，方可下单买卖。仅依成交量或其他一些技术指标分析是很容易出差错的。更正确、更重要的判断依据则是时间法则和波浪法则。

在邓一伟身边曾发生这样一件事：

在2002年11月6日至11日，一个大户室的几个熟人在12元附近购买了深南玻（000012，现名：南玻A）这只股票。他们购买的原因是该股在底部放量。当时，邓一伟把该股的周K线调出，结合3日K线的走势，发现该股放量极可能是老庄再度对倒撤离，故建议他们不要买，但是没人相信。果然，横盘震荡几日后，该股掉头向下，买者悉数被套，损失较大。

就这一案例，大家稍做分析便可明白：

从波浪法则看，该股自2000年1月28日至10月20日，股价从4.81元升至28.60元，完成了其历史上的大三浪上扬，股价由此展开回调是情理之中的事，预计将做A、B、C三浪调整。由于前期升幅巨大，投资价值被大大透支，其调整周期会是漫长的。

2002年1月28日，该股完成A浪调整，股价回落至9.48元。之后，借着深圳本地股的行情，它展开了B浪反弹，反弹至A浪跌幅的63%，股价达21.41元。在6月24日该股放出巨量高开低走，B浪反弹结束。此后，该股无疑将走C浪下跌，可以预计A浪调整的低点9.48元会被击穿。

2002年11月初，一些投资者看到该股已从21.41元回落至11.43元，认为跌幅已深，加上连续多日放量，基于这种简单的判断，纷纷在11月5日该股放量拉长阳后趁次日回调买入，买入不久便悉数被套，情急之下又在11日和12日补仓，以期摊低成本。不料该股毫不留情，继续下探。

究其操作失败的原因，在于没有认清和把握住该股的循环阶段。事实上，在11月6日该股价位停留在12元多，尚未完成它的下跌目标。按照循环法则，至少要达到9.48元，且C浪下跌的时间与其A浪调整时间相比，明显不够。该股持续放量不过是主力利用十六大的题材吸引人气，诱多而已。况且，该股在C浪运行的趋势在当时没有任何改变，趋势线的压力十分明显。如果没有看清这些，悲剧自然在所难免。

由此可见，何时买股，在什么情况下做交易，最重要的一点就是努力发现和把握该股的循环处在何种阶段。仅凭成交量或其他一些技术指标分析是很容易出错的。

炒股要抓主要矛盾

股市征途，险恶丛生，使人经常处于迷茫之中。要想在这种恶劣的环境中求生，的确十分艰难。若想做一个成功的投资人，必须时刻保持清醒的头脑，看清大方向。这其中，尤以"逃顶"和"铲底"至为重要。而要能如此，就要善于抓住主要矛盾，洞察大势未来变化的大方向。

2001年，正是成功地逃离了大顶，邓一伟才保住了已取得的胜利果实。这在于他敏锐地抓住了股市的主要矛盾，预测到了大势将要发生的变化。

2001年6月，股指已升至一个相对高点（2245点），市盈率已经奇高，能不能再度上扬呢？当时市场"涨"声一片，说股指要上3000点，甚至有的高呼要到1万点。

然而，邓一伟冷静地分析后却持不同观点。他的理由如下：

首先，从国内外经济形势来看，此时美国经济突然衰退，国内消费需求不足的矛盾十分突出，国有经济长期存在的结构性矛盾远未解决，国企脱困的基础还很脆弱。这是当时经济环境存在的主要矛盾。由此可见，内外环境均不助推股指的续升。可以说，股市同时面临内在与外在的调整压力。在此时此刻，要高度关注反映经济矛盾的政策信息，看看政策走向和有关专家的观点。

终于，在2001年6月9日前后，邓一伟在报刊上看到新华社记者贺劲松的文章——《国有经济的结构调整任重道远》。文章阐述了国有经济的矛盾非常突出，结构调整的任务十分紧迫，同时提到要大力推进股权多元化改革和以上市公司为重点，促进法人治理结构的规范运作。新华社文章代表着国家政策的动向。大市高高在上，实体经济矛盾重重，根本性问题远未解决，股市还能再涨多高呢？当时，邓一伟认为此文章属利空，预测大盘将步入中调。

其次，从当时股市走势看，从2001年2月22日至4月18日，股指走完拉升的第一波，从4月27日至5月22日走完第二波，从5月28日至6月14日走完第三波。三个上升波，一波比一波幅度小，明显上升乏力，调整的迹象已经显露。同时，这反映出主力资金逐步撤离，做多欲望很弱，停留一段时日后，必会反手做空，下调不可避免。

再次，从中国当时国企面临的问题来看，国企的实际状况不容乐观，其盈利前景、增长潜力很一般，业绩与股指相比早已透支，股指回调已是必然趋势。

总之，股市充满矛盾。看问题，就要看主要矛盾是什么。抓住了主要矛盾，就可以看清事物未来变动的大方向。

下跌之时显"股质"

莎士比亚有句名言："在命运的颠沛中，最可以看出人们的气节。"同理，在股市的暴跌中，也最能检验其"股质"。

2001年上证指数大跌至1500点附近的那一天，满盘皆墨，一片惨状，跌停的股票数以百计。但此时巢东股份（600318，现名：新力金融）不仅没有大跌，反而收了一根上下影线的红十字星，盘中成交量萎缩，也显示主力无再出货的欲望。之前，巢东股份与大市走势相仿，一路下跌，但当日却不同，为什么？

邓一伟认为，大盘跌至1500点附近，是一个重要的支撑位。一是技术上它已跌至1999年"5·19"行情以来大盘指数的63%附近；二是1500点是1999年行情上扬后的政策支持点位（当时政策认为1500点是合理的），不可忽视。由此判断，大盘还有可能产生反弹。

而巢东股份收十字星，反映出主力不想再跌，反弹的欲望较为强烈。因而邓一伟判断，其股价上扬是未来变动的主要方向，一定会从做空为主迅速转向做多。所以，他果断全仓杀入，价位是8.89元，时间是2001年10月22日下午两点半。果不其然，从次日起，该股就连拉三个涨停，邓一伟在第三个涨停时出货。（图11.2）

可见，细节与差异的探索帮助投资者了解股票的未来，对短期、中期、长期趋势均有一定的预测意义。这种技术的特征，还会引导投资者关注和深入发掘公司基本面中许多有独特价值的信息。

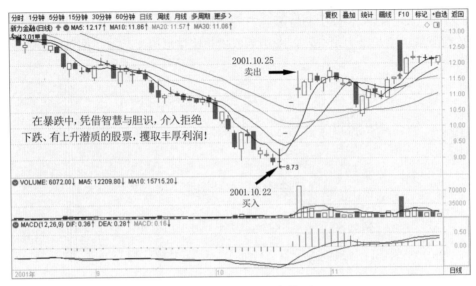

图11.2　新力金融走势图

又如，2002年11月27日，大盘处于连续下跌过程中的深跌阶段，从7月3日至当日，走势图显示出清晰的5浪下跌，会有abc浪的反弹。临近年底，许多ST绩差股面临重组的压力，所以邓一伟每日紧盯ST板块的动向。

大跌当日，ST板块全部收阴，而唯有ST七砂收出十字星。盘中显示，该股杀跌动能不足，且有托单护盘。其历史和近阶段走势严重弱于大盘，同大部分ST股一样，超跌严重（技术上而言）。邓一伟想，为什么当天它不跌了呢？再查看其基本面，发现一家民营公司大众磨具变成了它的第一大股东。邓一伟猜想其管理体制可能会改变，但也不是不跌的理由。

于是，他联想到自己曾做过的巢东股份：大盘和个股的情形如此相似，必定有一些弄不清楚的东西。说不定是有人先获取了信息，才敢如此作为。那么，他何不借用一下别人的先知先觉呢？

于是，邓一伟在4.49元半仓杀入，买后该股虽未立马展开反弹，但是这种情形下的与众不同的走势，一定隐藏着某种玄机。其后的走势印证了他的判断：该股在弱市中步步攀升至6.45元，最后真相大白——邮电研究院将入主公司成为它的第一大股东！这一切，均说明要特别关注每只股票的变化，尤其它在下跌途中的异常表现，不可小视，因为它往往是捕捉战机的最佳"猎物"。

以上种种，都让邓一伟深深体会到：危难之际，可以看出一个人的品质；在下跌甚至暴跌途中，可以观察一只股的潜质，特别是在关键的技术点位。

新股和次新股的变化规律及操作艺术

任何一项投资艺术，都是建立在正确的分析和长期的研究，从而得出可靠结论的基础之上的。投资者的每一笔收益，都来源于分析，绝不是茫然地跟随市场的起伏。在实战中，如果原先没有做过分析和研究工作，邓一伟绝不会去投资陌生的品种，直到他研究过并找到了一些可盈利的方法。无论是中线、短线还是长线，也无论是投资还是投机，他都是如此。即使对市场已经存在的研究结果，他也要重新研讨一番才会放心。因为只有亲身经历，才会终生难忘。而且，每一项研究结论，都要随着时间、空间和情况的变化做出修整，以适应新的形势。每个投资者都可根据自己的需要，选择目标群进行分类研究。分类研究越多，盈利的机会也就越大。

在这里，列举一下邓一伟近年对新股、次新股操作规律的研究方法和步骤。

首先，描绘并打印出1997～2000年的上证指数周K线走势图，标出其上升、整理、下降的区间，同时注明趋势发生转折的时间及各波浪的最大振幅。

然后，把这一阶段上市的所有新股列出，接着在电脑上与大市的走势对照，比较两者的转折点出现的时间和波动的幅度，一个一个地对比。

最后，要了解和研究新股波动的背景及原因。

结果，他发现了一些规律：

◆ 新股、次新股跟随大市的趋势，同步同向特征明显。

◆ 大市若有一波中级上升或反弹行情，新股也会跟随。

◆ 每年春节过后，新股总有一波行情。

◆ 大市若有一波中级上扬或反弹趋势，则新股的升幅远大于大市指数的升幅；大市若有一波中级调整或处熊市阶段，则新股的跌幅也远大于大市指数的跌幅。

◆ 大市处于弱势阶段，新股一般表现差劲。

◆ 新股的持仓时间不宜过长。

以上是新股与大市的一般关系，具有普遍意义。同时，邓一伟也发现了一个特殊现象：大市处于调整阶段并在结束后进入转势之时，某些新股并未表现出新股的一般走势特征，而是一直比较抗跌，表现为横盘强势整理或微微上倾之势。这少部分个股在大市转暖之后，会有不俗的表现。把握新股的一般特征和个别特征，有助于投资者理解和把握新股变化规律的全貌。如果继续跟踪研究2000～2003年的股市行情，大家会发现，结果与上述情况大致相同。

综上所述，若想把新股作为交易品种，第一步要研究并确认大市中级上扬行情出现的时间；第二步要选择可能成为未来消费热点的品种，以及有较大投资价值的上市公司，如黄海股份、国药股份、菲达环保等。

另外，由于上市时间不长，一般来说，在其上市后数月至一年间，对新股进行技术分析也是有价值的，不可轻视。需要提醒大家注意的是，弱市中要少碰新股，熊市中要远离新股。不要参与基本面恶化和未来前景不看好的上市公司。

在实践中，邓一伟也发现，极个别新股一路走熊，这也是要提防的。他提醒大家，要在把握事物一般特征的基础上，切实重视个股的个别特征。为此，可以通过分散投资，也可通过对投资的具体品种做更深入的研究来解决。

分类研究的项目很多，投资者可以根据需要，选择 ST 股、重组股、小盘股、增资配股、政策支持的重点产业股等类别去研究，发现它们运行的特征和购买时机，找到赚钱的方法。投资者也可以从技术面设定自己感兴趣的类别，从而找到赚钱的途径。总之，一个分类研究，就是一个投资机会，就是一个利润的增长点。

关注主力动向

从沪深股市开始交易至2002年，连头带尾13年，技术分析是这期间的主要投资方法，政策起了很大的引导、配合作用。价值投资法并没有真正形成。邓一伟认为原因有二：

一是改革开放20多年，广大投资者处于由物质短缺的单调的计划经济环境向充满竞争的多彩的市场经济环境过渡过程中，思想认识有一个适应过程，投机不可避免。

二是在此期间，上市公司主要是国企。国企的根本问题是成长的内在动力严重不足，如果仅靠政策驱动行业循环，或靠外资的冲击，是不能解决根本问题的。由此，投资者自然极度缺乏对国企长期成长的良好预期。没有长期成长，就没有真正的价值投资的出现，所以当时许多股票跌至1999年"5·19"行情启动时，甚至1997年、1996年的价位，也就不足为奇了。

相比较而言，将股价打压下来后再往上做，不是主力凶狠，实在是无奈之举。打压到绝大多数股票有较高投资价值区域后，然后有投资价值的股票连同无投资价值的股票一同上升，来一波上扬，算是名副其实的鱼目混珠。

从股市多年的轨迹看，沪深股市每年都有1～2波上扬行情，这也是沪深股市的特色之一。每年12月至次年2月，往往是大多数散户投资者失去信心的时候，机构在此期间也常常砸盘，所以跌幅较大，市场前景暗淡，很少人看好，在此阶段最重要的是捂紧口袋。但更要关注和研究市场动向，比如主力资金流向、板块的运行与大市的运行状态比较；广泛收集各路信息（宏观的政策信息、各机构对来年行情的评估及依据是什么），不要光看哪些股票会成为未来的热点。

在惨淡的行情中，千万不要远离股市，要比平时更加关心，一定要做好备战工作。经过技术面的详细分析和跟踪，结合国家政策信息，是完全可以把握合理的建仓时点的。

至于个股的选择，应着重选择跌幅较大，未来能成为热点的股票，当然，有强庄在里面的则更好。做完这一波，个股收益达到20%～30%的收益了，就该暂时住手了。剩下来的是等下一波行情，记住：要等！根据沪深股市的特点，邓一伟认为，只要抓住一年里的1～2波行情，就肯定赚钱，其余的时间，又可以看书研究了。多研究，少操作，赚钱就会稳妥些。这是对一年中出现调整行情的操作方法，若是一轮大牛市，则可持股久一些，但切记，不是长期投资！

当然，随着改革的深入，上市公司的动力会越来越强，价值投资会逐步成为一种被市场广泛采纳的投资法则。这是经济发展的需要，更是人心所向。但是，由于当时条件尚不成熟，只能采用渐进式分阶段的价值投资理念。

抢占投资市场的制高点

"石头翻得多的人才能发现宝藏。"利用信息，先人一步，抢占投资市场的制高点。

一名投资者，要想获得成功，还应该眼观六路，耳听八方，多渠道收集各类信息，筛选处理后，留下有较大使用价值的部分，为投资决策提供依据。互联网的发展，促进了信息在全球的自由流动，谁最先获取信息，谁最有能力分析、筛选出最有投资价值的信息，谁就能抢得先机。

1999年，邓一伟曾在江苏电台收听到红太阳（000525）总裁杨寿海的讲话：要把生命科学产业作为公司业务的重要组成部分。此时该公司股价在12～13元横盘。作为一个脱胎换骨的重组公司，它已经有农药作为利润的来源，可支撑12～13元的股价，当时又大手笔介入新兴生物工程领域。这一举措不仅提升了该公司的高科技含量，由于公司进入未来产生高附加值的行业，它还将为公司带来新的利润增长点。这一题材和比较大的潜力，预示着该股必会再上一个台阶。

邓一伟十分重视这一信息，立即把红太阳列为潜力股介入。果然，经过一段横盘后，2000年年初，这匹潜在的黑马开始奋蹄向上，最高飙升至30多元（图11.3）。2001年，该公司的龙肝舒泰终于横空出世。股价向来可以提前反映公司未来一段时间的增长价值，如果等到产品面世时再介入，恐怕就不太容易赚钱了。

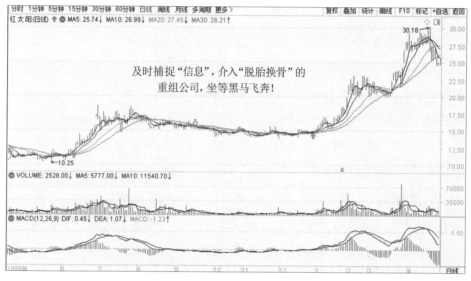

图11.3　红太阳走势图

还有邓一伟对浦东不锈（600748，现名：上实发展）的成功操作，也是来源于对信息的猎取。那是2000年2月28日，他看到一则报道，讲德国不锈钢近段时间连续两次大幅涨价，便联想到国内不锈钢的生产和上市公司浦东不锈。

说句实话，当时邓一伟对该股的基本面情况一点都不了解，仅分析了该股的技术状况（成交量、价位和形态）。看到该股尚处于历史低位，分析和发现当时大市向好，于是他就毫不犹豫地购入，价位在5.50元。后来，该股冲至11元多。当然，股价的上升，不光是产品涨价的原因，还有其他的因素，但受国际市场价格影响无疑是其中的一个主要原因。

国际证券市场之间互通声息愈来愈成为常态。所以，要多了解纳斯达克指数、道琼斯指数、恒生指数的走势及对应市场的活跃品种。一般来说，国外流行股往往不久后也会在国内流行起来。如2002年纳指上市的中国网站股升幅从几倍至几十倍不等，而与之有关的厦门信达（000701）、海虹控股（000503，现名：国新健康）等国内股票在2002年的表现也明显强于大盘。

信息的来源很多，投资者要时时处处做一个有心人。世界投资大师彼得·林奇说过："石头翻得多的人才能发现宝藏。"他平时总是尽量及早掌握信息，抢在人先，利用时间差做买卖。他随时随处包括逛街购物时都在留心新事物，以期发现新的投资方向。

其实，生活中这种例子太多太多。一次，邓一伟在与一家上市公司人员交谈中，对方无意间透露了某基金正在重仓吃进这家公司的股票。邓一伟十分重视这一信息，经过分析观察，他吃进了这只股，结果自然是获利不菲。

另外，邓一伟觉得平时电视广告促销的力量也不可忽视。1997～1998年，厦新电子（600057，现名：厦门象屿）在中央电视台做广告推销热门商品VCD，该股股价从10元升至几十元，除权后又填权；哈药六厂、哈药三厂的钙中钙等产品也在中央电视台大力做广告促销。哈药集团的股价在极其疲弱的大势中，反而是一路高奏凯歌。上市公司和主力机构都不是傻子，为什么要花大价钱做广告？主力又为什么要花钞票拉抬呢？最主要的原因是其业绩会提升。这种不分淡旺季，一年365天都在中央电视台做主题广告的公司的股票，是值得关注的。这种公司有很大的魄力，研究后大都可以买进。类似捕捉信息的方法很多很多，在信息市场中，只要你眼勤、脑勤、腿勤，钱就永远赚不完。

尺子、角度与百分比

在实际交易中，邓一伟愈来愈发现尺子、角度与百分比这三大法宝具有十分重要的地位。它们成功地帮助邓一伟完成了许多交易，就好像他的三个梦中情人，形影相伴。

著名的道氏理论中，有一句话让邓一伟印象很深，那就是"一把尺子走天下"。也就是在盘面上，用连线的尺子"量"趋势，看支撑和阻力，观察各种形态的变化。通常用"大尺子"看中长趋势，"小尺子"看短线趋势。只要趋势线不破，就可一直持股。一旦它被破坏，则要赶快离场。

在实战运用中邓一伟还发现，在一个趋势的基本周期的尾段，一般都会有一个大幅狂飙的拉升。就拿他炒过的南通机床（600862，现名：中航高科）来说吧，它在沪深股市中曾名噪一时。可刚开始那会儿，它的股价还不高，1997年7月见底才3.20元一股，到1998年1月见第二个低点4.98元。这两个低点相连，构成了它的一条中期上升趋势线。后来证明，它每次回调都未破这条趋势线，每次跌至趋势线附近，又都是一个买点。

1999年4月的第一周，当它突破前期高点达16.40元时，邓一伟即高度关注，断定该股已进入基本周期的尾段，行情会有一个大幅快速的拉升。终于，这一天到了。从1997年7月4日到1999年7月2日，它从底部到高位，从3.20元到38.50元，历时两年，以10倍多的涨幅结束了一轮漫长的调整周期。（图11.4）

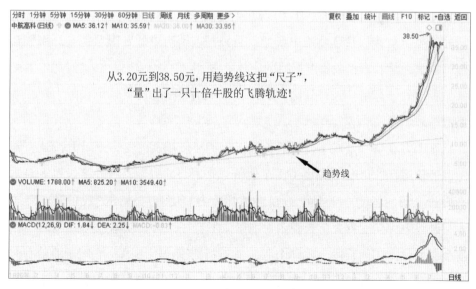

图11.4　中航高科走势图

再拿科利华这只股来说。从1998年8月至11月，邓一伟从盘面发现它的成交量已极度萎缩，股价波幅很小，庄家有明显建仓行为。12月8日开始放了2万手的大量，次日，量增至5万手，上升行情开始迅速启动。

到1999年4月，当它的股价达14元做主升浪的次级回调后，构成了明显的上升趋势线，股价一路上扬，直到1999年8月6日拉升到31.35元前，都始终没破中期趋势线。

然而，随后不久，7月7日和8月3日构成的短期趋势线被破后，引发了中期趋势线被破坏，股价开始回落，此时应立即出局。当时，最低价是28.55元，若看不明趋势，不迅速出局，到后来损失可就惨重得多了。

在多年的实战中，虽然用这把"尺子"不一定能在最低或最高价位完成交易，但却有很高的安全性。

如果一定要买入最低价或卖出最高价，百分比就能很好地发挥作用——也就是江恩所指的股价变化的百分比率（1/8、2/8、3/8、4/8、5/8、6/8、7/8、1及其倍数）。如果股价跌破或突破某条趋势线，就把该区间的高点和低点的波幅分割成8等份，股价会回调至其中的一条比率线上。如果股价创出历史新高，就把前期高点作为起点，乘以1/8、2/8…1等，作为股价未来上升的阻力。如果股价创出历史新低，可以把前期历史低点作为起点，用创新高的方法，计算未来股价下挫时的支撑。所以，在操作中，必须对选定的交易品种事先计算出一张百分比率表，提前把股价变动的支持位和阻力位在哪里记下来。

至于究竟哪一条比率线对股价的运行构成较重要的支持或阻力，这就要考虑股价运行的角度。角度透露了股价未来走势的力度，反映了投资者对未来股价变动的态度。升势中，角度越陡，投资者期望越高，股价升幅就越大；跌势中，角度愈大，投资者对前景愈不看好，价格跌幅愈大。当然，角度也会变化，不同阶段，不同个股，其运行角度也不一样。它暗示股价有时会大涨，有时会大跌，有时则处于调整状态。为了更好地掌握股价的运行特征，还需要运用波浪和时间法则。

总之，简单算术在技术分析中的价值正如在基本面分析中的价值一样，是巨大的，都需要了解数字背后隐藏的含义。

热点循环抓战机

股市虽然波涛汹涌，但仍有其内在的规律，而在众多的规律中，当属热点循环理论尤为重要。多年来，正是在这种理论的指导下，踏着股海热浪，邓一伟一步步走向胜利。

1998年市场热点在重组股，邓一伟便紧紧抓住以龙头股飞乐音响（600651）为首的上海本地重组股猛炒，一年下来，赚了40%多。到了1999年1月，大势一路向下，他却从沉寂的大盘中发现了基金在萌动，可能将形成市场热点，便趁势埋伏其中，低价重仓吃进淄博、建业和金龙基金。果然，不久基金变得异常火爆。他买的基金连连涨停，成为大盘一道亮丽的风景线，让他获利丰厚，一天足赚万把块以上。"5·19"行情发动前，由于对大势有着比较准确的研判和思想准备，邓一伟低位买入的厦门信达、北亚集团、上海邮通等网络股，价格都翻了一倍多。

"上帝是公平的，太阳会照到每个人的头上。"在股市中，邓一伟始终这么认为。热点不会永远是热点，股市有它自有的循环规律。当网络股、科技股风风火火一阵子后，邓一伟想，上帝既然是公平的，先涨的后来不涨了，而原先不涨的也该轮到涨了。于是，邓一伟选了ST股票建仓。当时许多人不敢买此类股票，而他认为ST并不可怕，因为它面临着更多的重组机遇。于是，他果断买入ST深安达、ST中华A和ST峨眉等。准确的判断，终于使邓一伟沐浴着胜利的阳光，把钱装满了口袋。

此外，股市低迷的日子最挫伤人气。很多人一味叹息，而在邓一伟看来，股市涨涨跌跌是很正常的，不必叹气、悲伤。股市不管在涨势中或在暴跌中都有机会可寻。因为一千多只股票在股市中不可能同步走，它们涨跌的周期也不可能都与大盘相同。这就好比再寒冷的季节，也有腊梅吐芳香。所以，即使是在大盘"最寒冷"的季节，也会有个股如腊梅傲雪，关键是要去寻找，去发现。

还记得1999年1月，那是大盘冰冷的日子，满盘皆绿，揪得人心疼。许多人袖手玩耍，无奈等待。而邓一伟却在那寒冷的大盘中，细心地寻找有生命绿意的幼芽。他发现深中冠在长期下跌中，处于历史的底部。他敏感地感到这是见底的信号，便开始关注它。随后，该股很快先于大盘企稳。在大盘继续回调途中，它已经开始见底回升，小幅上扬。接着，它持续放量震荡，但始终未破10日均线。邓一伟认为该股逆市拉抬，且流通盘小，又有一定重组题材，后市可能有良好表现。从周线上看，该股也已运行到接近前期大箱体的顶部，有冲击箱体中4个顶部的趋势。于是，他便果断杀入。

开春后，随着大势转好，深中冠果真冲出大箱体，股价迅速从6元拉升到12.92元，后来竟飙升到24元多，成为股海中一颗灿烂明珠。这样的股票举不胜举，像东风汽车、长安汽车等，在2001年和2002年也走得非常火，堪称弱市中的"豪杰"，寒冬中的腊梅。只要你细心寻找，勇敢走向它们，就一定会闻到它们的芳香！

技艺再高，不忘止损

比起一般爬行动物，鸟儿飞起来的时候，视野更开阔。它可以飞得很久，但要停顿休息；它也能飞得很高，却不可脱离地球的引力。自由鸟的自由，遵循着自然法则。不受自然约束的自由鸟也许会变成太空飞行器，但仍要恪守一定的宇宙法则。否则，它不是伤痕累累，就是粉身碎骨。

证券期货市场险象环生，防不胜防，不设定止损的操作是不可想象的。如果在2001年大盘指数击穿1999年"5·19"以来形成的重要上升趋势线（时间在2001年7月底，点位在2000点略上一些），倘若此时不坚决止损出局，还心存幻想，日后所造成的损失将是十分惨痛的。

止损位的设置依赖趋势线，根据投资者投资或持股期限的长短，可分为原始趋势线、中级趋势线和次级趋势线。你若是股市长期循环的交易者，则应考虑跌破原始趋势线为准则，顺之，以中级趋势线和次级趋势线为止蚀标准。当然，根据持仓量的大小和购买的价位，还会有更好的止损方法，不过无论如何也要止损。切不可为了摊低成本，而一次一次地补仓。既然你前面的买点错误，后面的买点也不会是正确的。

但在设立止损点时也不可过于死板，要灵活运用。2000年10月底，邓一伟在6.50元附近购入长安汽车。2001年2月，它跌破上升趋势线，但他并未止损出局，原因是他认为该股生产面包车的成本连1美元都不到，而住房和汽车是中国21世纪的消费热点，有较大的投资价值。虽然后来该股股价回落至4.30元，但邓一伟坚信其股价是会回升至他买的价位之上的。

果然，在2002年6月，它开始升至邓一伟的买价之上。虽然时间长了一点，但实践了一个理念：一个真正具有投资价值的个股，只要买入价格合理，回落之后必有价值回归之时。

超跌的、有较大投资价值的个股要充分关注，就像如今的大盘阴霾重重，许多新股已极具投资价值，应该是高度关注的时候了。这个时候，应该从价值投资角度确定止盈，而不是止损。大盘到了1300点的位置，不能仅从技术的角度设定新股的止损目标，而应该多关注它所处的价位有多大的投资价值。

"当然，股市千变万化，与之适应，投资的方法和艺术也应该是千变万化的，我历来崇尚多元化的投资方法。"在采访结束时，邓一伟对我说，"虽然我讲了自己的一些操作艺术，但在具体实践中要综合运用、灵活掌握，而且并没有哪一种套路能帮你稳赚不赔。因为我们投资的是未来，而未来就是未知，中国证券市场虽然长期来看总体向好，但仍存在着大量的不确定性，政治的、经济的、法律的环境必然有诸多的变动。所以，我们的分析理念、分析方法、分析重点也要与时俱进，在新的实践过程中不断去创新和调整。如果说，这世界上还有什么是永恒的，那一定是循环中的变化和变化中的循环了！"

邹刚龙：

> 走势再好，也不恋战！贻误
> 战机，往往在分秒之间。

整整14年，他从一个"小竹匠"，成长为一个股林短线高手。
他以股海的风雨，磨砺了一把"利剑"。他"一周内解决战斗"
的风格和他独特的"短线六炒"技巧，使自己在"腥风血雨"
的征战中，一直立于不败之地。

投资简历

个人信息

邹刚龙，男，1953年生。

入市时间

1991年。

投资风格

短促出击，一周内解决战斗。

投资感悟

一是要快，二是不要太贪。有了这两点，短线就不愁做不好。

第12章

△△

邹刚龙和他的"短线六炒"

——记股林短线高手邹刚龙叱咤股海的速胜秘诀

2002年1月22日，星期二。

大盘还在暴跌，都半年多了，还没有一点"回心转意"的样子。

按理说，2001年在中国大地发生了那么多惊天动地的大事：申奥成功了，经过15年的艰难历程，中国加入了WTO，国民经济稳步增长……7000多万热忱的股民翘首以待：新的一年，但愿股市能换新颜！

但是，随着新年的钟声，股市并没给股民带来欢笑，仍然是我行我素，"绿浪"翻滚，"套"声依旧。

尽管是开盘时间，无奈的大户们却无心留意那"冷冰冰"的盘面。不少人在聊天，嗑瓜子，设牌局。

但当我来到广发证券201室时，却看到另一番景象：几个大户都在非常专注地在盯着盘面看。

"快，挂2毛，吃'748'！"只见一个中年男子正在指挥身旁的一位女医生"抢"逆势走强的"湘计算机"。

"纵横国际要往下沉了，赶快出手！"他一边指挥，一边敲着键盘，"这年头，不能贪，能赚5毛是5毛！"

到下午3点，大盘又竖了一根"阴棒"，创出了1348点的新低。但201

室的大户们，个个脸上却露着笑容，把敬佩赞叹的目光一齐投向了那位中年男子。女医生呵呵地笑着："今天多亏了邹老师，股市又给咱报销了一桌酒菜钱！"

那位被大家视为主心骨的中年男子，名叫邹刚龙，是共和国的第一代股民。

在大盘"绿浪滚滚"之中，能目睹这样"惊人一幕"，令我心动。我决意好好会一会这位带领大家在"电闪雷鸣"中博弈厮杀的"铁血短线英雄"！

"邮市"催生投资萌芽

邹刚龙的投资意识萌芽于他的童年。

他祖籍江西，出生在一个竹匠世家。他兄妹6个，从小家境贫寒，一家人全靠父亲做竹艺活糊口。为了生活，懂事的小刚龙一放学就跟着父亲学做小圆车、鸟笼子。工艺精致的画眉鸟笼，他一天就能做4只。一只批发价7.50元，一天得30元。扣去本钱2元，净赚28元。从那时起，小小年纪的他，就萌发商品意识了。

他从小爱好美术，喜欢集那些花花绿绿的糖纸、香烟盒纸、火花玩，到后来发展到集邮票。那会儿家里穷，买不起，他只能把信封上的邮票用水泡泡，小心翼翼揭下来，在书中压平。

集着集着，后来看到别人的比他的多，比他的好，他就开始和别人换。一次，他到街上玩，见一家商场有一个柜台在卖邮票，前面围着一大堆人在换来换去。他就跑回家去，把自己多余的邮票拿来，与别人调换他没有的邮票。

后来，家里给他零花钱，他舍不得用，就去买邮票。由于钱少，买不起成套的，他就东一张、西一张地买，还要买那些盖过戳的，比新的便宜一半。

慢慢地，他在邮市与那些"邮贩子""黄牛"混熟了。他见他们天天在那儿转，天天能赚钱。慢慢地，他便发现，邮票放在那摆一摆，后来居然会涨价；卖了，也能赚钱。于是，他开始有了初步的投资意识。从那时起，他也学着把手头上不好的邮票，换成好一点的（有题材，像股市中的绩优股一样），以后好增值。

就这样，在邮市"泡"到1987年，随着改革开放的步子越来越大，邮市出现了高潮，用现在的说法，叫"井喷"行情。当时股市还没开，投资品种少，人们一齐瞄准邮市。不到三四个月，邮票价格就翻了四五倍，比如"红楼梦"小型张，9元买的，涨到30～40元一张，最高竟达到近1000元。"兵马俑"从几元，涨到20元，最高达400多元。被视为龙头的"猴票"，最便宜时，他5毛钱一张都买过，这会儿60元、80元、100元地往上涨，像刮风似的，一下竟蹿到了1200多元。很多人发了财。

看到这情景，邹刚龙惊奇地发现：中国竟还有这么好的投资市场！这可比自家编鸟笼子来钱快多了！

在这次的邮市"井喷"行情中，他卖了自己多余的邮票，赚了六七千块钱，开心得不得了。当时女儿吵着要买电子琴，他想都没想，上街就花了1000来块钱给她买回来了。谁知，一年后，邮票又暴涨上去了。他一算，当时买电子琴卖掉的邮票，搁到后来的话能卖1万块钱，就等于自己用1万块钱买了把电子琴。

在火爆的邮市中，他深深地感到钱能生钱的道理。

后来，他一有钱，啥也不买，就买邮票，到行情好时卖掉。从那时起，他也开始做邮票生意，也成了"邮贩子"，整天倒邮票"玩"，从上海、北京买回来卖。

到1989年，邮市跌得很惨。许多品种跌了一半价。后来，他发现它跌不动了。常跑市场，他知道这是该买的时候了。那些天，他一下班就往邮市跑，有好品种，就买一点。不过，他再不长捂，一有利就卖，开始做差价。

弱市不能做"长",一周内解决战斗

1991年,邹刚龙跟一个做服装生意的朋友出差到深圳,在那待了一个月。看人家买股票,别人劝他买,他花两三万元,只20多天,就赚了六七千元。他回来后,还不断接到这位深圳朋友打来的电话,告诉他:"又涨了,你要是不卖,又要大赚一笔了。"那位朋友和邹刚龙很要好,对他讲,买股票可以赚大钱。邹刚龙经历过邮市,对朋友讲的话很认同。

但当时他苦于没有机会入场。那时,要炒股得去上海炒,开户难,得要上海的身份证。他只好托朋友,与别人合伙。当时上海的股市很火,交易所的门小,一次只放十几个人进去,还要一大早排队,很不方便。

后来,他就专门坐车去股票发行地买原始股。他先后到过福州、厦门、济南、哈尔滨,在一级市场和一级半市场连连得手。

不久,他所在的城市可以开户了,他便乘胜前进,进军二级市场。

一开始,他走进眼花缭乱的股市,感到两眼一抹黑。买啥?他见延中实业代码是600601,排第一,不管三七二十一,就买它!当时行情不怎么好,但因为他在一级市场和一级半市场都赚了钱,便大着胆子以一股125元吃进了。

吃进后,它天天跌。当时,人们的风险意识还比较淡薄,而邹刚龙经历过邮市风险,心里有警惕。一看不对头,他便在110多元赶紧把它卖了。后来,这只股跌到了30多元。虽然他出师不利,但总算侥幸,没有大伤元气。

失败后,他开始仔细研究,向别人学习。那时候懂技术的人很少,技术指标比较灵光。每天,他都要"做作业",自己画图。阳线,阴线,高点,低点,每天的走势,都用坐标画出来,然后分析走势,找出底部特征和它的规律。当时他用得最多的是乖离率。他发现一般乖离率跌20%,肯定有个反弹。像广电股份、轻工机械,还有一汽金杯等股票,他就曾运用这一指标,在弱市震荡行情中对它们进行频繁操作。他已记不得从它们身上赚过多少道钱了。

利用技术指标,进行短线出击不断获胜后,邹刚龙对短线操作逐渐产生了兴趣。他意识到，短线比长线赚钱，特别是在弱市或熊市。但是，真正使他转变操作方法的，是在他的一次重大失误之后。

那是1992年。有段时间，大盘走得不好，而第一铅笔却走得很好。邹刚龙看到与它同类的丰华圆珠（600615，现名：丰华股份）已跌得差不多了，而且盘子小，便在12元买进。谁知，买了后它还跌。等跌到10元，他又补仓。但该股的股性远不如第一铅笔，太死。反弹到11元，他舍不得卖，哗，又跌下来了。他一直捂着，直捂到1994年，心想，它总要反弹吧。没想到，它一直跌到3.33元。后来，它反弹到10元，邹刚龙就狠着心把它卖了。

捂了一年多，没赚反赔，丰华圆珠给了他一个深刻启示：弱市不能做"长"！

然而，更激起他做短线热情的，是随后他对长春车百（600697，现名：欧亚集团）的成功操作。这只股的股价并不高，但股性很活跃，也很有规律性，老是在5元左右到7元左右这个"箱体"里荡来荡去。邹刚龙已说不清"炒"了它几十次了，反正一年下来，单从这一只股上他就赚了四五万元。更重要的是，长春车百这只股的炒作，奠定了他此后做短线的基础，激发了他的兴趣。和做长线相比，他觉得，炒短线，更有意思，更刺激！

走势再好，也不恋战

经历了失败与成功之后，在多年的短线操作中，邹刚龙养成了一种定式，一个风格，那就是"一周内解决战斗"，即使走势再好，也不恋战！

1999年"5·19"行情后，他买进逆势走强的复华实业（600624，现名：复旦复华），12元追进，两天时间，就涨到14元。他看它量放大，要回调，就果断卖了它。果然，它回调到了11元多。等它到了12元，他又买进，一星期后，15元又卖掉。6月30日，股市大跌，他趁机在低位又拱了进去。后来，该股逆势上涨到17元（其他股票都跌10%～20%），他还是毫不犹豫地在接近17元时卖出（后来该股冲到17.55元就回落了，之后跌到10元左右）。

其间，他共做了3次，相当于12元买的，20元卖出。

中原油气这只股也是这样。2001年9月13日，他在11元买进。当时形势不好，但它却很活跃。他买后6天时间，涨到13元多。他在12元多开始卖，到13元全部卖掉了。到9月28日，国庆节前的最后一个交易日，他又在11元钱买入。10月8日，没两天，它又涨到12元，他又果断出来。后来，该股跌到了9元多。

邹刚龙说："有人炒股，下不了决心，看它涨，不舍得走。其实，管用的就几分钟，或者半小时，战胜不了自己不行，有时贻误战机，往往在分秒之间！

"我有一个股友买了申达股份。第一次他13元买的，赚了钱。后来，该股掉到11.80元他又买，想做个差价。几天后，它涨到12.35元。当时，眼看它走不动了，我让他走，他想，此时还在他的买入价之上。第二天，12.30元，只10分钟，没把握住，当天收在12元零几分。一周下来，11.40元，他还不卖出。结果一直捂，捂到9元多，还套在里面！

"出货，手不能软，有时哪怕赔一点钱也要出！就拿我操作过的复旦复华来说。当时我11.40元买进，第二天11.60元又加仓，5天时间它蹿到了12.30元。我在12.28元就卖了大部分，只剩下一点。后来见它一路走低，我便在11.70元全部斩掉。后来，它一路跌到了三四元。"

"短线六炒"，快进快出

采访中，我问："作为一个短线高手，你有什么秘诀吗？"

邹刚龙答道："也算不了什么秘诀，只是我的喜好和偏爱而已。就我个人而言，我倾向于炒突破、炒异动、炒消息、炒反弹、炒热点、炒新股。我把它们称作'短线六炒'。"

"你可以详细说说吗？"

"当然可以。"

炒"突破"，不把高点当高点

"我在多年的炒短线中，炒得最多的，可能就是炒面临突破的股票了。这类股票，一旦突破前期高点，特别是盘整时间很长的股票，它的爆发力将是很强的，是短线获利的极好机会。"

民间高手邹刚龙在"钱龙"K线图上，"翻阅"着他炒过的一只只"突破"的股票，对我说："不过，我在几年的操作中，认识到炒这类股，不要把它的高点当成真正的高点。"

"这话怎讲？"我问。

"我观察过许多创新高的股票，最高点往往只是触及一下，甚至许多是'内部成交'所形成的。而真正的高点，要在它后两天的成交量与价格变化中去寻找。掌握这一点，对介入时机很有用。即便是这只股票暂不突破，也因你打了'提前量'，不至于把你套在顶部。"

为了说明这一点，邹刚龙给我举了一些实例。拿他炒河池化工（000953，曾用名：*ST河化，现名：河化股份）为例。1999年12月2日，它上市当天的最高价是9.50元。两个月后，到2000年1月，它再次创出9.57元的新高。然后，股价下滑。经过分析，邹刚龙认为它的高点应为9元。

2000年3月7日至9日，邹刚龙留意该股已攀升到8.80元左右，接近前期高点，并有量的配合，便择机果断地杀入。没两天，该股便于3月13日于9.74元封涨停，再创新高。此后，河池化工一发而不可收，连连涨停收盘，直冲到25元多。邹刚龙介入及时，获利不菲。（图12.1）

再譬如浏阳花炮（600599，曾用名：熊猫金控，现名：ST熊猫）这只股。它是2001年8月28日上市的，10月24日创出上市来的最高价30.37元（29元可视为高点），最低价为24.51元。一直运行了几个月，股价在27～28元震荡，都未破低点。

到2001年12月19日，该股突然逆势上扬，最高达30.70元，第二天回到28.88元（极接近邹刚龙认为的最高价29元），邹刚龙便杀入。没几天，它涨势凶猛，到12月31日，最高价达36.25元（34元可视为它的新高），涨幅达20%多。由于该股所处行业性质独特，盘子不大，流通盘仅2200万股，科技含量大，邹刚龙预计日后它很有可能再创新高。（图12.2）

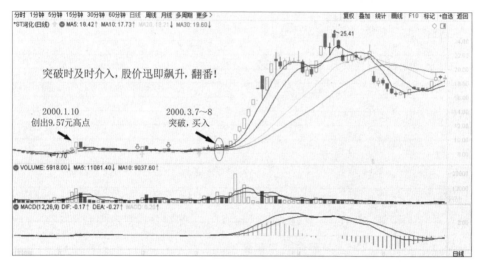

图12.1 *ST 河化走势图

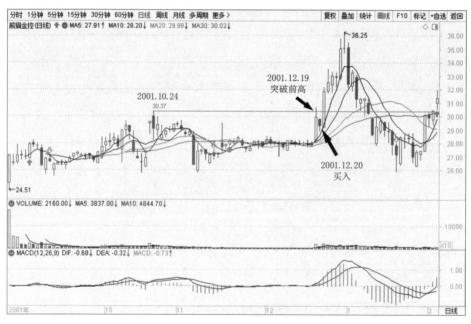

图12.2 熊猫金控走势图

炒异动，以快制胜

　　"做短线，贵在眼明手快。特别是一些狡猾的庄家常常喜欢在盘中搞些'名堂'，造些'异动'。这种机会稍纵即逝。抓得快，抓得好，就能获利。"

　　邹刚龙讲了一件1999年"5·19"行情中炒氯碱化工（600618）的事。6月23日，氯碱化工收盘于12.95元。6月24日，它以13元高开，但很快，庄家便将股价狠狠砸到12.51元。当时，邹刚龙想以13元的价格卖出。可是从委托盘中看，股价却一直在12.60元和12.90元这两个价位之间"跳"，中间价根本没有。他揣摩着，庄家肯定在做"名堂"，便稳住神，等着看今天的好"戏"。果然，该股在12.60元到12.90元间跳来跳去，走了一个多小时。快到11点时，它突然发力上攻，13元，13.20元，13.70元，13.90元，直线拉升。邹刚龙在该股价推高至13.70元时，便立即挂单以14元卖出。单一下，该股瞬间推至14.13元，使他顺利成交。几秒钟后，股价即回落，至收盘又跌回到13元。（图12.3）

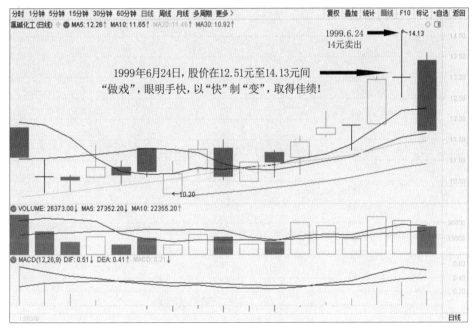

图12.3　氯碱化工走势图

"现在回过头来看庄家为什么要这样做，我认为当时'5·19'行情快结束了，庄家急于出货，盘中异动，意在引起你注意，是在吸引你跟盘。而你只有脑子反应快，与庄家斗智斗勇，短线才有获利机会。当时与我同买此股的一位新股民，尽管我及时'指挥'他趁拉升出货，可他不果断，又'坐电梯'回到了大原位。而我却在当天卖了个全国最高价，关键在一个'快'字上。"

像这样的盘中异动现象很多。2001年10月，大盘走势不好。上海梅林于10月12日就出现一次异动，振幅达10%多。紧接着，10月19日，它又一次出现异动，当时买入价和卖出价相差很大。同时，成交量放大，盘中有大笔单在活动，邹刚龙于12.80元立马杀入。结果，该股连涨两个涨停板后股价达16.16元，3天涨了3元。（图12.4）

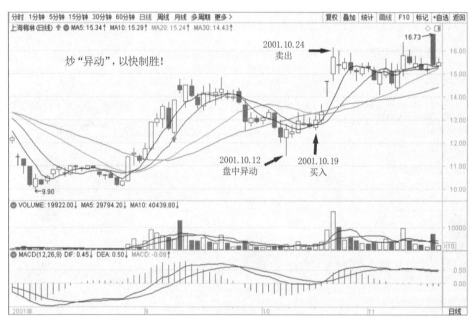

图12.4 上海梅林走势图

炒"消息"，借"风"发财

股市里整天消息不断，真真假假，常让人捉摸不定。庄家也常会借"风"

炒作。若能适时跟"风"，也能发财。虽说一些消息对长线不怎么管用，可对短线有时却很有用。

邹刚龙回忆，1997年我国对香港恢复行使主权前，对"新都酒店"有种种传说，诸如届时一些重要会议的接待工作可能会在此酒店举行等。听到此消息，再结合它的K线图，见各项技术指标均向好，他想，庄家想必也会借此消息炒一把吧？就在该股在9元猛往下"栽"的那天，他果断吃进，当天即封涨停。第二天又是一个涨停，一天多就赚20%。就在他刚卖出，当天该股又跌去4%，他再度杀入。次日，它又往上蹿6%，邹刚龙又一次获利出局。虽然这一消息的支撑是短暂的，但快进快出，跟这种"风"，也常会让人发发小财。

2001年6月中下旬，大盘往下跌，但中国申奥的消息飘荡在神州大地。世人对中国申奥成功的预测，几乎达到百分之八九十。借此消息的刺激，申奥板块暖风劲吹，与申奥相关的股票纷纷逆势上扬。邹刚龙趁机在6月15日在10元左右介入北方五环，仅一周，股价就升到了13元多，赚了30%。此外，同一板块的北京城建，也从14元左右炒到了18元。这都成了蛇年弱市中的一个亮点。

凡适时跟"风"炒作的，大多获益不小。

炒反弹，大跌中介入强势股

在大跌中做反弹，特别是勇于介入强势股，也是短线获利的一大良方。2000年8月23日，大盘往下猛跌，几乎满盘绿色，而唯有少数强庄股顽强抵抗。这时，邹刚龙见大盘下跌，而桂柳工A（000528，现名：柳工）却始终不肯破5日线。上午，该股股价最低打至8.56元后便迅即拉起，呈现红盘。下午大盘继续往下砸，而桂柳工A下探到8.60元后便拒绝下跌。于是，邹刚龙在8.62元大胆介入，当天该股即收在9.57元。第二天，它继续冲高至9.80元。半天时间，他就获利10%。（图12.5）

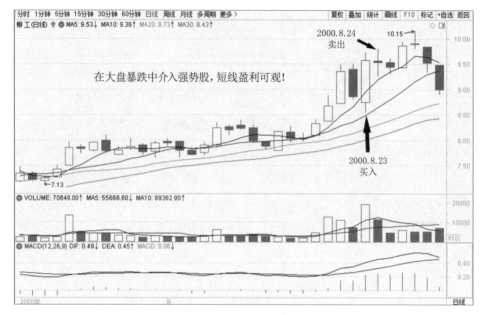

图12.5　柳工走势图

2002年1月23日，大盘于1346点触底反弹。盘中表现最为突出的是超跌的低价股。当时邹刚龙发现嘉宝实业跌幅很深，两个月不到，跌幅竟已达50%。后来。它随大盘连续反弹三天，股价从4.31元升为5.70元。之后，它开始回调。到1月26日，他见该股已企稳，大盘在跌，它不动，股价跌不下来，且底部承接盘很大。他便在1月28日以5.23元买入，到2月1日，在6元多卖出，3天获利近20%。

"在大盘跌势中，做强势股的反弹，特别是介入活跃的庄股，是我这些年短线获利的一个重要手法。"邹刚龙对我说。

炒热点，抓好主升浪第二波操作

"跟着市场热点走，跟着庄家跑，也是我这些年做短线的一条体会。"邹刚龙说，"在操作中，一旦没跟上主升浪的第一波，我会等它回调之际介入第二波操作。这种股票很多。"

邹刚龙以操作上海梅林为例。1999年，上海梅林一枝独秀，笑傲股林，他就一直盯着它。等它从16元回调到14元时，他就及时杀入，坐着庄家的战车往上跑，大赚了一票。像这类强庄股，一般都会有第二波，只要它"跳"出来表演，就不可放过。

被誉为科技股领头羊的清华同方（600100，现名：同方股份），除权后从32元逐波下跌，到2002年1月18日创出了16元的新低后，便逆势上扬，领先于大盘反弹。从1月18日到1月25日，它展开第一波拉升，股价从16元涨到21.40元。1月28日，大盘创1339点新低。它也借机回调，1月28日、29日最低价均为18.60元。但此时它已企稳，且成交量放大，邹刚龙便适时介入。到1月31日，该股已涨至22.78元，仅两天他获利就有20%之多。（图12.6）

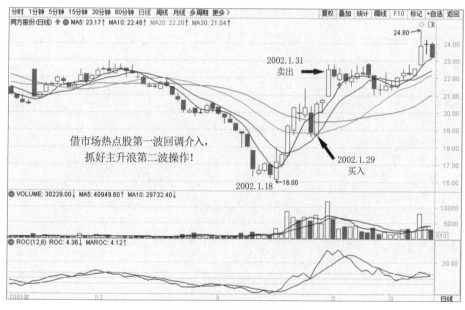

图12.6　同方股份走势图

炒新股，赚"生不逢时"股票的钱

炒熊市中上市的新股，是邹刚龙短线获利的第六招。一般来说，大势低迷之时上市的新股，因"生不逢时"，开价都比较低，只要能抓住机会，就能赚钱。

2001年12月25日上市的深高速（600548）就是一个例证。它以6.99元开盘，一路往下走。在开盘后十几分钟之内打到5.88元，邹刚龙在6元零几分买进的。当天该股收盘6.67元，他就有10%的利润。

当时，他是这样判断的：宁沪高速是1.5亿股的盘子，深高速是1亿股的盘子；宁沪高速的价格是9元左右，而深高速才6元。因此，他便大胆介入。而在此之前于12月12日上市的成发科技、12月20日上市的宏达股份都是高开低走，开一个，死一个。当股民们对新股厌烦时，机会就来了。

与成发科技和宏达股份相比，香梨股份（600506，现名：统一股份）上市的开盘价12.90元也同样明显偏低。它的盘子小，行业性质独特。和同类股票比，它的价格定得偏低。它开盘后，在10分钟内股价曾打到12.06元，邹刚龙于12.08元买入。当天它最高价是13.20元，收盘价12.60元，两天后涨到13.67元。（图12.7）

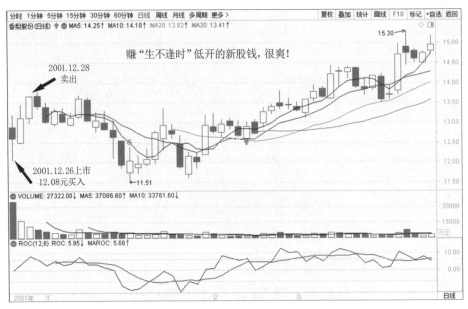

图12.7　香梨股份走势图

还有贵糖股份（000833，现名：粤桂股份），于2001年12月27日上市，开价也不高。他抓住机会于9.18元买入，到两天后10.15元卖出，赚了10%，这在弱市中已属难得。

炒短线的几条原则

这些年做短线，邹刚龙恪守如下几条原则：

◆ 在选股上，用长线标准做短线。选股时一定要选上升通道的股票，而且股性一定要活，盘子不能太大。

◆ 快进快出。两天之内若有10%以上的收益，坚决出货。若此股质地好，等它回调后再买。一般坚持"一周内解决战斗"。对突破历史高点的股票，收益目标一般放宽至30%左右。

◆ 一定要控制好风险，设好止盈和止损点，不能贪，既定目标不要轻易改变。决不让短线被迫变为长线，更不能让获利盘变成赔钱盘。

关于上文第三点的"止损"，邹刚龙曾有过教训。在炒中国服装（000902，现名：新洋丰）时，他等它从21元回调时，在17.90元买入，后来获利没及时卖出，股价往下掉，心里老想着"等一等，它可能还要往上"，而恰恰相反，该股连日往下沉。他总嫌获利少，把本钱价都忘了，结果由赚钱变成赔钱，16元割肉出局，教训很深。

"要我概括这些年做短线的体会，说简单点也只有两条。"邹刚龙最后说，"一是要快，二是不要太贪。有了这两点，短线就不愁做不好！"

陈维钢：

> 大众心理是操纵股市的一只看不见的手。

投资者的心理状态，是股市走势和股价涨跌对他们影响的写照。只有克服大众心理状态（包括自己的），你才能和大众不一样，才能战胜这个市场。

投资简历

个人信息

陈维钢，男，时年35岁。

入市时间

1994年。

投资风格

重视投资心理研究，赚大众"脸色"的钱！

投资感悟

在股市里生存，就如福尔摩斯破案一样，常常是迷雾重重，许多假象不认识、不识破，就很难获胜。

第13章

△△

股市"福尔摩斯"与他的"八法"

——记陈维钢破释股市疑云、稳操胜券的秘密武器

陈维钢是个怪人。

他明明是个炒股大户,却不在大户室里好好待着,总愿和中小散户们扎堆。

街头的股市沙龙,晚间"经济桥"的股民茶座,长年以来,都能看到他的身影和听到他的声音。

他对股民的一笑一颦,了解得是那么透彻,甚至连他们挠一下头,叹一口气,喃喃的一句心语,他都会非常细心地刻在心头。

从1995年至今,他多次提前准确地破译了股市的大底和大顶,并公布于世。

有人称他是股市里的福尔摩斯。

他不光像,真的是。

福尔摩斯是他从小崇拜的偶像。世界上几乎所有福尔摩斯的破案故事、电影、小说,他从童年起就烂熟于心。在福尔摩斯的熏陶下,他酷爱心理学,读了大量国内外心理学专著。

成年后,工作了几年,他听做保险业务的姐姐说,做保险最能锻炼人的心理承受能力,于是他毅然脱离原工作单位,来到一家保险公司,接受训

练，并很快成为一名优秀的业务员。在短短的半年时间里，凭借极强的心理承受能力和高超的心理公关技巧，他克服了被拒绝的恐惧，积极应对种种冷遇，新单保费收入达47万元。在推销保险的过程中，他被一家消防器材公司看中。在竞争激烈的市场中，他照样靠卓越的心理战法，打出了一片火红的天地，当年业绩达143万元。那么，在股市里，他又是怎样做的呢？

他说，自1994年进入股市不久后，他就开始潜心研究投资心理了。他再次以他最擅长的心理战法，在股票市场取得年平均盈利60%的骄人战绩。我看到，在他多年精心总结的炒股手册里，有福尔摩斯的一句名言："排除不可能的事情，剩下的就是真理！"他一直将它当成自己炒股的座右铭，镌写在手册的扉页上。

"股市里的大众群体，是我'生活'的源泉；股民的'脸色'，就是我多年用来破译股市风云、稳操胜券的秘密武器。"被称为股市里的"福尔摩斯"的陈维钢真诚地对我说。

赚大众"脸色"的钱

其实刚开始，陈维钢也没想到要专门从心理方面研究股票投资。但是慢慢地，在操盘过程中，他深深地体会到，炒股的大众心理，的确是炒股胜败的关键。

记得1994年他买第一只股票时，当时看着盘面他心"咚咚"地跳。那会儿的K线，在钱龙图上是"突——突——突"地，一点一点地往外"吐"，真揪得人心痛。直到收盘了，这一根线画完，他心里才平静下来。尽管他一入市就打了一个"开门红"，赚了2000来块钱，但其间经受的心理折磨，也真是够呛的。那次初战，算是陈维钢对股市心理战的一次实际感悟。

陈维钢真正着手研究投资心理是他初战股市大约半年之后。股市里有一句很流行的话，叫作"炒股就是炒心态"。对这句话，他刚开始也只是听听而已。在实际操作中，尽管对这句话的含义，他已有了一些粗浅的感受，但真正让他深切感受到这一点的，是在股市沙龙中交了一批股民朋友之后。

记得1995年，陈维钢在街头的股市沙龙认识了一个叫"胖子"的朋友。这位朋友当时透支买了5万股的西藏明珠。那会儿，大盘震荡得相当厉害，这让这位朋友十分难受。

有一天，这位朋友眉头紧皱、神情呆滞地对陈维钢说："小陈，这样震，我可受不了啦！"陈维钢理解他的心情，只要往下稍稍沉2毛钱，5万股算下来，就是沉甸甸的1万块钱啊！后来，这位朋友再也无法忍受那刀割一般的折磨，狠着心卖了。陈维钢那时抱着"人弃我取"的心态，吃进了这只股。结果，这位朋友卖了不久，"5·18"行情来临，股价直往上涨，陈维钢赚了一票。

听完这个故事，我开玩笑地对陈维钢说："这些年，你都是这样看股民的'脸色'，'黑'大伙的？"

他笑答："你说对了。这些年，我赚的就是大众股民'脸色'的钱。"

前几年，陈维钢在单位上班，没有工夫天天跑证券公司，就是看自己两个同事的"脸色"行事的。陈维钢观察到，他们两人表现各不相同。姓缪的同事要是赔了钱，脸就会"潮红"。而另一个姓陶的女同事赚钱了，就会拍着手，跳起来，吵个不停；赔钱了，就一声不吭，脸会发白。只要见阿缪脸发红，小陶脸发白，陈维钢就知道他们割了股票，而且割肉时往往又是大盘非常低迷的时候。他们割什么，陈维钢就买什么。你别说，他还就次次赚钱。

还有，陈维钢有一个大户室的好友老孙，1997年邓小平同志去世的那天，陈维钢见他拿着登有讣告的报纸的手直发抖，一个劲地说："这可怎么了得？股市完了！"面对几乎跌停板开出的大盘，他痛苦地挂出了股票。陈维钢到散户大厅一看，有不少人在排队恐慌挂单出逃。但陈维钢当时想，邓小平同志虽然离开了我们，但他开创的事业和国家的政策不会变。他不仅没有卖股，相反，在人们发出一片叹声之际，抢了不少"便宜货"。结果，不久后大盘就被拉起，让他盈利了不少。

1999年陈维钢买华光科技也是这么买的。那一年的5月，大盘最低迷的日子，一位股民找到陈维钢，问陈维钢，她手中的华光科技已从16元跌到11元多了，她已受不了了，怎么办？陈维钢给她分析说，这只股不错，应该持有。没想到，听了陈维钢的话，她倒"激"陈维钢说："你说它好，你买，我以你为靠山。"陈维钢还真就果断买进了。不久，"5·19"行情起来了，陈维钢在华光科技这只股上赚了不少的钱。他至今都要感谢那位股民传递给他的"脸色"和她的激将法。

沪深股市特有的时间段

从1994年入市后，陈维钢就对投资心理进行了比较深入的研究。在股市涨跌的不同时期，他调查、收集了大量的市场观点及舆论方面的资料，同时也访问了许许多多成功者和失败者，分析了他们在股市的不同时期表现出的不同心理状态，然后一一对应，总结归纳，最后制成"八法"图表，股民朋友都称它为"陈氏八法"。

不过，所谓"陈氏八法"并不是炒股的8种方法，而是"铲底""逃顶"的一种方法。这种方法根据沪深股市特有的时间段，把股市各阶段分为见底期、初涨期、主涨期、滞涨期、见顶期、初跌期、主跌期、深跌期。根据这8个时期的价量配合关系，通过收集和观察市场观点及舆论的内容，分析和了解投资者的心理状态，结合陈维钢自己设定的周期性技术指标的形态，决定入市"铲底""逃顶"的方法。简单地说，就是在8种状态下"铲底""逃顶"的一种方法。

陈维钢将股市分成8种状态来研究，是因为他认为沪深股市有其特有的时间段，而且他把对时间段的研究放在首位。因为股市是国民经济的晴雨表，它的运转周期基本上是和国家经济的运转周期相一致的。而国民经济的运转周期，是有其固有的规律的。

　　每年的12月25日，是国家财政结算年的截止日，陈维钢划分的几种时间段，就是以这一天为基准点的。另外，每年的5月20日前后，相关部门一般都要开一次金融工作会议，其任务主要是对上半年经济运行情况进行一次小结，并给出下半年经济运行的方向和措施，以确保全年经济指标的完成。而每年的10月20日前后，相关部门又要开一次会议，主要总结归纳全年的经济指标的完成情况。

　　据此，以每年的12月25日作为一个基准点，陈维钢把国民经济运行期划分为计划阶段、准备阶段、运行阶段、修正阶段、冲刺阶段、结算阶段6个阶段。

　　经过对10多年沪深股市运行轨迹的分析，陈维钢认为其运行的时间段基本上与上述国民经济运行的6个阶段相对应。他把二者运行规律及相互关系，用一张曲线图形象地表现出来。（图13.1）

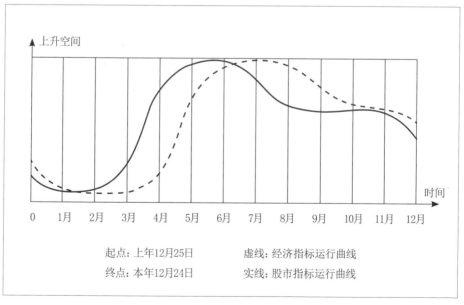

图13.1　经济与股市运行关系曲线图

　　另外，陈维钢认为，在不同的阶段，应采取不同的投资行为。国民经济运行阶段、股市运行阶段、应采取的投资行为三者之间关系如表13.1：

表13.1　国民经济与股市运行阶段及应采取的投资行为关系表

时间段	阶段		应采取的投资行为
	国民经济运行阶段	股市运行阶段	
12月25日～1月25日	计划阶段	计划阶段（深跌期）	分析、研究、模拟买股票
1月26日～3月5日	准备阶段	启动阶段（见底期）	由空仓到逐步满仓
3月6日～5月20日	运行阶段	运行阶段（初涨期—主涨期—滞涨期—见顶期）	进行买卖操作
5月21日～10月20日	修正阶段	修正阶段（滞涨期—见顶期—初跌期）	用3月6日至5月20日的盈利操作股票
10月21日～11月20日	冲刺阶段	冲刺阶段（见顶期—初跌期—主跌期）	逐步空仓
11月21日～12月24日	结算阶段	结算阶段（初跌期—主跌期—深跌期）	离场休息、研究交流一年炒股经验

陈维钢认为，只有跟着股市运行时间段做股票才能盈利。

陈氏"八法"

陈维钢将多年炒股的经验总结为分析、原则、技巧三个部分。没有分析过程，炒股注定失败；没有操作原则，买卖就缺乏果敢；没有实战技巧，制订的目标和计划就难以实现。"八法"由三部分组成。

市场状态分析： 主要分析市场环境是不是股票买卖的时机。

个人状态分析： 主要了解大众投资者对市场环境的心理反应。

实战操作决策： 主要针对实际的买卖进行操作性指导，并结合《小陈炒股工具书》的图表对股票买进卖出的价格进行实际操作。

大家知道，股市存在见底、初涨、主涨、滞涨、见顶、初跌、主跌、深跌这8个时期。经过多年分析和资料收集后的验证，陈维钢发现，在不同时期，股价与成交量的配合关系、市场观点和市场舆论的内容、技术指标参数的形态以及大众投资人的心理状态都有不同的表象。

陈维钢将不同时期的表象对应到每个时期，制作成一个八边形图表，每条边都包含不同的内容，将市场实际反映或收集到的情况与图表中的内容进行比较，二者基本一致时就形成了实战操作的理由，继而进行买卖操作。而股票买卖操作的控制、要点以及品种也对应于八边形图表的每个时期。（图13.2）

八边形图表的内容共有11项。各时段对应的操作要点见上文"沪深股市特有的时间段"所述。另外，陈维钢将价量关系、市场观点和舆论、技术参数归结到市场状态分析；将心情、心语、心理、心思归结到个人状态分析；将操作策略、选股思路、仓位控制和盘口买卖归结到实战操作决策。下文将对这几方面的内容进行详细阐述。

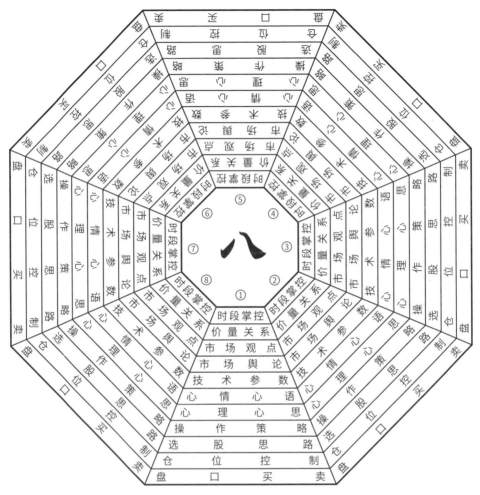

图13.2 "八法"总图

市场状态分析

在"八法"总图里，序号①对应见底期、②对应初涨期、③对应主涨期、④对应滞涨期、⑤对应见顶期、⑥对应初跌期、⑦对应主跌期、⑧对应深跌期。

市场状态分析的内容包括价量关系、市场观点和舆论、技术参数等。

价量关系

股价与成交量的关系见图13.3。

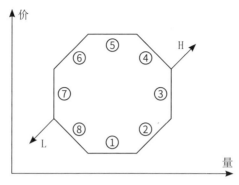

图13.3　价量关系八法图

分析价量关系，结果通常有以下几种：

在①见底期：股价出现震荡，但成交量却在增加，简称"价平量增"。

在②初涨期：股价开始上涨，成交量也在跟随逐步放大，简称"价升量增"。

在③主涨期：股价上涨较快，成交量却没有显著的增加，简称"价升量平"。

在④滞涨期：股价上涨幅度不大，成交量却逐步减少，简称"价升量缩"。

在⑤见顶期：股价变动不大，成交量却显著缩减，简称"价平量缩"。

在⑥初跌期：股价小幅回落，成交量却在递减，简称"价跌量缩"。

在⑦主跌期：股价快速回落，成交量却没有显著放大，简称"价跌量平"。

在⑧深跌期：股价大幅回落，成交量却逐步增加，简称"价跌量增"。

作为特例：H代表天量见天价，L代表地量见地价。

市场观点与舆论

分析市场观点与舆论，结果通常有以下几种：

在①见底期：市场往往讨论技术性底部，会不会跌到某某点位，利空传闻仍然存在；专业人士警告股民要持币观望，不要盲目抄底。

在②初涨期：市场往往谈论回档、洗盘，或者趁回档买入；专业人士则要股民不要追涨，如有获利应当了结。

在③主涨期：市场的观点和舆论往往谈论压力或者阻力，提醒股民不要盲动；专业人士则告诫股民某处压力大，待冲破某阻力位后再介入不迟。

在④滞涨期：市场往往谈论冲破压力与阻力后的上涨目标位，利多消息满天飞；专业人士则大谈盈利目标位，鼓励股民要敢于买进股票，持股待涨。

在⑤见顶期：市场往往谈论顶在哪里，上方的目标位；专业人士则要股民捂股，股价上涨的空间巨大。

在⑥初跌期：市场的观点和舆论往往偏向于"反弹""回抽"及反弹高度；专业人士则警告股民不要杀跌，要趁反弹平仓出局。

在⑦主跌期：市场往往讨论某某点位的支撑，某某点位有支撑会反弹；专业人士则鼓励股民在支撑点位补仓操作。

在⑧深跌期：市场往往讨论下跌目标位，利空传闻到处都是；专业人士则大喊下跌的目标位，要股民先卖掉股票减少损失，以期在更低点位补回。

技术指标参数的形态（同步性技术指标）

分析技术指标参数的形态（同步性技术指标），结果通常有以下几种：

在①见底期：技术指标呈现由发散到收敛形态，或者在低位钝化。

在②初涨期：技术指标呈现低位金叉，或者二次金叉。

在③主涨期：技术指标呈现向上发散形态。

在④滞涨期：技术指标呈现高位收敛形态。

在⑤见顶期：技术指标呈现高位钝化，或者高位背驰。

在⑥初跌期：技术指标呈现高位死叉，或者二次死叉。

在⑦主跌期：技术指标呈现向下发散形态。

在⑧深跌期：技术指标呈现进一步扩散或收敛形态。

在这里，陈维钢要特别提醒大家，技术指标的形态只有与股价走势同步才是有效的。股市里很多技术指标并不能与股价走势同步，属于无效指标。它们最容易骗人，请大家要谨慎对待。

个人状态分析

陈维钢对个人状态的分析，主要包括投资者的心情状态、心理状态、心语状态以及心思状态。它们在股市不同时期的表现如下：

在①见底期：股民看见股价上下震荡，表现出心情很烦躁，不知股价未来是涨还是跌，想买不敢买，经常会问别人"能不能买""会不会还跌"。

在②初涨期：股民看见股价经过震荡后开始上涨，心情较为懊恼，后悔没有在低价位买进股票，打算股价跌下来再买进，经常会自言自语"早知买点就好了"，想买又担心回落，常常会说"万一买了回调怎么办"，经常会问别人"是不是要回档"。

在③主涨期：股民看见快速上涨的股价，心里很着急，想追又不敢追，有时买了一些股票后，又后悔买少了，常常自言自语"早知多买点就好了"，对未来股价的走势浮想联翩，心潮起伏。

在④滞涨期：股民看见股价已涨不少，想卖的人总会自言自语"万一卖了还涨怎么办"，受上涨目标位的影响，常常在想象股价未来的高度，产生了想抢进股票的念头，指望股价能涨到更高的价位。

在⑤见顶期：股民一旦买进股票，股价却不涨，心情很乱，巴望股价能上涨，看见股票轮流小幅涨跌跳动，对股票挑花眼，想捡到能涨的股票，想卖又舍不得一点点损失，常常自言自语"早知不买就好了"，也常会问别人"要不要卖，会不会还涨"。

在⑥初跌期：股民看见买进的股票被套住，较为心痛，受利多消息的影响，对后市仍寄予厚望，常常在想"万一卖了反弹怎么办"，有时也会自言自语"早知卖了就好了""要不要割点肉"。

在⑦主跌期：股民看见已深幅下跌的股价，心情非常恐慌，常常会想在某某点位补点仓，有时也会自言自语"早知割肉就好了"，认为好像到底了，补仓不要紧。

在⑧深跌期：股民手中的股票已被深套其中，对股价的回升已没有任何信心，受下跌目标位的影响，开始出现心悸的现象，想股价低了还会再低，常常会自言自语："万一补了还跌怎么办？"

"八法"实战操作决策

根据上述分析，在实战操作中，应该如何决策呢？

陈维钢认为，应该包括4点：一是操作策略；二是选股思路；三是仓位控制；四是盘口买卖。具体内容见表13.2。

表13.2　各阶段实战操作决策

阶段	操作策略	选股思路	仓位控制	盘口买卖
①见底期	黑单挂进（远低于"买三"的价格挂进）	新股、深跌股、题材股、权重股	10%～25%	以买为主（不计较暂时的套牢）

阶段	操作策略	选股思路	仓位控制	盘口买卖
②初涨期	价升量增2天后全仓买进	新股、深跌股、题材股、权重股	25%～95%	以买为主
③主涨期	持股不动，任股价涨跌	关注板块股、题材股	60%～95%	冲高卖，回落少进
④滞涨期	逢阳线减仓	放弃选股	25%～60%	以卖为主
⑤见顶期	逢阳卖股	放弃选股	5%～25%	以卖为主
⑥初跌期	逢阳卖出股票并留100股考验心理承受能力	放弃选股	100股	卖清其余股票
⑦主跌期	观望	放弃选股，申购新股	100股	持币等待
⑧深跌期	分析研究，考虑挂进100股，接受底部震荡考验	关注绩优股、权重股	100股+100股	以模拟买股为主

运用"八法"注意事项

经过上文的介绍，陈维钢"八法"真的很切合股市以及股民的心理，对实际操作过程，他也给出了较详细的方法。那么，在应用"八法"时应注意些什么呢？

陈维钢说，用"八法"分析大势其实非常简单，也非常容易掌握。但是，在运用中要灵活掌握。另外，还有需要注意的如下几点：

◆分析的过程是按年、半年、季、月、旬、周、日、时的顺序进行，而实际操作过程则要按反方向进行。年K线、半年K线、季K线、旬K线分别按照233天、144天、89天和10天进行盘口设定。

◆ 时 K 线按 60 分钟进行盘口设定。

◆ 月 K 线、周 K 线和日 K 线按原定盘口运行。

◆ 运用过程按"时段掌控—操作策略—选股思路—仓位控制—盘口操作"的顺序进行。切记！切记！切记！

◆ 当实际走势发生突变时，应该先离场再分析基本面、技术面，找出原因，再行操作。切记！

◆ 一定要独立思考，独立分析，独立操作。

◆ 如果顶部区或底部区没有落在预定的时间段，应注意一定要掌握的投资理念是：市场谈论下跌目标位，且有利空伴随时，大盘即将见底，要准备买进股票；而市场谈上涨目标位，且有利多伴随时，大盘很快将见顶，应该逐步清仓，毫不留情。

◆ 股市正常的 8 个时期是平底对应平顶形态（图13.4），也会走出尖底对应尖顶的形态（图13.5）和复合形态（图13.6）。

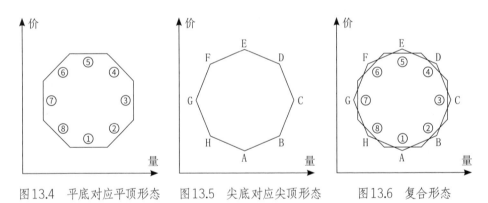

图13.4　平底对应平顶形态　　图13.5　尖底对应尖顶形态　　图13.6　复合形态

◆ 无论哪种形态，分析的内容和过程完全一样，都遵循 8 个时期的规则。

◆ 实际使用时，投资者可根据"八法"总图的标题内容将分析的结果填进总图，便可得到一张"八法"原理总图。总图的内容可随投资者的情况随意扩展或浓缩，并结合市场状况随时比照，即可进行股票买卖了。例如实战操作"八法"图（图13.7）。

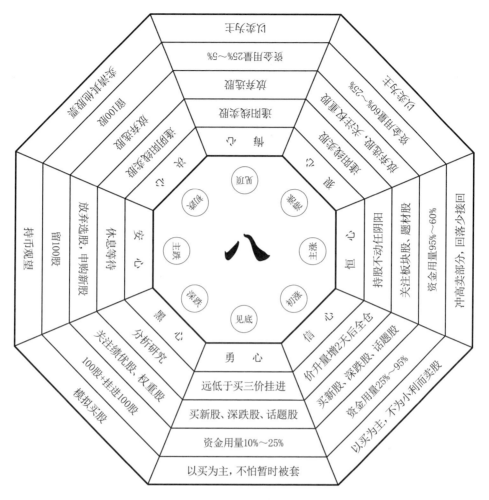

图13.7 实战操作"八法"图

股票市场38个专业术语

投资者在实际操作过程中，如何结合盘面的变化进行股票买卖呢？

在股票的交易过程中，无论什么级别的投资人，都是根据盘面的各种数据变化以及走势图进行股票分析和买卖操作的。例如，当委比为正，内外盘比也为正时，说明想买的人多，主动买的人也多。而换手率较高，量比增大，说明股票是看涨的，等等。也就是说，在股票的买卖操作过程中，每一个操作者必须弄懂盘面各种数据的含义以及盘口情况。据陈维钢统计，股票市场有38个专业术语，只要投资者把这些术语和概念及相互关系弄懂了，就能把握股票买卖的技巧。这些专业术语是：

涨：推高、冲高、拔高、拉高、摸高

跌：压低、打低、探低、砸低、震仓

盘：盘整、盘升、盘跌；试盘、洗盘、接盘、护盘、托盘、砸盘、恐慌盘；扫盘、抢盘、换盘、压盘、抛盘、清盘、跟风盘；买卖盘、外盘、内盘、成交盘

价：股价、价位、价格

比：委比、量比、内外盘比

率：换手率

见底和见顶的重要警号

"八法"从市场、心理及技术上表明了底与顶的特征，而投资者在炒股实践中，最难识别和把握的，常常是"见底"和"见顶"的时间。那么，从多年投资心理的研究角度来看，见底和见顶还有什么其他重要特征呢？

关于这个问题，陈维钢认为，回顾股市10余年的涨跌，可以清晰地看到，它与国家经济运转周期相对应的时间段基本是一致的。根据多年的统计资料，特别是自1995年实行"T+1"之后（因T+1后，市场测算较准），股市每年的一次重要大底，往往都落在1月26日至3月5日左右，也就是国民经济的准备阶段。3月6日至5月20日左右，股市往往处于初涨期和主涨期。5月21日至10月20日，股市往往处于滞涨和高位平衡状态。每年的10月21日

至11月20日之间，股市也往往处于最后一涨阶段。而每年的11月21日至12月24日，股市往往处于回落阶段。12月25日到来年的1月25日左右，股市往往处于深跌阶段。

我问："你认为用这样较为固定的时间划分股市的走势准确吗？你不认为股市是动态的，这样划分有点形而上学吗？"

陈维钢回答："我不这么看。股市是动态的，这无可否认。但股市毕竟是国民经济的晴雨表，和国民经济的运行规律息息相关。沪深股市历经10多年，其底部几乎都出现在上半年，而顶部大多数又都出现在下半年，这一点已被历史所验证。"

说着，陈维钢打开上证指数K线图给我看。大盘趋势与日期关系如表13.3：

表13.3　大盘趋势与日期关系表

年度	大盘见底		大盘见顶	
	月份	大盘点数	月份	大盘点数
1995年	2月	524	5月	926
1996年	1月	512	12月	1258
1997年	2月	870	5月	1510
1998年	1月	1110	6月	1422
1999年	5月	1047	7月	1756
2000年	1月	1361	8月	2114
2001年	2月	1893	6月	2245
2002年	1月	1339	—	—

这一切，都是有目共睹的。

我又问："1995年和1997年的大顶均出现在5月，而并非在下半年，这种现象又该如何解释呢？"

他答："这正是我要谈的判断见底和见顶的另一个重要特征。"

多年来，陈维钢发现，大盘见底和见顶有一个重要的警号，那就是凡是市场在谈论"下跌目标位"时，股民处于非常失落甚至绝望的境地，大多数投资者不惜成本纷纷割肉出局，此时即是大盘见底的时候。相反，凡是市场在谈论"上涨目标位"时，股民处于非常高昂的情绪中，纷纷抢入股票或惜售，此时，往往是大盘见顶之时。

1995年和1997年的高点，虽然都与陈维钢讲的"顶部一般都落在下半年"在时间段上有点差异，但回顾当时的历史，谈论"上涨目标位"这一市场发出的重要警号，都曾出现在当年的上半年。

1995年，当股指在"5·18"行情中创出926点的高点时，市场舆论都在谈论"上涨目标位"——1400点，而大盘却于926点见顶回落。

同样，1997年5月，当大盘创下高位1510点时，市场舆论一片看好，在我国即将对香港恢复行使主权的重大利好刺激下，群情激昂，股民们都在大谈"大盘要涨到多少点"。正是在这一"警号"发出不久，大盘便见顶回落了。

再拿最近几年的实战案例来说，更是如此：

比如，2001年2月22日，在大盘跌到1893点的当天，陈维钢正在南京一家证券营业部看盘。当时楼上大户室及机构传言，说大盘要跌到1600点。有许多股民问他："现在能不能买股票？人家都说要跌到1600点，会不会真跌到1600点？"

根据"八法"原理，无论是时间段还是市场舆论及股民心态上，市场均处于深跌期到见底期。这时，根据"八法"的选股思路，陈维钢在14.64元全线买入北京巴士。

实践证明，他的判断和操作都是正确的。大盘的运行结果表明，1893点确实是2001年的阶段性大底。

再比如，2001年5月22日开始，大盘整体呈现价涨量缩，指标处在高位钝化状态，市场舆论一片看好，说"大盘要涨到2500点"，甚至有人说"大盘10年内要见1万点"。

当时，陈维钢去了几家证券公司营业部实地考察。股友们一见面，都在询问他"是买这只股好，还是买那只好"，大家都挑花了眼。这时的市场表象完全符合"八法"中第④阶段（滞涨期）和第⑤阶段（见顶期）的特征，说明大盘很快就要见顶。

结果，大盘于6月14日创下2245的高点后，便开始进入回落阶段。陈维钢在6月6日把手中的北京巴士等股票全部卖完，顺利逃顶。与此同时，他在广播电台的"股民茶座"中告诫股民朋友：

> 大盘已见顶，空头市场将要来临，大盘下跌的第一目标位1663点。1800点不是底，并且次新股将出现深幅回调。1511点股民可适当补仓，做一波反弹。反弹高度1791点，见不到1800点，请大家在1750点上方抛股票。根据周K线分析以及时间段的划定要求，大盘的低点应在1418点附近，此点位是根据下降的楔形计算所得。大盘的最终低点，约在1341～1285点。请大家做新股和超跌股。

这段讲话的录音，保存在广播电台《经济桥》栏目，大家可以查证。

大盘实际的运行情况是：2001年10月中，在1514点附近，在政策的利好引导下，大盘开始反弹，反弹高度1776点。当时市场又是一片看好声，说"大势已经反转"，并预言"大盘要涨到1820点、1900点过春节"。而此时大盘的股价走势正处在价跌量缩的状态，完全符合"八法"的第⑥阶段（初跌期），并从12月21日到2002年1月22日进入价跌量平的主跌期。

再如，2001年12月21日到2002年1月22日，股价走势非常明显地呈现价跌量平的主跌期特征。市场上有关"国有股减持"的利空传闻到处都是。有关人士开始谈论下跌目标位（1000点附近）。

有一天，陈维钢接到股民朋友打来的76个电话，都是咨询要不要割肉离场，有的竟流着泪哭诉内心的痛苦。据悉，有些营业部公开要求股民先割肉减少损失，到1250点再买一半股票，到1000点再补回股票。一时间，很多股民纷纷割肉。

此时正是1月26日前后，大盘明显显示出价跌量增状态，利空传闻更猛烈。此情景，完全符合"八法"中的第⑧阶段深跌期的特征，说明大盘不久将见底。

此时，陈维钢分析了上年股民的持股现状，大都纷纷在高位被套牢。于是，他在广播电台中向股民朋友公开自己的观点：大盘离底部不远，请大家买入新股和超跌股。

他自己则在10.22元买入宝光股份，随后又买入了营口港和海螺水泥，收益相当丰厚。（图13.8）

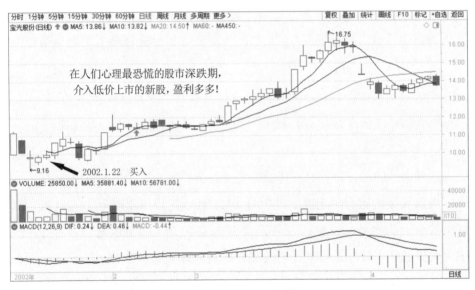

图13.8　宝光股份走势图

总之，在市场环境处于见顶或见底时，陈维钢的操作思路是：大盘涨高时，要留意市场看涨的观点，特别是关注是否在谈论上涨目标位和有无利好伴随。在大盘下跌到一定深度时，同样留意市场是否在谈论下跌目标位和有无利空伴随。与此同时，结合时间段的划分和对大众投资心理的分析，再决定入市"铲底"或"逃顶"。

大众心理是只看不见的手

从1994年入市起，时间不算很长，但陈维钢的收益却不小。他给自己设定的盈利目标是每月5%，年盈利60%。除1996年和1998年的一段时间因工作忙做得少外，他的目标基本都达到了。其成绩应该说得益于他的"八法"。

这些年陈维钢主要的经历，就是对股民心理状态做研究。因为他认为股价走势会影响人们的心理，而大众的心理又往往左右着投资者的实际操作。市场舆论，往往又对投资者原有的思路进行干扰，从而使其心理发生变化，继而会再次影响他的实际操作。所以，陈维钢认为，把握好自己的心理状态，是投资者在股市中得以生存的基础。这正是人们常说的"炒股就是炒心态"这句话的真正含义。

正如一句名言所说："大众心理是操纵股市的一只看不见的手。"陈维钢深以为然。他读过许多股市心理学方面的书。他记得有一本书上曾写有两则很有趣的故事。其中一则是在国外一个中心城市发生的事：

> 有一天，该中心城市下大雨，许多人躲到一家银行的走廊里避雨，路过的人都以为那些人是在排队提款。这一消息很快传到股票交易所。大家都猜测这家银行可能是出了什么问题。于是，持有这家银行股票的人争相抛售，导致该银行股票快速下跌。

而另一则故事讲的是一个初入市的人，使用了多种股市行情研究法也无法判断未来股市的走向。于是，他给一位股市老手写信求教。那位老手在回信中只写了这样几句话：

> 要了解股价将往上或往下跌，太简单了。只要想想看，按照当时的价位，是手中持有100万现金的人感到紧张呢，还是手中持有

市价100万股票的人感到紧张？了解究竟是持有现金者还是持有股票者紧张，即可明白未来股市的走向。

这位求教者据此操作，果然大获其利。

事后，求教者对这种操作方法仍不理解，于是又向那位老手求教。老手在回信中对这种方法做了一番解释：

持有资金的人，在股市中代表潜在的需求力量；而持有股票的人，在股市中代表着潜在的供给力量。究竟是持有现金的人感到紧张还是持有股票的人感到紧张，则代表着股市"供求的心理因素"。

持有现金的人只会担心在股价上涨时因手中无货而赚不到钱，不会担心行情下跌。因此，如果手中持有现金的人紧张，未来的股价可能就会往上涨，因为这些游资进入股市会加强股市的买方力量。

与此相反，持有股票的人只会担心行情下跌，而不会担心行情上涨。如果持有股票的人个个都深信自己买进的股票是低价，而且对未来看法一致，自然会相当坚定，不至于紧张。要是持有股票的人感到紧张，未来的股市行情就有可能要下跌了，因为这些紧张的股票持有人会加强卖方的力量。

由此看来，心理分析在股市操作中具有十分重要的意义。

股票市场的十大问题

股票市场的十大问题，是多年来在实践中陈维钢研究总结出的炒股的基本问题。他之所以把它放在第一个问题，不仅是因为它在陈维钢的投资心理研究中占据着重要的位置，更重要的是，这十大问题对每一个想在股票市场获得胜利的投资者来说，都是必须首先要弄懂的最基本的问题。陈维钢曾经在广播电台里公开表明，弄懂了十大问题，就会改变每个股民在股市中的命运。

关于股票市场的十大问题是：

◆股票市场有几种状态，有什么方法加以区分，各个状态的特征有哪些？信息的来源有几个方面，怎样判别各类信息的真伪？

◆投资人在股票交易过程中有几种心理状态，各在什么时期出现？怎样克服？

◆什么是心理预期？怎样判断心理预期是否达成一致？如何对付心理预期一致时的反向市场操作状态？

◆什么是上涨目标位？什么是下跌目标位？什么情况下会出现上述两个状态？怎样对待上述状态？

◆反弹、回抽意味着什么？回档、洗盘意味着什么？各有几种表现形式？怎样对待上述状态？

◆大资金建仓的信号是什么？几种重要的K线形态是什么？什么是底部形态良好？什么是底部扎实？

◆怎样确定买入时机、卖出时机？买入时机来临时怎么买，买什么，买多少合适？把握卖出时机的要诀是什么？

◆入市时怎样进行模拟实战，并总结实践经验，及时调整思路？

◆什么是趋势？它与状态有什么区别？"转势"与"反转"的含义是什么？怎样抓住转的时机？顺势而为的要领是什么？

◆分析市场的方法有几种？你遵循的操作原则是什么？你买卖股票的理由是如何产生的？

在实践中，陈维钢认为，一个投资者应该从三个方面把握上述这些问题：

一是知识。陈维钢酷爱名人名言，更爱股市金言，因为它是前人经验和教训的总结。广博的知识，丰富的经验，开阔的视野，高超的智慧，坚强的信心，果断的行动，是做一个成功的投资者的先决条件。有句话说得非常好："只有不停地寻找，最后才会有发现。只有不断地敲门，大门才会为你敞开。"

二是心理素质。心理素质一定要好。不急功近利，不贪心，不恐惧。要依靠自己，不依靠别人。靠自己收集资料，靠自己判断行情，不要让未经证实的谣言影响自己的决心。一定要做到：没有买卖理由决不操作，分析结果不明绝不下单。

三是技巧。要学习掌握一定的看盘和操作技巧。

陈维钢说，在操作中，要逆大众心理而动。简单地说，就是市场心理倾向于买的时候要卖，市场心理偏向于卖的时候要买。

市场心理处于惜售状态时，要留意股价水平所在的区域。这话说起来简单，要做到却并不容易。特别是当股票狂涨达到创纪录水平时，人们往往舍不得卖，此时想买的情绪反而是最热切的。但这时恰恰是最危险，也是最该卖出的时候。

相反，在空头市场中，往往在最低迷的日子，人们终日哀叹，想得最多的是割肉出局，而不是趁机铲底。但其实，此时正是曙光即将来临之际。

另外，从消息面上看，凡是好消息在股市上到处飞扬时，肯定是卖的时候，而坏消息在股市上空密布时，肯定是买入的最佳时机。

这几年，陈维钢的名声越来越大，都缘于他对大盘的准确判断。听了他的广播的，历年来都顺利地逃了顶，铲了底。

2002年3月19日，某证券公司6个博士研究员同时发表研究报告，称3月19日大盘进入调整阶段；还有一家证券公司传出信息，要股民卖掉股票，因为大盘要调整。而陈维钢却非常明确告诉他指导过的股民：大盘经过一小时的调整后将涨起来，大家一定要忍够一小时。大盘当日的运行果然如陈维钢所料。

还有一次，陈维钢告诉股民，大盘再走10个小波形就涨。结果，大盘确实走了10个小波形后就涨了起来。大家都说陈维钢"神"极了。

凡此种种，都是基于陈维钢的"八法"。只要把股市八种状态吃透，炒股并不是很难的事。根据这种方法，他一年基本只做一两波，感到很轻松，从没被长期深套过。

股票市场的十大骗术

在深入研究股市时，陈维钢还剖析了股票市场的一些骗术。他认为，股市里探索如福尔摩斯破案一样，常常是迷雾重重，不识破许多假象，就很难获胜。陈维钢把这些骗术概括为借口、借形、借势、借利、借文、借数、借题、借闻、借物、借线等。主力或者庄家往往用这些手段，迷惑引诱你，让你在高位接盘，在低位出局，在中途又往往把你从骑的黑马上震落。

借口。在盘中表现在顶部和底部。在底部时，往往借名人之口大讲"空话"，骗人，吓人，让股民抛出筹码。而在顶部区，又往往"借口"大讲宏观经济如何如何好，诱骗股民买入，持股待涨。如2001年6月，就有人说国有股减持是重大利好，大盘要涨到多少多少点，致使投资者深套其中。

借形。通过K线图的形态制造假象。在底部画出M头，在顶部画出W底的形态。

借势。借上涨之势或下跌之势。在人气很旺时，谈上涨目标位，骗股民抢进股票；在底部区，当股民意志最薄弱时，谈下跌目标位，逼使股民斩仓割肉出局。

借利。通过分红派息和送股配股等利益，来引诱欺骗你上当。

借文。利用各种报刊、广播电台、网络等媒体发表文章，诱惑股民不断高吸低抛。

借数。利用各种数据，包括基本面和技术面的种种报表、指标等，使股民充满无限的想象力。

借题。借各种题材进行炒作，让你跟风。

借闻。通过口头传闻、电话传闻、网络传闻、名人传闻等各种途径传播小道消息，迷惑股民。

借物。借实物或一种等价物进行炒作。如某某上市公司有一块地皮值多少亿元，石油上涨了，邯钢从美国购进了多少废钢铁等。

借线。在盘中画出各种骗线，这是庄家惯用的手法。他们常常借某一根 K 线来调节技术指标，调节短期走势，扰乱大众的思维，以达到他们的操作目的。

总结出"股票市场十大骗术"是陈维钢用心做股票的结果。他在这里告诫股民，只有做有心人才能成功。

最后，在多年实战中，陈维钢总结出了"十八字要诀"，在此送给广大投资朋友：

独立、冷静、果敢；
独特、乐观、自信；
善始、善终、善美。

海　洋：

" 时间就是金钱，贻误战机，
就是浪费生命！ "

别人买股票是逢低买入，而他则不同，他是等股票涨"疯"
了，才买入。他要的是那种涨疯了的"惯性"，他要赚的就是
这种"快钱"！

投资简历

个人信息

海洋，男，1955年生，大学学历。

入市时间

1998年开始股票投资，同时从事期货交易。

投资风格

速战速决，善在快中取胜！

投资感悟

在任何时候，都不能使盈利的头寸变成亏损的头寸。哪怕只剩下一个点的利润，也一定要走！

第14章

△△

一个赚"快钱"的人

——记"短线快枪手"海洋赚快钱的操盘绝技

凡来到投资市场，谁都想赚钱。有的人追求赚得多，有的人追求赚得稳，而海洋，则是追求赚得快。

他赚快钱的投资风格，与他独特的经历有关。

他生在上海，长在上海。接触他后，你会感觉到他骨子里有一种上海人特有的精明。15岁那样，他那"老革命"的爸爸妈妈就把他送到部队当了个"娃娃兵"。

7年的军旅生活，把他磨砺成了一名真正的军人，干什么都雷厉风行。爬山头，他冲在最前面；搞射击，他是教导队有名的尖子班班长、神枪手。离开军营后，他又考上了医学院，成了一把出色的"快刀"。

"快刀"医生的一把"撒手锏"

1998年，海洋开始介入投资市场。他先炒期货，之后同时转战股市。在这个充满风浪的投资战场上，他仍然保持着"快"的作风，热衷于辣手快刀赚快钱。

让人想不到的是，当我问他"赚快钱靠的是什么招法"时，他竟说："很普通，就是强弱指标 RSI，我就认它！"

的确，对于 RSI 这个大家司空见惯的强弱指标，只要稍懂得一点技术指标的投资者，几乎无人不晓。但真正用得精的人，并不多。一般的人，只知道 RSI 值多少多少是强，多少多少是弱。然而，海洋却从这"一般"中，钻研出了他独到的一套赚快钱的道道来，成为他在股市驰骋博弈的"撒手锏"。

他说："重要的不是强弱指标的数值，比如6天、12天，如果是13天呢，它会变。改变不同的周期，会出现不同的数值。所以，光看数值，没有太大的意义。我在用 RSI 指标时，更注重看它的形态和趋势的变化。它是我多年来赚快钱的一大法宝！"

断崖前形态: 重要的逃顶信号

所谓断崖前形态，顾名思义，在其后面的走势就是危险的断崖！

这种形态的主要表征是：RSI 在进入70以上的高值区后，出现短时微幅下跌，然后继续上涨创新高后，再微幅下跌，之后再次创出新的高值。下跌时，时间很短，再上去，再创新高，最高点可达90以上，再下跌……如此反复数次，股价也在不断创新高。表面上看，股价一路飙升，其实此时正蕴藏着相当大的危险：后面可能出现断崖行情！

这种断崖前的震荡，在期货中是最佳的放空点，而在股市中，则是主动脱身逃顶的最好时机。

海洋讲述了他入股市炒的第一只股，也是他赚快钱的得意之作，就是得益于 RSI 的断崖前形态给的警号。

那是2000年11月6日，海洋买入了他平生的第一只股票——天兴仪表（000710，现名：贝瑞基因），买入价19元整。持股到了2001年1月12日，海洋看到在RSI的周线图上，出现了一个非常经典的断崖前形态（图14.1中的DE段）。

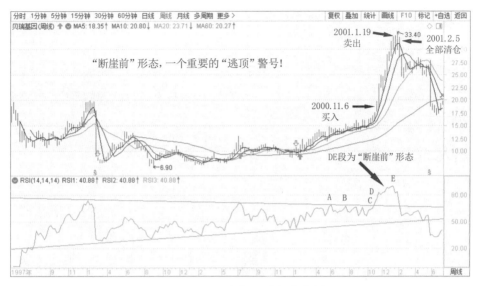

图14.1　贝瑞基因周线走势图

　　他想，已获利68%，这笔快钱到了落袋为安的时候了！此后，结合日线，可以看到RSI指标经过一个短促的下跌，于1月17日又反弹到了70附近，此时股价虽又创出新高，但RSI却已无力涨过70，经过18日、19日两天验证，其疲态尽显。所以，他在19日当天以32元先卖出一部分筹码，尔后在春节休市之后，于2月5日又果断地全部清仓。

　　海洋认为，断崖形态出现后，往往还能再创新高，或接近之前的高点，但这只不过是多头陷阱而已。如天兴仪表的RSI指标在完成断崖前形态后，也走出了多头陷阱的走势。在RSI周线图中，2001年1月12日，股价下跌至29元之后又急速上冲，经过4个交易日创出新高，股价达33.40元，完成多头陷阱。而此价位是天兴仪表至今（2003年采访时）的最高点。

　　上证指数也曾有类似情形发生。上证指数的RSI指标在2000年8月22日断崖前形态（图14.2中AB段）完成后，经过两天急速暴跌后（跌去138.18点），又迅速反弹到2108.10点，接近之前高点（2114.52点）。这一多头陷阱形成后，暴跌便在眼前。

海洋一位股友就曾在此断崖形态形成后，受到多头陷阱的迷惑，买入金丰投资（600606，现名：绿地控股）。后经海洋分析后，股友立即趁反弹逃命，幸免一劫。

同样，上证指数的 RSI 于2000年11月23日断崖前形态完成后，一天时间跌去了80.21点，尔后经过震荡，再度攀高，甚至超过之前的高点，达到2131.98点。至此，一个多头陷阱完成，暴跌在即。（图14.2中的CD段）

图14.2　上证指数走势图

期货中的 LCPT（伦敦综合铜）的走势也极其典型。自1999年5月28日的1360美元/吨起，其价格一路飙升，疯狂涨势一直持续了15个月之久。每吨价上涨了676美元，涨幅接近50%（因为期货市场实行的是保证金制度，所以，实际涨幅达到8%左右，相对投资人所占用资金而言，其资金的涨幅已达100%。按这种算法，LCPT的涨幅对一个投资人而言，接近650%。——作者注）。即使是如此疯狂的涨势，也只因一组断崖形态的出现而告终。

2000年9月14日，综合铜的 RSI 完成了一个断崖前形态，期价下跌一周后又急速反弹至2033美元/吨，接近之前高点2036美元/吨。尔后它一路狂跌，跌时达13个月，直至2001年11月7日的最低点1335.5美元/吨。每吨价跌去了700.5美元，跌幅达52.4%。如果在出现断崖形态处2036点上一路放空，盈利幅度将超过650%。（图14.3中AB段）

图14.3　伦敦综合铜走势图

正是对期市中赚快钱放空机会的把握，演化成了海洋在股市中迅速逃顶的一个重要方略。正如股市中一句名言所说：会买的是徒弟，会卖的才是师父。及时逃顶，远比抓住一个好的买点重要得多。

震荡期中抓涨停，赚隔夜的钱

海洋说，长期以来，他之所以以期市为主战场，是因为他觉得股市的节奏太慢，幅度太小，调整期又太长。而他做股票，从不参与股市的调整期，喜欢坐快车，而又以在震荡期中抓涨停板、赚快钱最为痛快！

海洋的操作方法是：

◆使用时机：在大盘震荡期，包括高位震荡、低位震荡、上涨途中震荡和下跌途中的震荡。

◆买进个股：每天第一只涨停板股（但不含一开盘即为停板价的股），同时要求时间在上午11点钟前。如时间合适，第二只涨停股也可，但第三只及其以后者，一般都不可取。

◆卖出个股：买入后，次日集合竞价时于4%加手续费的价位处挂单平半仓，尔后无论涨或跌，都可伺机平出另一半，但一般于收盘前全部平出。此时分两种情况：

第一种情况，次日下跌未到4%，如成交量不小于前一日的70%，可于3日均线处加码（也可不加），日后每天集合竞价挂单6%加手续费全平。

第二种情况，次日下跌，价在3日均线处稳住，可补仓；第3日6%全平；如3日均线处不能稳住，不补仓；当日收盘价小于3日均线，于收盘前全部平出。

◆停用信号：若连日来正常使用，某日突然全部涨停的个股均不打开时，或极个别、极短时、极小幅打开时；若出现上一条的第二种情况时。

实战案例：西藏圣地

买入时间：西藏圣地（600749，现名：西藏旅游）于2003年2月11日上午11点半前涨停，买入。价格12.16元。

卖出时间：次日按设定纯盈利4%（12.80元），集合竞价挂单先卖掉一半，随即该股上冲13元以上时，伺机卖出了剩下的一半。（假如不继续往上涨，往下跌，另一半也要卖掉。）

实战案例：天发股份

买入时间：天发股份（000670，现名：盈方微）在2003年2月12日上午9：40涨停（股价6.90元），9：50左右停板短时打开，买入。

卖出时间：13日按盈利4%的目标位（7.27元）挂单卖出一半。该股全天以5个浪的形式震荡走高，所以，另外一半在第5浪完成时顺手抛出（7.34元）。

实战案例：小鸭电器

买入时间：小鸭电器（000951，现名：中国重汽）于2003年2月10日上午10：22涨停（6.88元），买入。

卖出时间：2月11日，按盈利4%的目标位（7.25元），挂单准备卖出。第一波，冲至7.04元，于9：54下来。第二波冲至7.15元又下来。到10：26，股价冲至7.33元，然后才出现震荡调整。从这种震荡图形看，也可以继续持仓（有一半在集合竞价时已挂单卖出）。

有时，明明知道这只股还要涨，海洋还是坚持卖掉，因为他追求的是赚快钱！

"为什么你的盈利目标位定在4%而不是更多？"

"实践中，我发现一般来说，目标达到4%的概率非常之大。因为一般而言，若定2%，不足以让主力运作；若定3%，常常又超过一些；若定5%、6%，又常常达不到。所以，我就定4%。"

"这样操作，你的成功率是多少？"

"80%吧。"

"出现差错怎么办？比如，你涨停板买了进去，第二天它不涨反跌，或当天涨停板没封住而是往下走，怎么办？"

"既然不是100%，就有出错的时候。我将出现的错误分为两种。"

第一种错，海洋视之为假错。如北方五环，申奥成功时他在涨停板买进去了，但第二天它不涨，开始震荡。像这种情况，海洋就看它的成交量。如果成交量不小于前一日的70%，就继续持仓。结果第二天，它虽没有涨到海洋的4%的盈利目标位，但成交量没有萎缩，反而放大了。在价格上，其收盘价也略高于上日收盘价（11.74元），最低价也未触及3日均线，所以他便继续持仓。第三天，它略高开，又往下打，成交量大幅萎缩了（原来，主力在骗人，和第一天涨停的量差不多，主力有意造成成交量大幅萎缩的错觉）。当天的收盘价仍在3日均线之上，说明该股在3日均线一带稳住了，所以海洋就继续持仓。

从海洋的经验看，运用此法操作要灵活。一般来说，只要量不极度萎缩，如果第二天、第三天没涨到4%，那么，再上去，他就把目标位修订到6%左右，一般都能达到。

6月26日，北方五环最高达14.38元，海洋是在14.28元出局的，获利24%（除手续费外）。

再如海洋操作过的山西汾酒（600809）。2001年3月27日，它盘中封涨停11.15元。但随后涨停板打开，尾市收在10.86元。不过，海洋可不把它当涨停板的股票看，因为该股当时正处在上涨的趋势中，即使当天浅套一点也无妨，因为它有个跳空缺口，又是一根大阳线，同时它突破了前期高点。海洋第二天挂单在3日均线那里等，结果没破。第三天它又往上涨，海洋看有利润了，就出局吧，反正没亏！

而另一种错则是真错。即当天涨停板没封住，下来了。假如该股又是处在顶部的震荡区，就要十分当心。如果第二天它破了3日均线，那么在收盘前，就要坚决离场，否则，就真错到底了！

"另外，你为什么一定要买开盘后涨到涨停板的股票，而不买一开盘就开在涨停价的股票？"我问。

"因为一开盘就涨停的股票，一是因为庄家不让你买了，他们封死了你买进的可能性，不让你跟风，你也买不到。你追它，排一整天队也没份，还把钱浪费了。二是这种一开盘就涨停的股票，就是让人们注意它。它可能创造个泡沫害你，那就更惨了。"

对这种股票海洋特别警惕。比如他操作过的万里电池。有一天，它突然以涨停开盘，他并没高兴，反而立刻以跌停板的价格挂单卖出，很快成交。果然，它涨停开盘后，第二笔单就跌去了5%，第三笔就跌回了原位，当天就是一根大阴棒！

此外要切记，此种方法只适用于震荡行情，而单边上涨和单边下跌行情均不适用。因为若单边上涨，快买快卖，显然会丢掉许多利润。而在单边下跌中抓涨停，则易钻入庄家设的陷阱。

如在2001年7月27日，上证指数已开始缓慢下跌，跌出了下跌途中的震荡区，而沧州化工（600722，现名：金牛化工）却于当日上冲涨停。虽然它的日内走势基本符合抓涨停板的条件（如第一个涨停，11点前），但仍不适合买进，因它不符合"在单边下跌过程中"这个条件。一旦错误买进这种股票，应于次日在集合竞价时挂跌停价彻底平仓。

事实上，它的涨停，完全是其主力引诱众人跟风的美丽陷阱。大盘一路下跌，它却无量上涨，其目的就是让投资者跟风，主力好将手中筹码转交散户。后来它凶猛的跌势，使股价直跌至5元多，让人胆寒。在实战中，要想避免买入这种"地雷式"的涨停股票，除了高度注意运用此法的时机外，还可看它开盘价的涨幅。如果当日开盘价涨幅过大，则可能是陷阱。

摆脱漫长盘整，专赚飙升快钱

一只股票在飙升之前，一般都有较长的盘整期，有的甚至长达几年，非常磨人。能摆脱漫长的盘整，选择最佳买入点，专做飙升段行情，是赚取快钱的一个关键。海洋的方法是：

股价经过长期的下跌、盘整走势之后，当RSI值已升至70附近，此前如有中线的底部买入，可先行平仓，股价一般会有较大幅或较长时间的调整。此时RSI值随股价跌落而一路震荡下行。有趣的是，当股价再度攀升时，RSI却涨少跌多，依然显示顶低、底低之走势。需要高度重视的是，此时

RSI 值已完全脱离弱势区而进入 50 ～ 60 以上强势区间震荡。

在此震荡区的左侧选其最高点，在其右侧选一邻近的次高点，画出一条下降趋势线。通观全局可以发现，RSI 值已距下边的上升趋势线较远，而与上边的下降趋势线密切相关。当某日 RSI 上破下降趋势线，即是快速获利机会来临之时。此时可于次日 1/3 仓位买入，如 RSI 再度回落，原下降趋势线便是其支撑，如能撑住又起，且创出新的高值（此时 RSI 值可能已大大超过70），应果断追加另外 1/3 买进（当然，原则是最大持仓占资金总数的2/3）。

运用这个方法的前提条件如下：

◆ 突破前，RSI 已有至少 20 个时间单位处于 50 以上的强势区震荡。

◆ 突破后，RSI 值不得小于 70，最好大于 75，且突破当时 RSI 值时，股价升幅不得大于 10%，涨得过急，必有震仓。

◆ 回抽后再起，必须创出新高。

这个方法的特点如下：

◆ 进场信号明确，方法简便易行。

◆ 盈利速度快，资金利用率极高。

◆ 如只做这种操作，一年可节省 2/3 以上的时间去关注其他股票。

实战案例： 天兴仪表

在天兴仪表（000710，现名：贝瑞基因）RSI 的周线图中可看到，该股经过漫长 3 年的震荡攀升，RSI 值也自 30 以下开始上升。经过几涨几跌后，于 2000 年年初进入 50 以上强势区窄幅震荡。从 2000 年 5 月 29 日的 RSI 高点（图 14.1 中 A 点），到 7 月 17 日的 RSI 高点（图 14.1 中 B 点）画出一条下降趋势线。10 月 30 日，周 RSI 值强劲上破此线（图 14.1 中 C 点），其数值达

70.39，发出急升前买入信号。至此，海洋决定第二周买入（1/3资金）。如出现回抽，并被此线承接，再涨时可追加买入。若无回抽，直接上涨，也应在小型回档中追加买入。

天兴仪表于10月30日当周突破后，股价迅速脱离买入成本区，从17.57元一路飙升，其间虽有数次大幅急速震荡洗盘，但对其上涨角度并无影响，日线RSI图形于70以上极强势区运行。很快，其股价便冲至33.40元。

实战案例：东方电气

在东方电气（600875）RSI的日线图中，也出现过类似走势。当RSI脱离30以下极弱势区以后迅速上行，于50之上强势区震荡运行时，可从2001年4月11日的RSI值高点（图14.4中A点），到5月15日RSI值高点（图14.4中B点）引出一条下降趋势线。5月24日RSI值突破此线，28日继续上升，但均未达到70。29日RSI值回落此线后于30日强势上攻，达73.15（图14.4中C点）。此时买入信号发出，收盘价为10.95元，可于次日从容买入。6月1日，股价涨停，次日股价仍冲至涨停（13.72元），但最终未封住，于13.70元即出局。短短3天，获利24.5%。

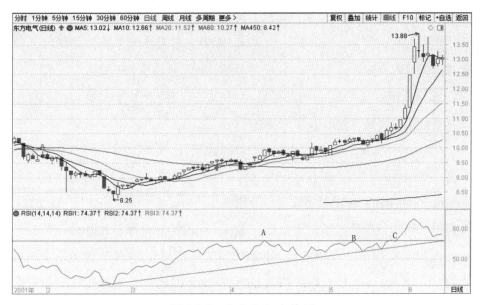

图14.4　东方电气走势图

非典型形态，一个不可忽视的市场信息

在采访中，海洋还对我说：在股市里要想赚钱，必须注重图形给出的各种市场信息。而要想赚到快钱，更要重视那些经常被人们忽略的非典型形态所给出的市场信息。一般说来，典型的形态容易辨认，而非典型的形态则不易辨别。但是，非典型形态又往往能给出一些重要的市场信息，尤其是处在关键位置的非典型形态，需要给予特别的关注。

在实践中，经常会发现一个典型的形态，投资者都能看得懂。主力也常常利用这一点，在走势图中有意制造出一些典型形态来迷惑投资者，使其在操作中做出错误的判断，以达到他们进出场的目的。

例如天兴仪表这只股票，在2000年主力经过漫长的吸筹、洗盘等充分准备后，于2000年10月开始了快速拉升。11月16日，该股股价涨到了23.20元。这个位置通常是一般而言的高位。此时，股价距启动前的最低价已有了300%多的涨幅，距主力大致成本区也已上涨了70%。当日成交量接近历史天量，并且在K线图上留下长长的上影线，以典型的高位巨量"射击之星"收盘。其K线形态着实难看，下跌意味甚浓。

但实际上，主力在此非常成功地玩了个花招，吓走众多散户。次日，股价急返前日高点附近。其后，它一路震荡上行，在原涨幅基础上，又涨了一倍，股价最高达32.70元。由此可见，标准的、典型的形态，不一定是真的，而且造假的可能性更大。

相反，一些股票在K线上虽然出现的图形属非典型的，但因所处位置重要，却不可忽视。如在2003年1月2日至6日的3个交易日，中国国贸（600007）和中国石化同时完成了一个非典型的"晨星"组合，虽形态不完美、不典型，但因其所处位置非常重要，之后，二者的股价都有大幅的上涨。

再如金花股份（600080），于2003年2月25日至27日形成了一个"黄昏之星"组合。同样，这一"黄昏之星"也不够典型、不够标准，但它同样处在一个极为重要的位置上（股价经过大幅下跌后，首次攀升到120日均线的位置。出于对半年线的压制作用考虑，此处应该被视为一个重要位置）。"黄昏之星"形态形成后，股价进入了为期一个多月的回调整理，跌幅达80.9%。

同样是该股，当股价完成回调整理后，于2003年4月9日收出一根极不像样的"阴锤"，实体过长，而下影线过短。但正因为这一处在回调0.809重要位置上的不典型的"阴锤"，其后股价一路飙升。至4月28日，短短13个交易日，在大盘暴跌的恶劣环境中，其股价上涨了27%。

在实战中，人们对于K线图中出现的大阳线（或大阴线），都给予高度重视。的确，大阳线（大阴线）给出的市场信息绝对不容忽视。但这里讲的是在重要位置上的非典型图形，同样要给予足够的关注。

如在2003年年初，同仁堂（600085）股价脱离底位缓慢攀升、回落整理，涨幅远远落后大盘。到了3月17日，该股突然放量，涨出一根带上影线的大阳。经过数日横向整理，其股价再次回落，于3月27日又出现一根带有上影线的大阳。3月31日，它第三次出现放量大阳。

在这三根大阳线中，最应被人们看好的，当属第3根。理由有三：一是放量；二是涨幅大于3%；三是突破整理平台并突破了年线。一个成熟的投资者，更希望对前面两根大阳给予高度重视。这波走势，海洋称之为"两根大阳起风雷"。

这两根大阳的共同特点是：形态不完美、不标准。它们有三个共同缺陷：一是两根大阳涨幅都未达到3%；二是两根大阳都未突破年线；三是第二根大阳甚至没有有效放量。

但是，它们尽管"姿势"不好，却是处在非常重要的位置上。两根大阳都是依托60日均线起涨，同时也受到上升趋势线的有力支持。它们在各自的位置上，都完成了一个"穿头破脚"组合。

在此两根阳线处介入，尤其是看清第一根阳线后，在第二根阳线处介入，至少有三个好处：一是登上即将启动的快车（尚未正式启动）；二是很难被主力在盘中洗出；三是避免当第三根大阳出现后因恐高不敢追进而踏

空。以第二根大阳线收盘价计，此后16个交易日（至4月18日），涨幅达34%。（图14.5）

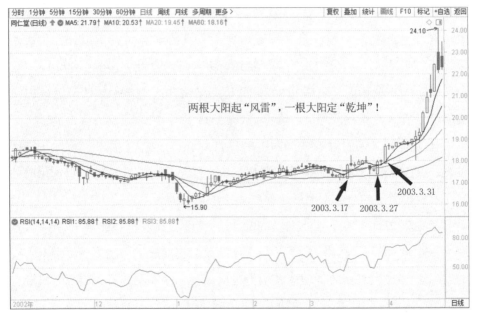

图14.5 同仁堂走势图

"三严"，赚快钱的"保护伞"

海洋在介绍他赚快钱的方法时，还反复对我说："赚快钱，虽如旅行坐上特快专车一般的爽，但是多年的征战实践告诉我，要想稳稳赚快钱，必须要有顶'保护伞'。我坚持的是'三严'，即严格资金管理、严谨技术分析、严肃的操作作风！"

海洋说，关于严格的资金管理这点，说起来容易，做起来很难。因为一操作起来，许多人往往容易冲动，行情好时，恨不得把资金掏光去买，甚至于贷款、借钱都干。买股之前只想着"目标位在哪里"，根本不考虑"跌到哪里我就止损出局"。他们只知道买进、买进，直到没钱为止，从不知留些资金以备急需，也不知如果满仓操作，一旦走势反转又不会止损，结果就会损失惨重，甚至于无法东山再起。

海洋的一位股友就是这样。他开始投资10万元，谨慎操作，倒也赚了些钱。后来，他以为自己有本事了，胆子也大了，就20万元、30万元地往里投。最后连借贷、找亲友凑，弄了100多万元，见行情好，他就忘了严格的资金管理，全扑了上去。投资市场的风险，很快给了他血的教训：一个月不到，亏得只剩下1.8万元，让他痛苦不已。

说到底，这就是因为没有严格的操作作风，没有给自己的操作加"护栏"。就像你站在高楼的凉台上，哪怕楼层再高，你也不会害怕。那是因为凉台的外围设有护栏，它保护着你的安全。而如果没有护栏，就大不一样。不用说站在很高的楼层了，就是站在二楼的凉台边上，你也时刻会有要掉下去的感觉。所以，无论你是炒股还是做期货，只要操作，就要严格进行资金管理，同时在操作中设立止损位。坚持做到任何时候都不能满负荷操作，即使"市场形势一片大好"，你也不能满仓！

其次，严谨的技术分析很重要。海洋是个技术派，对基本面没有太多了解，比如在买天兴仪表时，他对其基本面可说是一无所知，但对它的走势却是进行了再三深入的研究，研究透后他才介入的。若没有严谨的、高超的分析能力，只能看着人家赚钱而不敢进场，或者主力正要打压，你进去，把你套住。

另外，海洋坚持"一点利润法"。在所有的操作中，他最看重的是"卖"，因为它是完成整个盈利过程中最为关键的操作。卖得好坏，直接关系到你是赚还是赔。但有一点十分重要，那就是一位大师说过的："在任何时候，都不能使盈利的头寸变成亏损的头寸。"

所以，海洋在实战中遵循着"一点利润法"，哪怕只剩下一个点的利润，也一定要走！对于盈利大小，他并不太重视。他认为关键是能成功地卖掉，保证盈利，不必太在意多一两个百分点。有时，为多贪一两个百分点，最后没有赚钱反而赔钱的例子，不是太多了吗？

后记

　　多年前的国庆佳节，当我的那本汇集着68位中国证券高手智慧的图书《看赢家怎样炒股》面市时，应上海读者的邀请，我曾带着我笔下的6位投资高手赴上海做过一次炒股高手的报告。那热烈的场面，至今仍历历在目。当时，许多读者在聆听高手们的精彩报告的同时，还向我提出了这样一个要求：希望我能写出更多的股林高手，而且把他们怎样走向成功之路的经验和投资技艺，写得越详细越好。

　　转眼，几年过去了。我每时每刻都记得热心读者和广大投资者对我的殷切期望和热情的鼓励。尽管这几年间，经历了太多的风雨，采访难度一再加大，但我仍然克服种种困难，坚持奋战在证券采访第一线，去寻找股市的大智慧，去设法挖掘出更多的"金矿"。

　　几年来，我先后对上百名优秀的职业投资人进行了专访。在我采访的高人中，有成功的炒股大户，有技高一筹的机构操盘手，还有经验丰富的基金经理人和券商。在这些专访中，我对他们多彩的股市人生，尤其是他们如何在激烈的"沙场"上获得成功的经验及赚钱的诀窍，进行了较为翔实的描述。本书对十几位高手的投资技艺大特写，就是从中精选出的一部分。

　　几年来，1000多个日夜，我在漫长的"淘金"路上，直面众多的投资高手，和他们心碰心地交流。他们无私而慷慨地把各自积累多年的制胜方法和全新的投资理念，毫不保留地讲给我听。在我采访过的人物中，有的高手甚至从千里之外赶来找到我，要把自己制胜的绝活，无偿奉献给投资者。这一切，都令我感动。正是他们的无私和真诚，才铸就了本书的灵魂，也才有了今天的"结晶"。

然而，英雄并非"神"，他们皆出于平凡。我笔下的股林高手们，也都曾经历过失败与坎坷，并非一起步就一帆风顺。但是，他们之所以都走向了成功，成了市场中的赢家，是因为他们身上有一个共同的特点，那就是执着与勤奋。失败了，他们从不言放弃；胜利了，也不自满，而是总结经验，再接再厉。他们往往比常人多付出几倍甚至几十倍的努力。在我采访的许多高手中，有不少人对股票达到了痴迷的地步。沪深上千只股票，他们都烂熟于胸。哪只股票哪一年是什么样的走势，甚至哪天有什么异动，他们都能"背"得出来。正是如此的勤奋、执着，才使他们走向了今天的成功。这也印证了"天道酬勤，功不唐捐"的古训。

太阳每天都是新的。世间的一切事物无时不在变化着。股市更是这样，风云莫测，瞬息万变。我在采访中还发现，那些高手们对自己过去的成功经验，随着市场的变化，也在不断地修订和完善。就在本书最后完稿审订时，他们仍对自己以往"创造"的方法、绝活，重新进行审视和修改。他们永不满足地探索着万变的股市规律。他们几乎一致认为：无论是谁，即使是世界级大师，也在不断完善自己。

任何方法都不可能一劳永逸、一成不变。在股市里，以万变应万变，才是赚钱的根本。因此，在学习这些股林高手的经验时，读者朋友们也要灵活运用，不可机械地照搬照套。在学习高手们的技艺时，更要根据自己的操作风格、习惯，摸索出一套适合于自己的方法。这样，收益才会更大。

同时，在历时几年的采访中，还让我不能忘记的是广大投资者的帮助，有许多高手都是他们主动向我推荐的。还有，我也忘不掉我的夫人严竹兰女士在我采访最困难时，给予我的极大支持。她不仅鼓励我去克服困难，还经常和我一起制订采访计划，协助我审读稿件、校对文字，并作为第一读者"挑刺"、提意见，使作品更适合读者的口味。

时代在变，在发展。目前，我国经济正处在一个高速、稳定的发展时期。作为国民经济"晴雨表"的股市，也正日臻成熟，走上健康发展的轨道。我相信，随着经济的不断繁荣和股市的迅猛发展，在不久的将来，在中国广大投资者中，将会涌现出更多的投资高手。我也将继续不懈地努力，采访、写出更多的"股市英雄"，攫取更多的"金矿"，奉献给广大投资者。

民间股神（典藏版）

第1集　股林传奇　谁与争锋

白青山 著

深圳出版社
装帧：软精装
定价：78.00元

内容简介

鲜花与泪水相伴的股海，暗潮涌动，跌宕起伏，险恶重重，迅速而无情地改变着在这个市场上博弈的每一个人的命运。如何才能走出失败的麦城？怎样才能摸准市场的脉搏，擒到耀眼飙涨的"黑马"？本集10多位股林高手奉献的智慧，是用金钱都难以买到的财富。

职业投资人施伟的操盘绝技与成功之路 ◎
股林高手冯毅在熊市中创造业绩翻番奇迹的传奇故事 ◎
证券投资英杰王笑在弱市中靠智慧赢钱的传奇故事 ◎
机构操盘手薛枫捕捉"黑马"绝技 ◎
机构操盘手刘鸿制胜股海的成功之钥 ◎
民间高手马春弟在股海博弈中精准破译主力"底牌"的绝活 ◎
"黑马王子"杜军凭借六大绝技创造年平均收益100%的传奇 ◎
职业投资经理吴海斌以独特视角透析投资成败与种种误区 ◎
股市"规律派"创始人高竹楼探索股市规律的传奇故事 ◎
民间高手聂明晖股海博弈的制胜密码 ◎
民间高手邓一伟稳健盈利的十大操盘绝招 ◎
股林短线高手邹刚龙叱咤股海的速胜秘诀 ◎
陈维钢破释股市疑云、稳操胜券的秘密武器 ◎
"短线快枪手"海洋赚快钱的操盘绝技 ◎

民间股神（典藏版）

第2集　博弈密码　跟庄神器

内容简介

火红的股市，涌现出众多鲜为人知的证券英雄：叱咤国际股坛数十载的"台湾黑马王"，道破主力做盘玄机的机构操盘手，神秘的中华股坛"小女孩"刘颖，多次荣获"全国选股冠军"的静远……他们奉献的赢钱秘技，招招实用，引你走向辉煌"钱途"。

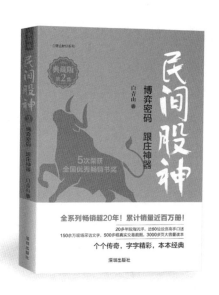

白青山 著

深圳出版社
装帧：软精装
定价：　78.00元

◎国际投资大师郑焜今的股市艺术

◎民间高手阳春阳独到的投资视角与操盘绝技

◎私募基金高手江汉擒拿黑马的独门绝技

◎深圳职业投资人杨帆的操盘技艺

◎机构操盘手刘颖的股市传奇

◎"桌球老板"束伟平的操盘绝技

◎深圳专业投资者蒋政制胜股海的秘诀

◎"全国选股冠军"静远相"飙马"的创新经典战法

民间股神（典藏版）

第3集　擒牛绝技　招招制胜

白青山 著

深圳出版社
装帧：软精装
定价：78.00元

内容简介

"得一金受惠一时，得掘金术获益一生！"中国股神林园的独特选股秘诀，"黄金K线大师"李丰的神奇制胜法，"躲"在乡下捉"飙马"的"田园股神"，"涨停王"组合的绝杀技，顺手黑马赢在股市的法宝……众多高手的百般神器，定能助你获利不断，笑傲股林。

林园从8000元起家到掌管300多亿元基金市值的股市传奇 ◎
"黄金K线大师"李丰的操盘秘诀 ◎
职业投资人刘磊、俞斌杰捕捉涨停板九大绝招 ◎
私募资金操盘手王伟半年狂赚300%的传奇 ◎
民间高手何谦益在短兵相接激战中的18种短线绝技 ◎
职业投资人王雷的操盘八大神技 ◎
民间高手"顺手黑马"彭乃顺捕捉市场主流板块龙头流程纪实 ◎

民间股神（典藏版）

第4集　赢家技艺　操盘必备

内容简介

坎坷征途，熊气漫漫。在罕见的"暴风雪"肆虐下，路在哪里？博弈在"狼的世界"里的制胜法则，"山城股侠"的70倍传奇及从千元到亿万富豪的神话故事，在这本书里，全部为你揭秘。

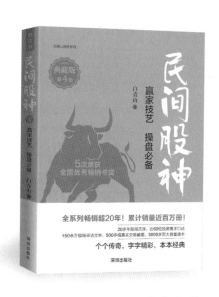

白青山 著

深圳出版社

装帧：软精装

定价：　78.00元

◎ "猎庄大鳄"钟麟的股市传奇

◎ 羊城"小黎飞刀"股市生存赚钱的六大法则九大绝招

◎ 重庆职业投资人徐蓓22个月狂赚7000%的股市传奇

◎ "深圳推手"、私募基金经理王先春的操盘绝技

◎ 著名投资家安妮的投资哲学及制胜之道

◎ "股市神算"赵中胜的"价格DNA"神奇预测术

白青山 著

深圳出版社

装帧：软精装

定价：78.00元

内容简介

如果说，在牛市中赚到大钱的人是高手，那么，这些不仅在牛市中赚到大钱，而且在熊市中同样赚到大钱的人，才是真正的顶尖高手，是名副其实的股市英豪！

落升：熊气弥漫，抓住市场热点，业绩何止翻倍 ◈

东莞小文：采用"麻雀啄食"的策略，熊市屡创佳绩 ◈

阿杜：狙击飙涨牛股，在熊市实现利润翻番的佳绩 ◈

翻倍黑马：4年间夺得12次炒股大赛冠军 ◈

麦挺之：在熊步沉沉的年份创造了收益翻倍的奇迹 ◈

君山居士：准确预测熊市"大顶"，吹响"集结号"，成功抄底 ◈

民间股神（典藏版）

第6集　股市奇人　鉴股密码

内容简介

5位民间高手，从创业板中淘金，在期指战场上以小博大，在守望价值中拥抱低价股，在炒"新"中赚取快钱。

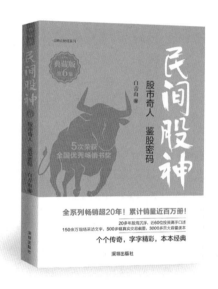

白青山 著

深圳出版社

装帧：软精装

定价：　78.00元

◎彭大帅：价值投资和趋势投资相结合，"新股天地"硕果累累

◎李扬：专注于香港恒指期货的交易，利剑鏖战期指

◎张卫东：理学博士设计投资公式，探寻"股市基因"

◎何学忠：以巴菲特式的价值投资理念，挖掘被严重低估的小盘股

◎安阳：准确判断指数趋势，揭示新股炒作的九大秘诀

民间股神（典藏版）

第7集　草根英杰　惊世奇迹

白青山 著

深圳出版社
装帧：软精装
定价：78.00元

内容简介

他们都是风险控制的高手，尤其深深地懂得，"把钱留住"对于"活着"是何等重要；他们勤奋、执着，都拥有一套适合自己的操作方法和"独门暗器"。

李旭东："中原股神"6年创造翻倍奇迹的神奇密码◎

黄志伟：从1.8万元"滚"到500万元的传奇故事◎

安农："股市农民"滚雪球，从10万元到千万元的投资故事◎

冯刚、邹刚：江城"草根双杰"的超短线技艺◎

硝烟："军工黑马专业户"的传奇◎

李华军：躲在渔村中净捕"大鱼"，身处弱市资产翻番◎

张斌：快乐"背包客"，屡次预测"大顶"，"胜利大逃亡"◎

李永强：身怀绝技的"期市奇人"3个月盈利940.63%◎

民间股神（典藏版）

第8集　寒夜亮剑　砥砺辉煌

内容简介

他们在股市里都曾赔得一塌糊涂，穷困潦倒、妻离家散，甚至沦为"天桥乞丐"。然而，他们最终却都不屈地站立了起来，业绩翻了千倍甚至万倍之多！

白青山 著

深圳出版社

装帧：软精装

定价：　78.00元

◎练就"成长股千里眼"的丘建棠跻身亿万富豪行列的传奇故事

◎杭州杰出的"交易天才"添博从2万元到3亿元的股市传奇人生

◎"价值投机"高手杨济源在"股灾"中连拉"光头大阳"的传奇故事

◎股市奇才田建宁创造从3万元到1亿元的财富裂变传奇

◎技术心理学盈利模式创始人程万青，10年创造千倍业绩的传奇